LIZ HOLLIDAY

Tod eines Knaben

Buch

»Ich kann die Fehler und Schwächen anderer analysieren, diagnostizieren und behandeln, aber meine eigenen natürlich nicht… Körperlich gesehen bin ich ein Wrack. In meine Leber bohrt sich ein Korkenzieher, über meine Lunge schleift Sandpapier und durch meinen Magen frißt sich ein Schweißdraht.«

So beschreibt sich der unorthodoxe Psychologe Dr. Edward »Fitz« Fitzgerald, ein Mensch, der exzessiv lebt und genießt, ohne Rücksicht auf Risiken. Das sollte nicht darüber hinwegtäuschen, daß er bei seiner Arbeit für die Polizei von Manchester äußerst besonnen und umsichtig vorgeht. Sein neuester Fall stellt allerdings keine großen Anforderungen an ihn – die Sache scheint von vorneherein klar: Als der schüchterne, vierzehnjährige Tim ermordet im Park aufgefunden wird, gerät schon bald sein Englischlehrer in Verdacht. Fitz ist überzeugt, daß Mr. Cassidy in den hübschen Tim verliebt war, der wegen seiner mädchenhaften Art nicht viele Freunde unter seinen Klassenkameraden hatte. Es geht jetzt nur noch darum, dem Lehrer ein klares Geständnis zu entlocken. Doch die Wahrheit ist so wenig greifbar wie Vertrauen und Aufrichtigkeit, und vielleicht liegt ja auch Fitz mit seiner Diagnose einmal falsch…

Autor

Liz Holliday hat als Regisseurin am Theater gearbeitet, als Buchhändlerin, Lehrerin und in vielen anderen Berufen. Mit der Schriftstellerei hat sie zu ihrer wahren Berufung gefunden.

Weitere »FITZ«-Krimis bei Goldmann

Jim Mortimore. Mord ohne Erinnerung (43827)
Molly Brown. Mörderische Liebe (43868)

LIZ HOLLIDAY

Tod eines Knaben

»Für alle Fälle Fitz«

Roman

Aus dem Englischen
von Ursula Walther

GOLDMANN

Die Originalausgabe erschien 1994 unter dem Titel
»One Day a Lemming Will Fly«
bei Virgin Books, London

Umwelthinweis:
Alle bedruckten Materialien dieses Taschenbuches
sind chlorfrei und umweltschonend.
Das Papier enthält Recycling-Anteile.

Der Goldmann Verlag
ist ein Unternehmen der Verlagsgruppe Bertelsmann

Deutsche Erstausgabe 1/1998

Umschlaggestaltung: Design Team München
Umschlagmotiv: © Robbie Coltrane
Satz: Uhl + Massopust, Aalen
Druck: Elsnerdruck, Berlin
Verlagsnummer: 43869
AB · Herstellung: Heidrun Nawrot
Made in Germany
ISBN 3-442-43869-1

1 3 5 7 9 10 8 6 4 2

Dieses Buch ist meiner Mutter und
dem Andenken meines Vaters gewidmet –
wahrscheinlich hätte er es nicht gebilligt.

Mein Dank gilt dem Personal und den Studenten des Clarion SF Writers' Workshop von 1989 und Chris Amies, Tina Anghelatos, Molly Brown, Mary Gentle, Chris Horseman, Ben Jeapes, Roz Kaveney, Andy Lane, Barbara Morris, Jim Mortimore, Julia Quine, Gus Smith, Alex Stewart, Charles Stross und Kim Whitmore – und Karen, wo immer sie auch sein mag.

Erstes Eis

Tränen auf dem Boden des Klassenzimmers.
Meine Trauer beginnt.
Er öffnet die Tür des Klassenzimmers,
sagt mir, ich soll gehn.
Erstes Eis ist nicht schön.

1

Der Junge rannte durch den Wald, rutschte auf der weichen, feuchten Erde aus und ruderte mit den Armen – das Gesicht angstverzerrt. Sein Atem ging stoßweise und keuchend, brannte ihm in der Kehle und schmerzte in der Brust. Er streckte eine Hand aus, um sich gegen einen Baum zu stützen, aber er wagte es nicht, stehenzubleiben oder langsamer zu werden.

Der andere war hinter ihm und kam rasch näher. Dem Jungen blieb keine Zeit zum Nachdenken, er konnte nicht aufpassen, wohin er lief, oder sich den richtigen Weg aussuchen. Er hatte keine Zeit, zu beten oder auch nur ein Fünkchen Hoffnung zu schöpfen. Der Wind trieb ihm die Tränen in die Augen.

Hinter ihm knackte ein Zweig, als hätte ein Fuß fest daraufgetreten.

Fitz war wieder glücklich. Glücklich wie Gene Kelly in *Singing in the Rain* – nur daß es nicht regnete. Beinahe hätte er auf der Straße getanzt, weil Judith bei ihm war und sie miteinander redeten, einfach normal redeten wie zwei Menschen, die miteinander verheiratet waren.

Glücklich oder nicht – er war nicht so dumm, zu glauben, daß dieser Zustand ewig andauern würde.

Sie bahnten sich ihren Weg durch das geschäftige Treiben vor dem Kino. Sie hatten sich einen Film angesehen.

Was für eine kleine, simple Sache, dachte Fitz. Früher hätte ein Kinobesuch nicht viel bedeutet, es wäre nur eine Möglichkeit gewesen, sich den Sonntagnachmittag zu vertreiben. Aber das war, bevor Judith ihn verlassen und seine Welt aufgehört hatte zu existieren, und er eine Möglichkeit finden mußte, sie neu zu erschaffen.

»Bogart am Ende von *Casablanca*«, sagte Judith. Sogar am Sonntag war sie makellos gekleidet und zurechtgemacht. Der Sonne, durch die tief hängenden Wolken behindert, gelang es, ein paar Glanzpunkte in ihr kastanienbraunes Haar zu zaubern.

»Nein«, widersprach Fitz. »Er stirbt nicht.« Das war kein faires Argument. Als sie angefangen hatten, über die großen Opfer in Filmen zu diskutieren, war von Leben oder Tod nicht die Rede gewesen. Judith schien das nicht weiter zu stören.

Ihr Parfum stieg ihm trotz der Autoabgase in die Nase. Yves St. Laurent. Sie hatte Geschmack daran gefunden, nachdem er ihr nach einer besonders heftigen Blackjack-Sitzung ein Fläschchen davon geschenkt hatte. Ein Hinweis? fragte er sich. Sie hatte gesagt, daß sie an seinen Gewinnen nicht teilhaben wolle. Drückte sie jetzt mit dieser Geste aus, daß sie ihre Meinung geändert hatte? Aber Judith war nicht raffiniert genug für so etwas. Sie würde es ihm direkt sagen, wenn sich ihre Einstellung geändert hätte.

So ist es, sagte sich Fitz. Wag es nicht, einen Hoffnungsschimmer zu sehen. Bleib zynisch. Zynismus ist das sicherste und tut nicht weh. Verdammt, seit wann hatte er Angst, ein Risiko einzugehen? Na, also. Er setzte darauf, daß sie ihm mit dem Parfum ihre immer noch vorhandene Liebe zu ihm signalisieren wollte. Es gab kein wichtigeres Spiel. Sein Herz stand zur Disposition, und er hatte nichts, womit er diesen Einsatz erhöhen konnte. Entweder paßte er, oder er legte die Karten offen auf den Tisch.

Er sah auf sie hinunter. Sie war eine kleine Frau. Zum Teufel damit – sie war eine große Frau, vielleicht die größte, die er je gekannt hatte. Großherzig, mit starken Gefühlen. Zäh wie alte Stiefel – das hatte er hin und wieder zu spüren bekommen. Nur seine eigene Riesenhaftigkeit – körperlich wie intellektuell – ließ sie klein erscheinen. Er hatte sie damit verletzt, mit seinem Drang, bis an die Grenze und darüber hinaus zu gehen, an den Rand des Abgrunds zu tanzen, hinunterzustarren und sich der pechschwarzen Nacht zu stellen. Sie war sein Licht, und er hatte sie vertrieben. Aber sie mußte zurückkommen. Sie war dabei zurückzukommen, korrigierte er sich.

Sie hatte gesagt, sein Bedürfnis, das reine Motiv in einer verdorbenen Welt zu finden, langweile sie. Jetzt jedenfalls schien es sie nicht zu langweilen. Vielleicht hatte es das nie wirklich getan. Natürlich nicht – das sagte ihm sein untrüglicher Instinkt, der ihm auch verriet, was die Menschen antrieb.

Nein, Langeweile war nicht im Spiel – Überdruß vielleicht. Er hätte sich geändert, wenn er gekonnt hätte. Er hätte sich kleiner gemacht für sie. Aber er konnte es nicht, und er würde nichts versprechen, was er nicht halten konnte.

»*Chicago*«, sagte er. In diesem Film gab es einen Mann, der den Himmel auf Erden versprochen und dies Versprechen auch eingehalten hatte.

»Nein«, wehrte sie ab.

»Oh, komm schon«, sagte er. »Pat O'Brien bittet ihn, zu heulen und zu winseln.« Fitz verfiel in einen kitschigen amerikanischen Akzent, »und er sagt: ›Tu mir das nicht an, Pater. Nimm mir nicht das einzige, was mir noch geblieben ist...‹«

»Er heult und winselt, weil er Schiß hat«, stellte Judith klar. Sie schnaubte spöttisch und warf den Kopf zurück. Ihre langen Ohrringe tanzten und blitzten im trüben Licht. Sie grinste.

Ah, das liebe ich, dachte Fitz. Streitgespräche über etwas wirklich Unwichtiges – nur um der Argumente willen. Und er liebte Judith, weil sie imstande war, mit ihm mitzuhalten und gegen ihn zu bestehen.

Aber ihr Argument war mehr als nur ein Widerspruch. Wenn er sich selbst gegenüber ehrlich war – und er glaubte, das war er immer –, mußte er sich das eingestehen. Sie wußte, wieviel ihm *Chicago* bedeutete. Sie hatte den Film zweimal mit ihm zusammen gesehen, möglicherweise sogar dreimal. Und nie zuvor war von echter Angst die Rede gewesen.

»Nein, nein, nein«, entgegnete er schnell. »Nein. Er will, daß sie glauben, er hätte Schiß, oder?« Es war wichtig, daß sie ihm beipflichtete. Warum? überlegte er. Der Disput an sich war die große Sache. Ah, das war's. Es würde beweisen, daß sie ihre eigene Meinung haben konnte, aber dennoch am Ende auf seiner Seite stand. Daß sie weggehen und trotzdem zu ihm zurückkommen konnte. Daß er sie zum Schluß doch für sich gewinnen würde.

Aber er vermied dieses Thema. Wieso hatte sie sich ausgerechnet diesen Zeitpunkt ausgesucht – nach den vielen Gelegenheiten, bei denen sie über den Film gesprochen hatten –, um das zu sagen? Vielleicht war es ihr gerade erst eingefallen. Das war eine Möglichkeit, aber es erschien ihm nicht sehr wahrscheinlich. Fitz wußte, wann er versuchte, sich an einem Strohhalm festzuhalten.

»Damit sie nicht seinem Beispiel folgen und in der Todeszelle landen«, schloß er nach einer kaum wahrnehmbaren Pause.

»Er ist Katholik«, sagte sie, als würde das alles erklären. Sie schien sich zu amüsieren. Vor ihrer Trennung schien sie immer Gefallen an Diskussionen dieser Art gefunden zu haben.

»Ja, und?« fragte Fitz. Religion. Das Verlangen nach Erfüllung. Etwas für armselige Menschen, die sich vor der Welt fürchteten. Die Angst hatten, an den Rand des Abgrunds zu tanzen und in die Nacht zu starren.

»Er steht kurz vor dem Tod«, sagte sie und sagte noch etwas, was im Verkehrslärm unterging. »Himmel und Hölle. Es könnte zutreffen.« Sie gestikulierte, redete ebenso mit den Händen wie mit ihrem Mund. Es gefiel ihm, obwohl sie einmal gesagt hatte, daß ihn seine Suche langweilte. Das nagte immer noch an ihm, aber er zwang sich, nicht daran, sondern lieber an die Gegenwart und an ihre Zukunft zu denken. An ihre gemeinsame Zukunft.

»Okay«, fuhr sie fort. »Die Chance ist eine Million zu eins…« Sie warf ihm einen scharfen Blick zu.

Er wußte, was sie dachte. Er hatte ähnlich aussichtslose Wetten abgeschlossen. Fitz würde auch wetten, daß es in der Sahara schneit. Das war das Problem. Zumindest der größte Teil ihrer Schwierigkeiten.

Und dann wußte er es. Rache. Sie nahm ihm etwas, was ihm, wie sie sehr wohl wußte, viel bedeutete. Diesen Film. Das Eindeutigste, was er auf seiner Suche nach dem reinen Motiv gefunden hatte.

Judith ließ nicht locker. »Er tat es, um seine eigene Haut zu retten, weil es die einzige Chance war, die er noch hatte.« Sie steckte ihre Hände in die Taschen ihrer eleganten blauen Jacke. Sie hatte sie sich von ihrem eigenen Gehalt gekauft.

Seine einzige Chance. Fitz hatte auch nur noch eine einzige Chance, seine Ehe zu kitten.

»Ein unlauteres Motiv«, schloß sie, als wollte sie sagen: Streite es ab, wenn du kannst. Sie sah zu ihm auf.

»Gott«, seufzte er und war eigenartig befriedigt, daß sie die Oberhand behalten hatte, daß sie gut genug war, um ihn in die Knie zu zwingen. Masochist, dachte er. »Seit Ewigkeiten war das mein Lieblingsfilm, und jetzt hast du ihn mir zerstört.«

Judith lächelte.

Jane Penhaligon knabberte an einem Stück ihrer Pizza. Ihr Freund Peter saß ihr gegenüber. Es war nicht gerade der romantischste Ort für ein gemeinsames Essen; nur ein Lokal, in das sie gingen, wenn keiner von beiden Lust hatte, etwas zu kochen. Es war schon lange her, daß sie woanders gewesen waren.

Peter spießte die Reste seiner Tagliatelle auf die Gabel. »Bist du sicher, daß du kein Dessert mehr willst?« fragte er.

»Keine Zeit«, sagte Penhaligon. »Nicht, wenn ich mich vor Dienstbeginn noch umziehen will ...«

»Das habe ich doch schon gehört«, meinte Peter. Das stimmte. In letzter Zeit schien sie ihm ständig unter die Nase zu reiben, wie wichtig ihr Job für sie war. Aber wenigstens lächelte er dieses Mal. »Also«, setzte er hinzu, »hast du bestimmt nichts dagegen, wenn ich dir ein bißchen helfe, oder?« Er grabschte sich eine Olive von ihrer Pizza.

»Bedien dich«, sagte sie.

»Ernsthaft, Janie – du solltest es ein wenig leichter nehmen.« Er grinste sie hoffnungsvoll an; dieses Grinsen, das an einen kleinen Jungen erinnerte, war ihr als erstes an ihm aufgefallen. Das Problem war nur, daß kleine Jungs nicht viel nützten, wenn man einen erwachsenen Mann haben wollte. »Ich meine – nimm mal heute nacht... warum meldest du dich nicht krank?«

»Hör auf damit, Peter.«

»Wir gehen nach Hause, und ich lasse dir ein Schaumbad ein...«

Für eine Sekunde war sie in Versuchung. »Hör auf...«

»...und dann machen wir es uns vor dem Kaminfeuer gemütlich.«

Das machte er immer mit ihr – er weckte Schuldgefühle in ihr, weil sie ihre Prioritäten nicht anders gesetzt hatte, seit er in ihre Wohnung gezogen war. Aber *daran* hatte sie noch nie gedacht. Es war nicht ihre Schuld, wenn er sich damit zufriedengab, Möbel zu verkaufen, und es nie bis zum Abteilungsleiter schaffte. Er hatte genau gewußt, wie die Dinge standen, als er zu ihr gezogen war.

»Weil ich meinen Job um verdammt viel ernster nehme als manche Leute, die ich beim Namen nennen könnte – deshalb tue ich das nicht!« sagte sie.

Er nickte. »Einige von uns arbeiten, um ein gutes Leben führen zu können. Wir leben und denken nicht nur an die Karriere...«

»Dann zieh los und such dir ein Mädchen, mit dem du leben kannst, Peter«, versetzte Penhaligon.

»Ja«, erwiderte er.

Erstaunlich, wieviel Schuldbewußtsein er in ein Wort packen kann, dachte Penhaligon.

Er nahm eine der kleinen Tüten mit braunem Zucker in die Hand und spielte damit. »Sieh mal, ich hab' nachgedacht. Ich finde, du arbeitest zu hart.« Er riß eine Ecke des Tütchens auf und verstreute gekonnt den Zucker über den Tisch.

»Sehr künstlerisch«, stellte Penhaligon fest. »Kannst du mir etwas erzählen, was ich noch nicht weiß?«

»Ich denke, wir sollten Urlaub machen...«

»Das ist gar keine so schlechte Idee, weißt du.« Das würde sie zum Beispiel auch von Fitz wegbringen, überlegte sie. Wenn er sie nicht dauernd ablenkte – und Bilborough und Beck sie nicht ständig piesackten –, wäre sie vielleicht in der Lage, sich mehr auf die Beziehung zu Peter einzulassen. Im Grunde hatte er ihre Kritik und ihren Unmut nicht verdient. Zumindest nicht so massiv. »Wohin willst du fahren?«

»Ich dachte an Griechenland – von einer Insel zur anderen schippern, wie wäre das?«

»Das ist ein bißchen sehr touristisch, meinst du nicht? Was hältst du von Venedig? Ein wenig Kultur…«

»Ich dachte mehr an Sonne, Sand und Sex.«

»Daran denkst du immer.« Sie lachten beide. Er sieht gut aus, dachte Penhaligon. Als sie ihn kennengelernt hatte, war er ihr wie ein echt guter Fang erschienen. Es war nicht seine Schuld, daß sie Fitz begegnet war. »Was ist mit Portugal?« fragte sie.

»Nur, solange es heiß ist«, sagte er und grinste verschlagen.

»Ich denke, das kann man arrangieren«, erwiderte sie. »Ich muß los.« Sie nahm ihre Tasche und legte sich die Jacke über den Arm.

Bevor sie ging, sagte er: »Warte. Gilt die Verabredung für *Made in America* morgen abend noch?«

»Was? Meinst du, ich verpasse Whoopi Goldberg?« gab Penhaligon zurück. »Unmöglich.«

»Gut«, meinte Peter. »Dann besorge ich für morgen die Karten.«

Es braucht nicht viel, um Peter glücklich zu machen, schoß es Penhaligon durch den Kopf, als sie Peter zurückließ, damit er die Rechnung bezahlte. Das war auch gut so, wenn man bedachte, was er bekam.

»Hier«, sagte Andy. Er setzte sich neben Melanie und stellte die Bacardi-Cola vor sie auf den Tisch. Sie dankte ihm mit einem Lächeln und sagte etwas, was er nicht verstehen konnte, weil die Musik aus der Jukebox zu laut war. Sie war sehr hübsch, und sie hatte eine gute Figur. Ein lebenslustiges Mädchen. Sie hatte einen guten Job im Kaufhaus, verkaufte Kosmetik. Andy konnte sich glücklich schätzen, daß er sie hatte, und sie sorgte dafür, daß ihm das bewußt war. Er legte den Arm um sie und freute sich, als sie sich an ihn schmiegte.

Neun Uhr an einem langweiligen Sonntagabend. Das King's Head war halb leer. Andy hatte sich mit Melanie und ein paar anderen Freunden verabredet, aber dann war sein Bruder Tim nicht nach Hause gekommen. Blöder, kleiner Scheißkerl, dachte Andy ärgerlich. Ich werde ihm sein albernes Grinsen schon vertreiben, weil er Mum so aufgeregt hat.

»Alles klar?« Andys Freund Mike tauchte an ihrem Tisch auf. »Ich hab' gehört, du hattest Schwierigkeiten im Blue Moon – hey, Melanie!«

»Laß das«, sagte Andy. Eines Tages würde Melanie herausfinden, daß er Mike – na ja, Mike und einigen anderen Kumpels – erzählt hatte, daß sie miteinander schliefen. Dann wäre die Scheiße am Dampfen, das war sicher. Besonders, weil sie nein gesagt hatte – mehr als einmal.

Mikes Freundin Alison kam näher und drapierte den Arm um Mikes Schulter. Sie flüsterte ihm etwas ins Ohr. Mike wurde rot und stieß sie weg. »Hör auf, Ali. Noch eins, Andy?« fragte er und deutete auf Andys Bierglas.

»Nicht für mich«, antwortete Andy. Er war nur gekommen, um den anderen zu erzählen, was passiert war. Er wollte seine Mum nicht noch länger allein lassen.

»Tim ist verschwunden, Mike«, sagte Melanie.

Andy warf ihr einen dankbaren Blick zu. Er hätte nicht gewußt, wie er es hätte sagen sollen.

»Was, der kleine Wichser? Ist mit einer Nonne auf und davon, was?« witzelte Mike.

Andy starrte ihn an und dachte: Halt die Klappe. Halt einfach dein verdammtes Maul.

»Warte«, setzte Mike nach einem Moment hinzu. »Du meinst das wirklich ernst, oder?«

»Ja«, sagte Andy. »Es ist wahrscheinlich nichts Schlimmes, aber meine Mum war den ganzen Tag halb verrückt vor Angst. Sie hatte immer wieder gesagt, daß sie die Polizei ruft.« Er nahm sein Bierglas und starrte es an. Schließlich trank Andy sein Bier aus. Melanie kicherte mit Alison über irgend etwas, aber als er sagte: »Gehen wir«, stand sie sofort auf.

Er brachte sie nach Hause. Auf dem Parkweg am Anfang der Straße gab er ihr einen langen Kuß, aber sie schlug seine Hand weg, als er unter ihre Bluse griff. Dabei kicherte sie, also war sie nicht böse. Sie ist so hübsch, dachte er. Er konnte sie sich gut auf einem Titelblatt vorstellen: Kate Moss war gar nichts im Vergleich zu seiner Melanie. Das Mondlicht tauchte ihr mattblondes Haar in Silber – Tim hatte auch so eine Haarfarbe...

»Scheiße«, brummte er.

»Was?« wollte sie wissen. Sie erneuerte ihren Lippenstift, der von dem Kuß verschmiert war. Eine Wolke glitt vor den Mond, so daß es plötzlich ganz finster wurde. »Verdammt«, schimpfte sie.

»Ich hab' Mum vergessen«, erklärte Andy. »Ich muß gehen. Ich ruf' dich an, ja?«

Vielleicht nickte sie in der Dunkelheit, aber er konnte es nicht sehen. Sie gingen zurück auf die Straße, und Andy lief zur Bushaltestelle. Auf halbem Weg dorthin sah er sich noch einmal um. Melanie bog gerade um die Ecke und nahm die Abkürzung zur Straße, aus der sie gekommen waren. Sie geht zurück in den Pub, dachte er. Ein Mädchen, das Spaß haben wollte. Er würde sie verlieren, wenn er das jemals vergaß, dessen war er sich sicher.

Als er daheim ankam, regnete es in Strömen. Er ging in die Küche und machte sich eine Tasse Kaffee. Die ganze Wohnung war blitzsauber – der Boden, die Türen, die Fenster – alles. Das hieß, daß seine Mum den ganzen Tag geputzt hatte. Das tat sie immer, wenn sie sich über etwas aufregte. Er konnte sich nicht daran erinnern, daß die Wohnung jemals so sauber gewesen war, seit Dad sie verlassen hatte.

»Mum?« rief er. Keine Antwort. Er ging in den Flur und schrie die Treppe hinauf: »Mum, ist Tim wieder da?« Immer noch keine Antwort, aber er hörte das Radio in ihrem Schlafzimmer.

Er schlich die Treppe hinauf und blieb vor ihrer Tür stehen, dann klopfte er leise an.

»Komm rein, Liebling«, sagte sie.

Andy öffnete die Tür. Seine Mutter saß auf der Bettkante. Sie hatte den Inhalt einer Schublade auf dem Bett ausgekippt und räumte das Sortiment Ohrringe, halb aufgebrauchte Lippenstifte und alte Fotos auf. Ein Bild von Andys Vater lag ganz oben.

Er ist nie da, wenn man ihn braucht, dachte Andy.

»Ist Tim noch nicht zurück?« fragte er.

Seine Mutter schüttelte den Kopf.

»Du solltest anrufen«, schlug Andy vor.

Sie pickte ein paar ineinander verknotete Halsketten aus dem Haufen vor ihr und zeigte ihm eine zerrissene Perlenschnur. »Glaubst du, es lohnt sich, die neu auffädeln zu lassen?« fragte sie.

»Ruf ihn an«, sagte Andy; er spürte selbst, daß er sie böse ansah. Er wollte es nicht – es war nicht ihre Schuld, daß Melanie sauer war.

Die Mutter fing an, die Ketten zu entwirren, in die sich zusätzlich noch ein Zwirnsfaden verheddert hatte. Auf seinen Vorschlag reagierte sie nicht.

Nur mit ihm reden, dachte er. Wenn sie nur mit Dad reden würde, vielleicht wird dann alles wieder gut. Nein, das würde wohl nie passieren, dessen war er sich ziemlich sicher. Er ließ seine Mutter allein.

Er ging ins Wohnzimmer, warf sich in seinen Lieblingssessel und nahm noch im Schwung die Fernbedienung für den Fernseher in die Hand. Er drückte auf irgendeinen Knopf. Der Fernseher knisterte und erwachte zum Leben. Jonathan Ross grinste ihn vom Bildschirm an. Wenn Tim nach Hause kam, würde er den kleinen Scheißkerl umbringen. Andy zappte auf einen anderen Kanal. Ein ausländischer Film. Untertitel. Der kleine Wichser konnte sich auf etwas gefaßt machen. Zap – nächster Kanal. Clint Eastwood raste in einem Auto durch eine amerikanische Stadt. Andy blieb dabei, bis Sex ins Spiel kam – viel blondes Haar und weiße Zähne. Das lenkte seine Gedanken wieder auf Melanie. Im Pub. Mit Mike. Zap. Bob Monkhouse. Lieber Gott, stöhnte er innerlich. Gut, es ist Sonntagabend, und wir waren gestern nacht unterwegs, aber sie würde am liebsten jeden Abend ausgehen. Das hatte sie ihm gesagt, schon oft. Er wußte, daß er ihr geben mußte, was sie wollte, sonst würde sie ganz schnell einen anderen finden, der ihre Wünsche erfüllte. Ich bringe den kleinen Blödmann um, wenn er sich blicken läßt, wütete Andy.

Er trank einen Schluck von seinem Kaffee, der inzwischen kalt geworden war. Ihm war gar nicht aufgefallen, daß so viel Zeit vergangen war. Seine Mum kam ins Wohnzimmer. Sie sagte kein Wort, sah ihn nicht einmal an – sie ging geradewegs auf das Telefon zu.

Er hörte, wie sie eine Nummer wählte.

»Steve?« fragte seine Mutter.

Andy lächelte. Gut, vielleicht war es nötig, daß der kleine Schwule eine Show abzog, um die beiden zum Reden zu bringen. Das wäre nicht das schlechteste.

»Hier ist Julie.« Sie klang nervös. Das war keine große Überraschung. Sie sprach kaum mit dem Alten, außer es ging um Tim. »Bist du im Bett?« Das schien sie zu erschrecken.

Es ist nichts, worum man sich Sorgen machen müßte, redete sich Andy ein. Wieso sollte er nicht im Bett liegen, es sei denn …

»Tim ist bei dir, oder?« Eine Pause entstand.

Andy spürte, wie sein Herz schneller schlug. Ich hab's nicht so gemeint, dachte er. Du mußt dort sein, du blöder Hund.

»Ist er weggegangen?« fragte seine Mutter. »Er hat gestern gesagt, daß er zu dir geht.« Jetzt geriet sie in Panik.

Andy drehte sich in seinem Sessel um. Ich hab's nicht so gemeint, dachte er wieder.

»Er ist gar nicht dort gewesen«, sagte seine Mutter zu ihm und in den Hörer: »Ich ruf' dich wieder an.«

»Ihm ist nichts passiert«, behauptete Andy. Es durfte einfach nicht sein. Ich hab' nichts davon ernst gemeint, schrie es in ihm. Dir kann nichts passiert sein, Kleiner. Komm einfach wieder heim.

Seine Mutter wählte eine andere Nummer. Es schien Ewigkeiten zu dauern, bis jemand antwortete.

»Polizei«, erklärte sie.

Judith beobachtete, wie Fitz Whisky in sich hineinschüttete. Er schluckte. Die Unterhaltung – oder der Streit? Sie wußte selbst nicht, wie sie es nennen sollte – hatte ihm zugesetzt. Das wußte sie. Sie hatte die Oberhand behalten, und das war beiden bewußt. Seine verdammte Besessenheit, die Motive der Leute zu ergründen, war Unsinn; aber das gab ihr kein Recht, ihn damit zu ärgern oder zu quälen. Das war alles, ehrlich – sie wollte ihn nur ein bißchen reizen. Aber irgendwie hatte er mehr, viel mehr daraus gemacht.

Früher hatte sie ihn dafür geliebt. Mit jemandem zusammen zu sein, der sich keinen Deut darum scherte, was die Leute dachten, hatte sie einmal belebt und angeregt. Aber das war schon lange her. Jetzt war es einer der Gründe, warum sie ihn verlassen hatte.

»Ich sage dir, wenn Cagney in der Hölle ist, sieht er sich englische Filme an«, sagte Fitz in dem gekünstelten amerikanischen Akzent, den er so gut beherrschte. »Du dreckige Ratte, du siehst hundertmal *Zimmer mit Aussicht.*« Sie ging auf ihn zu. »Wo ist Eddie G? Wo ist Bogart?«

Er starrte lange sein Glas an, dann setzte er es wieder an die Lippen. Er war nicht der Mann, der sich mit kleinen Schlückchen zufriedengab – nicht ihr Fitz. Als sie ihn geheiratet hatte, hatte auch das zu den Dingen gehört, die sie mochte: die Art, wie er das Leben am Kragen packte und kräftig durchschüttelte. Sie roch den Whisky und spürte die Hitze, die von seinem riesigen Körper ausging.

Er drehte sich zu ihr um. Sie sah zu ihm auf. Er war kein gutaussehender Mann. Nicht nach konventionellen Maßstäben. Aber das bewies nur, wie blödsinnig die konventionellen Maßstäbe waren. Plötzlich sehnte sie sich schmerzlich nach ihm. Ihr Mund wurde trocken. Sie legte die Hand auf seine Schulter und fühlte seine kompakte Stabilität, seine enorme Masse, die niemand sonst aufzuweisen hatte. »Schlaf heute nacht in unserem Bett, Fitz«, sagte sie. Sie strich mit der Hand über seinen Arm und seine Brust. Sie hätte ihn geküßt, aber sie wagte es nicht. Ihre Stimme klang sogar in ihren eigenen Ohren träge und sehnsüchtig.

Er seufzte – ein Laut zwischen Zorn und Verzweiflung, dachte sie.

»Bitte«, sagte sie und fragte sich, ob er das Flehen in ihrem Tonfall wahrnahm. Sie wußte, daß sie es könnte, und es machte ihr nichts aus.

Sie lagen zusammen im Bett, ohne zu reden, ohne sich zu berühren, aber keiner von ihnen tat ein Auge zu. Fitz war nicht so naiv zu glauben, daß Judith schlief. Schließlich war er es leid, er stand auf und zog sich im Dunkeln an. Wenn sie weinen würde, sagte er sich, würde ich bleiben, wieder ins Bett kriechen und die Nacht durchwachen, bis der Morgen anbricht. Aber sie weinte nicht, und er hatte keine Gelegenheit herauszufinden, ob er sich selbst belog oder nicht.

Fitz marschierte ins Kasino, als wäre es sein Zuhause. Er liebte die Geräusche – die Stimmen, das Klappern der Chips – und noch mehr die Spannung, die sich beim Gewinn und beim Verlust der hohen Summen aufbaute. Der Saal roch nach Schweiß und billigem Parfum. Und nach Angst. O ja, dachte Fitz, Angst. Wieso sollte man sich an einen Spieltisch setzen, wenn man keine Angst hatte? Und was für einen Sinn hatte es, zu spielen, wenn man es nicht ertragen konnte, zu verlieren?

Dieser Saal oder all die anderen – sie alle waren gleich für Fitz und unendlich viel besser, als schlaflos neben Judith zu liegen und mitzuerleben, wie sehr sie darauf achtete, ihm nur ja nicht näher zu kommen. In dieser Nacht hatte er, bevor er das Haus verließ, jede kleinste Unebenheit und jeden Fleck an der Zimmerdecke kennengelernt. Verdammte Maler. Heutzutage bekam man keine anständigen Handwerker mehr …

Er war nicht länger glücklich: der Nachmittag und der Kinobesuch schienen zu einem anderen Leben zu gehören. Aber jetzt spürte er, wie das Blut wieder in seinen Adern rauschte, spürte den Adrenalinstoß, und das war gut so. Das Spiel begann. Es wurde Zeit zu setzen – alles oder nichts.

Eine der Geberinnen rief mit blecherner Stimme: »Karo – Einsatz zurück, sechs zu vier Herz, fünf zu eins Kreuz und Pik.« Fitz drehte sich um. Die Frau hatte messingfarbenes Haar, und nur das gedämpfte Licht war dafür verantwortlich, daß ihr Make-up nicht zu schrill und abstoßend wirkte. Er überlegte einen Moment. Diesmal würde er das Risiko gering halten und nicht hoch setzen. Zumindest so viel war er Judith schuldig...

»Machen Sie Ihre Einsätze.«

Letzte Gelegenheit. Fitz schlenderte näher heran. Die anderen Zocker am Tisch setzten Fünfer oder Zehner. Wechselgeld. Na ja, er würde auch nicht sehr viel mehr riskieren. Nur fünfzig oder so.

»Sechshundert auf Herz«, hörte er sich sagen. Verdammt – er hatte nicht die Absicht gehabt, so hoch zu gehen. Vielleicht hatte Judith recht. Vielleicht hatte er wirklich keine Kontrolle mehr. Aber da war der Abgrund, und er tanzte am Rand, während das Adrenalin durch seine Adern schoß.

Er ließ die Karten nicht aus den Augen, ohne sich von den klimpernden Armreifen, den funkelnden Ringen oder dem vulgären Dekolleté der Geberin ablenken zu lassen. Ihr billiges Parfum überlagerte den Zigarrenqualm. Wie konnte so eine mit Judith konkurrieren, die ihn anflehte, das Bett mit ihr zu teilen?

Die Karten flatterten auf den Tisch, als die Geberin austeilte. Ihre Ringe blitzten. Schau auf die Karten, nicht auf die Hände. Beinahe hätte er es verpaßt.

»Pik gewinnt«, sagte die Geberin. Die Frau neben Fitz wandte sich strahlend an ihren Begleiter.

Die Geberin war gut, das mußte er ihr lassen.

»Nein«, widersprach er.

Alle wurden still. Alles oder nichts. Verdammt, er durfte es nicht vermasseln.

Ihre flinken Finger blätterten die Herzkarten auf den Tisch, als sie sie durchzählte. Acht. Dann Pik. Fitz zog das Herz-As zwischen der Pik-Zwei und -Drei heraus, wo sie es mit flinken Fingern versteckt hatte, und hielt es hoch. Die Spannung am Tisch steigerte sich bis ins Unerträgliche.

»Neun«, sagte er gelassen. »Herz gewinnt.«

Gemurmel wurde laut; die Leute am Tisch, die mit Pik gewonnen hätten, seufzten enttäuscht.

»Verzeihung«, murmelte die Geberin. Sie wurde nervös – sie hatte auch allen Grund dazu, verdammt noch mal.

»Ja.« Er hätte beinahe laut gelacht. »Wenn das ein Trost für Sie ist – Sie wären tatsächlich fast damit durchgekommen.«

Sie hatte ein gutes Gespür, diese Geberin. Sie erkannte die Gefahr, sobald sie auf sie zukam, selbst wenn sie in Fitz' charmantestes Lächeln verpackt war.

»Es war ein Versehen...« Sie klang verzweifelt.

Fitz fragte sich, ob sie Angst vor ihm oder jemand anderem hatte.

»Ja.« Lächeln. »Sie schulden mir einen Riesen.«

Kurze Zeit später ging er durch die von Laternen beleuchtete Straße – einige doppelte Whiskys brannten in seinem Bauch, und das meiste Geld steckte sicher in seiner Gesäßtasche. Er würde Judith – was sollte er ihr kaufen? Vielleicht hauchdünne schwarze Dessous oder das grüne Chiffonzeug, das ihr so gut gefiel, oder... nein, verflucht. Sie hatte gesagt, daß sie an seinen Gewinnen nicht teilhaben wollte... Also, was dann? Vielleicht konnte er ein bißchen von dem Überziehungskredit zurückzahlen. Darüber könnte sich Judith freuen. Die vernünftige Judith. Er überlegte, was ihr toller Graham dazu sagen würde. Daß Fitz sich Mühe gab, zweifellos. Ja. Große Mühe. Na, da war immer noch das Dreiuhrrennen in Aintree. Er hatte gehört, daß die Beine von Bottom Line...

Etwas schlug ihm ins Gesicht. Er ging zu Boden und riß die Hände hoch, um sich zu schützen, aber er war nicht schnell genug. Der zweite Hieb traf ihn im Bauch. Er rollte zur Seite, machte jedoch keine Anstalten aufzustehen. Blut lief ihm in die

Augen, und er bekam kaum noch Luft durch die von Blut verstopfte Nase. Hände tasteten ihn ab. Er zog die Nase hoch und schmeckte Kupfer und Salz – geschickte Hände glitten über seinen Körper. Es gab nichts, was er hätte tun können. Sie hatten seine Brieftasche und verschwanden, bevor er begriff, worauf sie aus waren.

»Scheiße«, brummte er in der Dunkelheit. »Verdammte Scheiße.«

2

Die Frau rannte durch den Wald. Mondlicht versilberte die Äste, als sie sich durch das Unterholz kämpfte. Die Umgebung hätte ihr gefallen können, wenn sie die Zeit gehabt hätte, stehenzubleiben und sich umzusehen.

Aber die hatte sie nicht. Er war hinter ihr. Sie glaubte, seinen Atem zu hören – tiefe, rauhe Atemzüge, als wollte er viel Luft in sich einsaugen, um schneller laufen und sie einholen zu können. Vielleicht verursachte sie auch selbst diese Geräusche. Im Grunde war das nicht wichtig.

Aber er kam näher. Sie beschleunigte ihre Schritte noch mehr und hörte, wie er hinter ihr stolperte. Im nächsten Moment warf sie sich in die Büsche neben dem Weg.

Sie beobachtete ihn durch die Äste. Er rappelte sich auf und ging langsam weiter, wobei er seine Blicke immer wieder nach links und rechts schweifen ließ.

Sie stürzte sich aus den Büschen auf ihn und stieß ihn zurück, ehe er protestieren konnte. Sie schlug ihn leicht auf die Brust, packte die Ränder seiner Lederjacke und schubste ihn gegen einen Baum.

»Ich hab' gewonnen«, sagte sie, bevor er etwas unternehmen konnte. Gleich darauf küßte sie ihn leidenschaftlich. Er schmeckte nach Tabak und Zahnpasta. All ihre Sinne waren auf ihn gerichtet, sie konnte an nichts anderes denken. Er schlang die Arme um sie – er zog, sie schob, und plötzlich lagen sie im feuchten Laub. Sie klammerte sich an ihn und krallte ihre Finger in sein Haar. Er hatte eine Hand auf ihre Brust gelegt und ließ die andere unter ihren Rock gleiten. Beide konnten nicht an sich halten, und sie unterbrachen den Kuß nicht einmal, um zu Atem zu kommen. Sie wollte, daß es lange, sehr lange dauerte, aber sie wollte es sofort, gleich jetzt.

Sie rollte unter ihn, weil sie es, egal, was alle anderen sagten, in dieser Stellung am liebsten mochte, und öffnete die Augen. Sie wollte das Begehren und die Leidenschaft in seinem Gesicht sehen, doch er senkte den Kopf, seine Lippen saugten an ihrer Brust, deshalb richtete sich ihr Blick nach oben. Plötzlich sah sie das Ding, das im Baum hing, und sie schrie und schrie. Sie riß den Mund so weit auf, wie sie es selbst nicht für möglich gehalten hätte, und als sie endlich verstummte, hatten sie das Auto schon fast erreicht.

Er war bei ihr – alles war in Ordnung. Sie drängten sich einen Augenblick fest aneinander; sie schwiegen, die Schreie waren ihnen in der Kehle steckengeblieben, und ihre Lust hatte sich in blankes Entsetzen verwandelt. Erst jetzt war sie imstande zu begreifen, was sie gesehen hatte: eine Leiche, an einem Ast, die Füße drehten sich langsam in der kalten Luft.

Sie fuhren los.

Nichts hatte sich geändert. Judith lag im Bett und hörte, wie Fitz hereinkam. Sie spähte durch die offene Tür, als er ins Bad ging. Er war zusammengeschlagen worden, und sie überlegte, ob er Fürsorge von ihr erwartete.

Sie sorgte sich tatsächlich um ihn, und sie wußte sogar noch genau, in welchem Augenblick sie gezwungen gewesen war, sich das selbst einzugestehen.

Es war im Juli letzten Jahres gewesen, als sie die Polizisten endlich dazu gebracht hatte, zuzugeben, daß Fitz bei dem Jungen – wie war noch sein Name? Sean, ja so hieß er – war, um ihm im letzten Moment auszureden, das Haus, sich selbst und das blinde Mädchen in die Luft zu jagen. Fitz, der große Held, war zielstrebig in das Haus marschiert, in dem überall Benzin verschüttet und alle Gashähne aufgedreht waren. Aber das eigentliche Wunder war, daß er keine brennende Zigarette dabei hatte.

Damals hatten sie ihr klargemacht, daß es zu spät für sie war, zu ihm zu fahren und vor dem Haus auf ihn zu warten. Zudem hätte sie ohnehin nichts tun können. Sie war dazu verdonnert, im Revier zu bleiben und beim Auf- und Abgehen Löcher in die verdammten Teppichfliesen zu stampfen.

Das letzte, was er vor seinem Aufbruch in dieses Haus zu ihr gesagt hatte, war, daß er das Bedürfnis verspürte, Gewalt anzuwenden, sie mit Gewalt zurückzuholen und mit einem rohen Akt als sein Eigentum zu brandmarken. Daß er beweisen wollte, daß sie zu ihm und nicht zu Graham gehörte. Sie hatte einmal mit Graham geschlafen, aus Verzweiflung und Einsamkeit, und – das mußte sie gestehen – weil sie Fitz zu einer emotionalen, irrationalen Reaktion provozieren wollte.

Ja, sie hatte es getan. Er hatte die Androhung der Vergewaltigung nicht ernst gemeint. Nicht wörtlich. Sie wußte, wann er jemanden zu schockieren versuchte. Aber sie hätte niemals damit weiterleben können, wenn es wirklich das allerletzte gewesen wäre, was er je zu ihr gesagt hätte.

Als alles vorbei war, kam er herein, riß Witze und tat so, als wäre überhaupt nichts geschehen. Aber sie sah, wie seine Hände zitterten, als er sich eine Zigarette anzündete, und in dieser Nacht gingen sie zusammen nach Hause. Nach Hause. Sie liebten sich mit einer Leidenschaft, die sie längst verloren geglaubt hatte, und gerade vor diesem Verlust hatte sie entsetzliche Angst gehabt. Am nächsten Morgen fand er rationelle Gründe dafür – natürlich. »Es liegt in unserer Natur, den Tod besiegen zu wollen – dem Tod ins Auge zu sehen, zu vögeln, mehr Babys zu machen. Dasselbe habe ich auch zu Tina gesagt.« Er sah sie noch einmal an und ging zur Terrassentür, aber bevor er sich in den Garten verdrückte, drehte er sich noch einmal um und sagte: »Sie glaubte mir auch nicht, daß nicht doch mehr an der Sache dran ist.«

Verdammter Kerl. Er wußte immer, wie er sie am leichtesten verletzen konnte. Sie verabscheute sich selbst, weil sie nach dieser Episode bei ihm geblieben war. Aber sie wußte, daß sie mit ihm zwar nicht alles hatte, was sie sich wünschte, aber ohne ihn nichts von dem, was sie brauchte.

Sie hätte sich die Mühe sparen können, dachte sie jetzt. Seither war es immer weiter bergab gegangen. Er hatte ihr den Fehltritt noch längst nicht verziehen, o nein. Wenigstens hatte er ihr auch nichts vorgespielt. Nach dieser ersten Nacht war er wieder ins Gästezimmer gezogen – genaugenommen hatte er sich so benommen, als wäre nichts zwischen ihnen vorgefallen, bis sie ihn der Unehrlichkeit bezichtigt hatte.

Und jetzt dies. Es war nicht das erste Mal, daß sie seit damals in einem Zimmer geschlafen hatten. Die anderen Nächte waren wie diese verlaufen. Sie lag neben ihm, sagte kein Wort, berührte ihn nicht und starrte in die Dunkelheit, bis er schließlich aufstand. Sie fragte sich, wohin er ging, was er machte. Vermutlich spielte er. Sicher trank er – wenn er heimkam, roch sie den Alkohol in seinem Atem.

Alles wäre so viel einfacher, wenn sie sich nichts aus ihm machen würde.

Das wirklich Schockierende war, daß die Polizisten Tims Verschwinden äußerst ernst nahmen. Sie waren sehr jung und zeigten professionelles Mitgefühl. Sie saßen in Julies Wohnzimmer, hörten ihr aufmerksam zu und notierten sich alles, was sie sagte.

»Er hatte seinen Mantel nicht mitgenommen«, sagte Julie, ohne ihre Blicke zu erwidern. Sie dachten sicher: Was für eine Mutter mußte das sein, die ihren Jungen so weggehen ließ? »Er hatte kein Geld bei sich.«

Es gab einen Trick, wie man das Weinen unterdrücken konnte. Sie hatte gelernt, ihn anzuwenden, als Stephen sie verlassen hatte. Man mußte langsam und tief durchatmen und sich nur auf die Worte, die man äußern wollte, konzentrieren.

Als nächstes mußte sie ihnen unmißverständlich klarmachen, daß sie etwas unternehmen mußten. »Sein Dad wohnt nicht einmal eine Meile weit weg.« Keine Antwort. »Niemand hat ihn seit gestern abend gesehen.«

Tief Luft holen, ausatmen und noch einmal Luft holen. Manchmal bleibt einem nichts anderes zu tun, als immer weiter zu atmen.

Verdammtes Pech an einem Sonntagabend, dachte Jimmy Beck. Bei Eiseskälte im Wald, noch dazu bei strömendem Regen, auf der Suche nach einem Balg, das mehr Flausen als Hirn im Kopf hatte. Er wollte wieder zurück ins Büro, vielleicht bei einer Tasse Tee die *News of the World* anschauen. Und wenn das schon nicht möglich war, dann wenigstens irgendwo einen Kaffee trinken und so tun, als würde er die eine oder andere Spur verfolgen. Alles war besser als der Regen, der ihm in den Nacken lief, und der Schlamm, der in die Schuhe sickerte. Nicht, daß es nicht wichtig wäre, den Jungen zu suchen. Natürlich war es wichtig, und wenn irgend jemand ihn finden konnte, dann er.

Er leuchtete mit der Taschenlampe seine Umgebung ab. Bäume, Bäume und noch mehr verdammte Bäume. Der Boss hatte so viele Männer wie möglich losgeschickt. Aber es bestand kaum Hoffnung, das Kind zu finden – nicht bei der Finsternis.

Er schrie den Namen des Jungen. Das taten auch eine Menge andere Leute. Keine Antwort.

Sieht aus, als ob die Suche im Wald reine Zeitverschwendung wäre, dachte David Bilborough, als er sich die Fotos von dem vermißten Jungen ansah.

Er war vorhin selbst dort gewesen – es schüttete wie aus Eimern, der Himmel war schwarz, und seine Männer konnten kaum die Hand vor Augen sehen, während sie sich durch den Morast kämpften. Außerdem hatte er nicht genügend Leute, um das Gelände ordentlich zu durchkämmen. Noch lief die Suche weiter und würde auch erst beendet werden, wenn sie erfolgreich war oder irgend jemand – er zum Beispiel oder einer seiner Vorgesetzten – entschied, daß es keinen Sinn mehr hatte, weiterzumachen.

Aber im Moment war er hier, bei Mrs. Lang, die keine Ahnung hatte, was sie sagen sollte. Sie saß sehr aufrecht auf dem blumengemusterten Sofa und hatte die Hände im Schoß gefaltet. Ihr Blick war hart vor Kummer, und sie blieb sehr ruhig. Er an ihrer Stelle hätte mit dem Kopf gegen die Wand geschlagen.

Es half ihm kein bißchen, daß Penhaligon ihn ständig beobachtete. Sie hockte auf der Sofakante, gab sich Mühe, nicht zu damenhaft auszusehen, und machte sich Notizen. Sie wartete nur darauf, daß er etwas Dummes sagte, davon war er überzeugt. Sie war eine gute Polizistin, aber die kritischste Person, der er je begegnet war – abgesehen von Fitz selbstverständlich.

Er legte eine weitere Fotografie auf den Stapel. Der Junge, Timothy, sah von dem Foto zu ihm auf. Er war ein hübscher Kerl, dachte Bilborough, ein bißchen mädchenhaft vielleicht mit dem weizenblonden Haar und den großen blauen Augen. War – Bilborough war sich fast sicher. Aber er hatte nicht vor, Mrs. Lang von seinen Ahnungen zu erzählen. Lieber Himmel, nein! Nicht, ehe sie Hinweise hatten, wo sie suchen mußten. Diesmal wollte er es selbst machen. Verdammte Penhaligon. Er würde ihr zeigen, daß er genauso sensibel und einfühlsam sein konnte wie eine Frau.

»Dachten Sie nicht daran, anzurufen, um zu erfahren, ob er gut angekommen ist?« fragte er. Diese Leute! Gott, er vergewisserte sich immer, ob Catriona okay war, ob mit dem Baby alles okay war – er ließ sie nie aus den Augen. Er hatte schon zu viele solcher Fälle miterlebt und mit zu vielen verzweifelten Eltern zusammengesessen.

»Er geht oft zu seinem Dad«, sagte Mrs. Lang. Sie klang ärgerlich.

Vielleicht das schlechte Gewissen, überlegte er, oder doch nur die Sorge? Er benahm sich schon wie Fitz – dieser Gedanke amüsierte ihn keineswegs.

»Können Sie sich erinnern, was er anhatte?«

»Turnschuhe. Schwarze Jeans. Langärmeliges T-Shirt«, erwiderte sie. Ihre Hände waren lang und blaß. Sie zupfte abwechselnd mit den Fingern an ihren Händen. Das war das einzige Anzeichen, wie aufgewühlt und nervös sie war.

Turnschuhe, dachte Bilborough, Jeans – großartig, das paßt auf neunzig Prozent der Kids in Manchester. Er hielt inne und versuchte, sich eine Frage einfallen zu lassen, die eine detaillierte Antwort provozieren könnte.

Das schrille Klingeln der Türglocke zerriß die Stille. Er sah, daß Penhaligon zusammenzuckte. Sie erwartete das Schlimmste, genau wie Bilborough auch. Er nickte ihr zu, und sie ging zur Haustür. Er beugte sich in seinem Sessel vor, in der Hoffnung, Mrs. Lang so zum Reden ermutigen zu können. Der Mann könnte schwieriger werden – das war oft so.

Mrs. Lang drehte jetzt unaufhörlich ihren Ehring am Finger.

»Das war das letzte, was ich zu ihm sagte – ich sagte: ›In diesem Aufzug gehst du nicht los. Und zieh deinen Mantel an.‹« Sie lächelte zaghaft; so lächelte jemand, der mit den Tränen kämpfte.

Die Tür wurde aufgerissen, und ein untersetzter Mann mittleren Alters kam herein und schüttelte die Regentropfen von seiner Jacke. Penhaligon folgte ihm.

»Polizei?« fragte der Mann.

Bilborough gefiel seine Direktheit.

»Ja«, sagte Penhaligon, bevor ihr Boss den Mund aufmachen konnte.

Bilborough erhob sich.

»Gibt's was Neues?« erkundigte sich der Mann.

Als niemand etwas sagte, seufzte Mrs. Lang bebend und sagte: »Das ist mein Mann.«

Bilborough registrierte, daß sie nicht besonders erfreut über sein Kommen war.

»Ich wohne nicht hier«, erklärte Mr. Lang. »Wir leben getrennt.« Er klang genausowenig begeistert wie seine Frau.

Erstaunlich, sinnierte Bilborough, wieviel Spannung ein

Neuankömmling in einem Raum erzeugen kann. »Ich bin Detective Chief Inspector Bilborough«, stellte er sich vor und versuchte, die Stimmung so gut wie möglich aufzulockern. »Dies ist Detective Sergeant Penhaligon.«

»Detective Chief Inspector?« sagte Mr. Lang.

Bilborough nickte. Er wußte sehr genau, daß er viel zu jung für diesen Rang aussah, und fragte sich, ob sich Mr. Lang darüber auslassen würde – es wäre nicht das erste Mal, daß jemand Bemerkungen darüber machte.

Aber Mr. Lang wiederholte nur noch einmal fassungslos: »Detective Chief Inspector.« Sein Mund bewegte sich lautlos, dann flüsterte er: »Mein Gott, Sie glauben, er ist tot.« Er unterdrückte ein Schluchzen, aber seine Schultern zuckten.

Mrs. Lang sah ihn wortlos an. Bilborough konnte nicht sagen, was ihr durch den Kopf ging.

Penhaligon trat vor, legte den Arm um Mr. Lang und warf Bilborough einen Blick über die Schulter zu. »Würden Sie einen Tee aufbrühen, Sir?« fragte sie.

Sir. Verflucht noch mal! Er machte sich auf den Weg in die Küche.

Andy stand am Fenster in seinem Zimmer und starrte in die regenschwere Dunkelheit. Er hatte alle Lampen ausgeschaltet, und der Himmel war mit dicken Wolken verhangen, nur im gegenüberliegenden Haus schimmerte Licht.

Tim ist irgendwo da draußen, mit dieser Nummer will er sich doch nur wieder interessant machen, dachte Andy.

Es klopfte an die Tür.

»Herein!« Andy drehte sich um. Sein Vater stand auf der Schwelle. »Was willst du?«

»Die Polizei ist hier...«

»Ja, ich weiß.« Natürlich hatte er das mitbekommen, verdammt noch mal.

»Sie denken, daß die Sache ernst ist...«

O ja, dachte Andy, mal was ganz Neues. Die kleine Schwuchtel hat sich wahrscheinlich mit einem hübschen Kerl irgendwo eingesperrt.

»Und was erwartest du jetzt von mir?« fragte er. Noch ehe er die Worte ausgesprochen hatte, bereute er sie bereits. Für ihn war die Situation auch schlimm, aber er konnte einfach nicht glauben, daß wirklich etwas Schreckliches passiert war. Und außerdem würde sein Dad die Gelegenheit beim Schopf ergreifen und ihm wieder die Hölle heiß machen.

»Sie suchen – im Wald, weißt du …«

»Ich hole meine Jacke«, sagte Andy.

»Nicht nötig.«

»Aber er ist mein Bruder, um Himmels willen. Du erklärst mir doch immer wieder, daß er mein Bruder ist.«

»Die Polizei sagt, wir sollen hier bleiben.«

Einen furchtbaren Moment lang glaubte Andy, er würde anfangen zu weinen. Er hatte seinen Vater noch nie weinen sehen.

»Ich glaube … ich denke, sie haben Angst vor dem, was wir finden könnten«, sagte sein Dad.

Andy erschrak. O Gott, sie glauben, er ist tot! Sie nehmen an, daß sie seine Leiche in irgendeinem Graben finden! Andy brachte kein Wort mehr heraus. Er trat einen Schritt vor, wollte seinen Vater umarmen, ihn berühren – irgendwas.

Er konnte nicht.

»Ich gehe zu den Nachbarn und frage, ob sie helfen. George Lindsay und den Rest. Bleib du bei deiner Mum.«

Andy nickte. Sein Vater drehte sich um und ging.

Kurze Zeit später schlich Andy hinunter. Seine Mutter saß im Wohnzimmer an ihrem Lieblingsplatz auf dem Sofa. Es war erstaunlich, wie ruhig sie war. Die rothaarige Polizistin von vorhin war bei ihr und noch ein Typ mit Schnurrbart.

Eigentlich müßte er hineingehen und sich zu ihr setzen. Er müßte etwas zu ihr sagen. Er hatte es seinem Dad versprochen. Aber er konnte nicht. Er konnte einfach nicht. Er machte kehrt und ging wieder hinauf.

Es regnete immer noch, als Bilborough vor dem Waldstück eintraf, ein feiner, dichter Regen, der einen bis auf die Haut durchnäßte und in den Augen brannte. Er legte die Hände um einen Becher mit heißem Kaffee – eins der Privilegien, die sein Rang mit sich brachte.

Lichter aus etwa hundert Taschenlampen blitzten in der Dunkelheit und verwandelten die Bäume in scharfe Silhouetten und die Regentropfen in Juwelen.

Unter anderen Umständen wäre es ein bezaubernder Anblick gewesen. Zur Hölle damit! Bei der Finsternis und dem Regen konnte man keinen Meter weit sehen. Die Suchaktion hatte schon vor Stunden begonnen, und Bilborough bezweifelte inzwischen, daß sie unter diesen Bedingungen etwas finden würden. Möglicherweise wäre es besser, bis zum Morgen zu warten. Es dauerte nicht mehr lang, bis es hell wurde, und bei Tageslicht kamen sie schneller voran. Und er könnte nach Hause gehen, bei Catriona sein, wenn sie ihn brauchte. Wenn das Baby kam, solange er hier draußen war ... Aber dann hatte er wieder dieses Bild vor Augen: Mrs. Lang, die ihn aus großen, dunklen Augen ansah, und ihren lautlos schluchzenden Mann. Er stampfte mit dem Fuß auf ein durchweichtes Grasbüschel. Irgendwo hier draußen lag eine Leiche. Das spürte er. Der Junge könnte wahrscheinlich genausogut entführt worden sein, aber sein Gefühl sagte ihm etwas anderes.

Plötzlich schrie jemand etwas. Bilborough sah sich um. Einer der Polizisten fuchtelte mit der Taschenlampe durch die Luft. Er stand nicht weit weg von den parkenden Autos. Bilborough lief zu ihm – und alle anderen auch. Der Constable hatte etwas gefunden und hielt es, aufgespießt auf einen langen Stock, in die Höhe. Bilborough strengte seine Augen an. Es hätte alles mögliche sein können – ein Stück Stoff, ein Grasbündel oder sogar nur ein Lehmklumpen. Aber das alles war es nicht. Es war ein Turnschuh.

3

Jane Penhaligon schaute sich in dem ordentlichen Wohnzimmer der Langs um und nippte an ihrem Tee. Der andere Detective Sergeant ihres Teams, Jimmy Beck, kam wieder herein. Er zog die Augenbrauen hoch und sah sie fragend an, obwohl er wissen mußte, daß sich in den wenigen Minuten, die er im oberen Stockwerk verbracht hatte, nichts Neues ereignet hatte. Sie schüttelte kaum merklich den Kopf und hoffte, daß die Langs es nicht sahen.

Gewöhnlich trat Beck großspurig auf, aber nach der langen Wartezeit in dieser Leichenschauhausatmosphäre im Haus der Langs war auch er mürbe geworden. Er setzte sich in einen Sessel und starrte auf den dunklen Bildschirm des Fernsehers. Nach einer Weile strich er sich über den Schnauzbart, als würde er sich darauf vorbereiten, etwas zu sagen.

Wenn er fragt, ob er den Kasten einschalten darf, bring' ich ihn um, dachte Penhaligon. Sie durchbohrte ihn mit ihrem Blick. Gut, daß nur noch ein internationaler Sender zu dieser Nachtzeit ein langweiliges Programm ausstrahlte – er hätte bestimmt keine Hemmungen, wenn eine Sportsendung laufen würde.

Mrs. Lang saß neben Jane auf der Couch – sie schien sich über die Stunden kaum von der Stelle gerührt zu haben. Ihr Mann hingegen verhielt sich ganz anders. Kein einziges Mal hatte er sich auch nur in die Nähe seiner Frau gewagt, aber seit seiner Rückkehr vor einer Stunde war er ständig in Bewegung gewesen. Jetzt hielt er sich im Hintergrund und starrte abwechselnd seine Frau und den Fußboden an. Penhaligon fragte sich, wer von beiden auf die Idee gekommen war, sich zu trennen. Sie hätte wetten mögen, daß ihm dieses Arrangement nicht gefiel.

Sie trank wieder einen Schluck Tee. Er war fast kalt. Es kam ihr vor, als hätte sie in den letzten zwölf Stunden mehr Tee getrunken als in ihrem ganzen bisherigen Leben. Das gehört zu den Dingen, die die Menschen während einer Krise tun, dachte sie. Man kann eine Menge Zeit mit Tee totschlagen. Erst fragte man alle Anwesenden, ob sie eine Tasse haben wollen, dann kochte man ihn – das dauerte eine ganze Weile, besonders in einer fremden Küche – und schließlich trinkt man... Das half einem in dieser unangenehmen Stille wie jetzt, während Mrs. Lang sie aus diesen riesigen Rehaugen fixierte. Penhaligon rätselte, was ihr wohl durch den Kopf ging, ob sie glaubte, die Polizei wüßte mehr, als sie preisgab. Großer Gott! Die Teekanne war fast leer, aber es war noch ein wenig zu früh, um frischen zu kochen.

Das Telefon klingelte. Penhaligon zuckte zusammen; Beck sprang auf und ging in den Flur, um den Hörer abzunehmen. Penhaligon spitzte die Ohren, aber mehr als ein leises Murmeln bekam sie nicht mit.

Mrs. Lang saß noch genauso da wie vorher, nur ihre rastlosen Hände verrieten ihre Aufregung. Beck kam wieder herein. Mrs. Lang verfolgte jede seiner Bewegungen mit aufmerksamem Blick.

»Mrs. Lang«, begann Beck. »Was für eine Schuhgröße hatte Timothy?«

Lieber Himmel, dachte Penhaligon. So etwas war typisch für Beck.

»Hatte?« flüsterte Mrs. Lang vor sich hin, als müßte sie die Bedeutung dieses einen Wortes erst begreifen.

Beck schielte zu Penhaligon. Die Situation schien ihm mehr als peinlich zu sein.

Geschieht ihm recht, dachte Penhaligon.

»Entschuldigung«, sagte er. »Was für eine Schuhgröße hat er?«

»Vierzig«, entgegnete Mrs. Lang tonlos; sie sah aus, als wäre ein wichtiger Teil von ihr gestorben.

Beck nickte und lief wieder hinaus.

Penhaligon hörte, daß er wieder zum Telefon ging, und folgte ihm. »Ist mir so rausgerutscht«, sagte er. Sein irischer Akzent war stärker, wie immer, wenn er nervös und unsicher war.

Penhaligon sah ihn stumm an. Ihr fiel nichts ein, wie sie eine derartige Taktlosigkeit hätte kommentieren können.

»Danke, daß du soviel Verständnis aufbringst«, sagte er nach einer Weile.

Widerling, dachte Penhaligon und betrachtete das Blumenmuster des Flurteppichs, ohne ein Wort zu sagen.

Beck drückte den Hörer ans Ohr und lauschte, dann murmelte er etwas und sagte schließlich lauter: »Ja, ganz recht.«

Er schaute auf und schob die Antenne des schnurlosen Telefons zusammen. »Sie haben einen Turnschuh Größe vierzig gefunden«, informierte er Penhaligon und machte einen überraschend erschütterten Eindruck.

Penhaligon lehnte sich an die Wand. Verdammt, jetzt war es soweit. »Ich sag's ihnen«, schlug sie vor. Bald würde sie so etwas nicht mehr mitmachen und die Männer die unangenehmen Aufgaben erledigen lassen, die Aufgaben, die beinhalteten, das Leben der Menschen zu zerstören. Aber nicht heute. Nicht, wenn nur Beck zur Verfügung stand, der da hineingehen und mit seinen riesigen Füßen auf ihren Gefühlen herumtrampeln würde.

Sie wünschte, sie könnte diesen Gedanken lustig finden.

Andy hielt es nicht mehr aus. Die Polizistin hatte gesagt, daß ein Turnschuh gefunden wurde, und mit einem Mal war es, als hätte man die ganze Luft aus dem Zimmer gesaugt.

Er mußte raus. Er konnte die Trostlosigkeit in den Augen seiner Mutter und die Vorwürfe im Blick seines Vaters nicht mehr ertragen. Als ob es seine Schuld wäre. Als ob er Tim etwas angetan hätte. Der kleine Idiot bekam immer alles in den falschen Hals.

Andy wollte einen Spaziergang machen – vielleicht, um Melanie zu sehen; aber es schüttete immer noch, und ein paar Leute hatten sich vor dem Gartentor versammelt – er erkannte einige Nachbarn, zwei von Tims Lehrern und einen Journalisten von der Lokalzeitung, der schon den ganzen Tag vor dem Haus herumlungerte und darauf wartete, daß jemand herauskam. Scheiße. Vielleicht kam es noch so weit, daß die *Sun* darüber berichtete. Er hatte keine Lust, mit den Leuten zu reden, deshalb blieb er vor dem Haus stehen, wo ein Bulle Wache stand. Wenigstens hatte der im Gegensatz zu den anderen eine Uniform an, und man wußte, wie man mit ihm dran war.

Ein Streifenwagen fuhr vor. Die nasse Straße glänzte im Scheinwerferlicht. Andy hatte nicht daran gedacht, daß sie den Turnschuh vorbeibringen würden, damit Mum und Dad ihn identifizieren konnten. Er wußte, daß er seinem Bruder gehörte – er hatte es einfach im Gefühl, so wie er viele andere Dinge, die Tim betrafen, spürte und wußte, vor denen seine Eltern die Augen verschlossen.

Es hatte keinen Sinn. Er mußte weg. Mit entschlossenen Schritten ging er zum Gartentor.

Mr. Lindsay, einer der Nachbarn, trat auf ihn zu und packte ihn bei den Schultern. »Es hat nichts zu bedeuten, Andy«, sagte er eindringlich. Andy schüttelte seine Hände ab und ging weiter. »Nicht das geringste«, rief ihm der Mann nach.

Andy fing an zu rennen.

Diesmal, nahm sich Bilborough vor, übernehme ich das Reden. Er wußte, was Penhaligon dachte – daß er jedesmal, wenn er den Mund aufmachte, etwas Grobes oder Dummes oder beides von sich gab –, aber diesmal war das anders. Er legte den in einer durchsichtigen Plastiktüte steckenden Turnschuh vorsichtig auf den Eßtisch. Das Plastik knisterte laut in der Stille.

Mrs. Lang stand auf und durchquerte, ohne dazu aufgefordert worden zu sein, das Zimmer. Ihr Mann tat es ihr gleich. Auf halbem Weg blieb sie stehen. Zum erstenmal hielt sie ihre Hände ganz still. Sie betrachtete den Schuh eine Ewigkeit, obwohl nicht mehr als wenige Minuten vergingen. Dann drehte sie sich um und nickte Bilborough zu.

Ihr Mann nahm sie in die Arme und zog sie an sich.

Himmel, dachte Bilborough, was soll ich sagen? Was soll ich jetzt sagen? Wenigstens konnten sie sich aneinander festhalten.

Aber schon im nächsten Augenblick befreite sich Mrs. Lang

ungeduldig aus der Umarmung ihres Mannes. Sie entfernte sich von ihm und blieb neben dem Sofa stehen, auf dem sie so viel Zeit verbracht hatte, während Mr. Lang ihr verzweifelt und, wie Bilborough fand, hoffnungslos nachsah.

Sie fuhr sich mit der Hand durch das dunkle Haar und schob die Strähnen aus dem bleichen, ovalen Gesicht. Bilborough merkte, daß Jane Penhaligon erst ihn, dann Mrs. Lang anschaute, aber sie sagte kein Wort. Das Schweigen wurde unerträglich. Der Teufel soll dich holen, Penhaligon!

»Es kann dafür auch eine ganz harmlose Erklärung geben, Mrs. Lang«, begann Bilborough. Seine Stimme klang viel zu laut.

Falsch. Das Gesicht der Frau verzerrte sich. Sie schlug die Hand vor den Mund und fing an zu weinen. Sie hatte sich so tapfer gehalten, seit dies alles begonnen hatte, aber jetzt brachen alle Dämme. Mr. Langs Gesicht konnte Bilborough nicht sehen, aber das war auch nicht nötig. Die Schultern des Mannes hoben und senkten sich schwer bei der Anstrengung, ein haltloses Schluchzen zu unterdrücken.

Bilborough deutete mit dem Kopf auf die Tür. Penhaligon ging hinaus, und er folgte ihr. Sie war sauer auf ihn, das erkannte er an ihrer starren Haltung. Jetzt war ihm klar, daß er es ihr hätte überlassen müssen, mit den Langs zu sprechen. Sie war in solchen Dingen besser als jeder andere.

»Holen Sie Fitz«, sagte er ruhig.

Penhaligon drehte sich ihm zu, und er merkte, daß sie doch nicht so wütend war, wie er gedacht hatte, vielmehr schien ihr die Situation schwer zu schaffen zu machen. Kein Wunder. Sie hatte mehr Zeit bei den Langs verbracht als sonst jemand und stundenlang gewartet, daß die Suchmannschaften etwas fanden.

»Wir wissen noch nicht, ob er tot ist«, versetzte sie schneidend und bedachte ihn mit einem geringschätzigen Blick, ehe sie hinzusetzte: »Sir.«

»Er ist seit zwei Tagen weg, hat keinen Mantel dabei und kein Geld mitgenommen. Und wir haben seinen Schuh gefunden«, sagte Bilborough, während er die Antenne des Mobiltelefons herauszog. »Glauben Sie wirklich, daß er noch am Leben ist?«

Der Regen prasselte auf Andy, als er durch die Straßen rannte. Es hat nichts zu bedeuten, hatte George Lindsay gesagt. Andy glaubte ihm nicht. Er ist tot, dachte er, und im Rhythmus seiner schnellen Schritte hämmerten die Worte in seinem Kopf: Tim ist tot. Mein Bruder ist tot. Schließlich wurde er langsamer. Es überraschte ihn nicht, daß er in der Nähe des Wäldchens gelandet war. Es wurde allmählich heller, ein dumpfes, graues Licht drang durch den bewölkten Himmel, der nichts Gutes für den neuen Tag versprach. Der Weg, der in den Wald führte, war von Autoreifen und Fußspuren aufgewühlt. Andy ging ein Stück weiter; mit jedem Schritt sank er tiefer in den Schlamm. Er kannte diesen Wald – als Kind hatte er hier oft gespielt, und später hatte er sich hierher zurückgezogen, um Bier zu trinken und zu rauchen, wenn er die Schule geschwänzt hatte. Trotzdem vermittelten ihm jetzt das fahle Morgenlicht, der Dunst, der die Baumstämme einhüllte, und der Geruch nach Moder und Feuchtigkeit das Gefühl, in einem fremden Urwald zu sein.

Bescheuert, dachte er. Ich werde schon genauso weich in der Birne wie Tim.

Er war noch nicht weit gekommen, als er Stimmen hörte, die den Namen seines Bruders riefen. Er blieb stehen, bevor der Weg in die Straße mündete, die aus der anderen Richtung den Wald durchschnitt. Etliche Autos waren dort abgestellt, und Leute standen mit Pappbechern in den Händen herum.

Andy zögerte. Er war wütend auf die Leute, weil sie ihm nicht einmal einen Augenblick Ruhe gönnten. Ihm war klar, daß er ihnen seine Hilfe anbieten müßte, aber er wußte nur zu gut, was sie finden würden: Tim, tot in einem Graben, mit blicklosen Augen und eiskalter Haut.

Er konnte nicht helfen, und genauso unmöglich war es ihm, sich der gedrückten Stimmung zu Hause zu stellen. Statt dessen beschloß er, zu Melanie zu gehen. Er sah auf seine Uhr. Halb sieben. Es war noch viel Zeit, bis sie zur Arbeit mußte.

Andy klopfte an Melanies Haustür. Er war müde und fror, weil er bis auf die Haut durchnäßt war, obwohl der Regen inzwischen nachgelassen hatte.

»Moment«, rief Melanies Mutter. Dann hörte er, wie Schlüssel klapperten und von innen aufgeschlossen wurde. Die Tür öffnete sich einen Spalt. Mrs. Johnson spähte heraus, dann zog sie die Tür ganz auf. Sie war schon für die Arbeit fertig angezogen und hergerichtet.

»Andy, Lieber, du siehst…«, begann sie und stockte. »Es ist wegen deinem Bruder, oder?« Andy brachte kein Wort heraus, er sah sie nur kläglich an. »Komm rein.«

Sie ging voran in die Küche. Es war warm und roch nach Toast und gebratenem Speck. Mrs. Johnson rückte ihm einen Stuhl zurecht, setzte den Wasserkessel auf und rief Melanie, ohne Andy auch nur mit einer einzigen Frage zu löchern. Es hatte ihm schon immer gefallen, daß sie nicht neugierig war und ihm nicht auf die Nerven ging. Darüber hatte er auch schon mal mit Melanie gesprochen, aber die hatte nur gemeint: »Mir gegenüber ist sie ganz anders.«

Melanie kam herunter, als der Tee gerade fertig war. Sie trug einen Frotteebademantel, und obwohl er nicht viel enthüllte, konnte Andy den Blick nicht von ihrem Ausschnitt wenden.

»Es ist Tim, stimmt's?« fragte sie.

Andy nickte. Sie machte einen abweisenden Eindruck. Andy fürchtete, sie in Verlegenheit zu bringen, und sah auf den Boden zwischen seinen Füßen. »Sie haben einen Turnschuh gefunden«, sagte er. »Sie haben es nicht gesagt, aber ich glaube, er ist tot.«

»O nein, Andy«, widersprach Mrs. Johnson. »Bestimmt nicht…«

Am liebsten hätte Andy erwidert: *Quatsch. Wenn er tot ist, ist er tot. Es hat keinen Sinn, auf etwas anderes zu hoffen.* Aber das konnte er nicht gut sagen, deshalb zuckte er nur mit den Schultern. Er wünschte, Mrs. Johnson wäre schon weg, dann könnte er Melanie in die Arme nehmen. Er sehnte sich danach, gehalten zu werden. Und er merkte, wie ihm die Tränen hochstiegen. Ich werde nicht weinen, nahm er sich entschlossen vor. Ich will einfach nicht.

»Es ist sicher alles in Ordnung mit ihm, Andy«, sagte Melanie. »Wart's ab, du wirst schon sehen.«

»Das ist ein Versprechen, oder?«

»Wart's einfach ab.« Sie nahm seine Hände. Er sah zu ihr auf. Ihr Gesichtsausdruck war irgendwie eigenartig, und er verstand nicht, was los war. »Ich muß rauf und mich für die Arbeit fertigmachen«, setzte sie unvermittelt hinzu.

»Ich fürchte, ich muß mich auch auf den Weg machen«, sagte Mrs. Johnson. »Du solltest nach Hause gehen, Andy. Du willst doch nicht, daß sich deine Mum und dein Dad auch noch um dich Sorgen machen.«

»Nein«, meinte Andy, aber am liebsten hätte er darum gebeten, hierbleiben zu dürfen, bis Melanie und ihre Mutter wieder nach Hause kamen.

»Wart auf mich«, rief Melanie. »Wir können bis zum Tor vom Park zusammen gehen.«

Sie klingt immer noch komisch, vielleicht, weil ihre Mutter dabei ist, überlegte Andy.

Kurze Zeit später gingen sie nebeneinander die Straße entlang. Er ergriff ihre Hand und war dankbar, sie berühren zu können. Nach einem Moment entzog sie sich ihm und steckte die Hände in ihre Taschen.

»Was ist los?« fragte er.

»Nichts.«

»Oh, komm schon«, protestierte Andy. »Du hättest dein Gesicht in der Küche sehen sollen...«

»Ich will nicht darüber reden. Nicht jetzt.« Sie zeigte dieselbe Miene wie vorhin, aber jetzt wußte er, was das zu bedeuten hatte. Offenbar war sie sauer und wollte es nur nicht zugeben.

»Worüber?« insistierte er. Es fiel ihm schwer, sie nicht anzuschreien und all der Wut endlich Luft zu machen, die sich während der Nacht in ihm angestaut hatte.

Melanie spitzte die Lippen. »Geh nach Hause, Andy. Kümmere dich darum, was mit Tim passiert ist. Wir reden später.« Sie ging los.

Andy lief ihr nach. »Nein«, sagte er. Melanie blieb nicht stehen. »Sag mir, was ich falsch gemacht hab'.« Er ergriff ihren Arm, hielt sie zurück und zwang sie, ihn anzusehen.

»Nimm deine Hände weg«, sagte sie.

»Sag es mir«, forderte er, aber er ließ sie los.

Sie blitzte ihn böse an. »Frag Mike«, erwiderte sie schließlich und ließ ihn stehen.

Er sah ihr nach, bis sie um eine Ecke bog. Es blieb ihm nichts anderes übrig, als nach Hause zu gehen.

4

Penhaligon wartete im Wagen vor Fitz' Haus. Es war endlich Morgen geworden. In der vergangenen Nacht hatte sie manches Mal gedacht, der neue Tag würde nie mehr anbrechen. Sie kurbelte das Fenster ein Stück herunter und hoffte, daß Fitz nicht im Auto rauchen wollte. Ihre Toleranz hatte Grenzen.

Sie hatte sich eine halbe Stunde gegönnt, um nach Hause zu fahren, zu duschen und sich umzuziehen. Peter hatte sie gedrängt, zu ihm ins Bett zu kriechen – bisweilen konnte er sehr überzeugend sein. Sie hatte der Versuchung widerstanden und sich statt dessen mit einer heißen Dusche erfrischt, aber mittlerweile fühlte sie sich wieder mehr tot als lebendig.

Trotzdem war sie zur Stelle und tat wie ein braves Mädchen das, was man ihr aufgetragen hatte – sie holte Fitz ab, damit er die Langs so sehr einschüchtern oder ihnen so lange Honig um den Bart schmieren konnte, bis sie mit den Informationen herausrückten, die sie ihnen bis jetzt verheimlichten. Falls sie überhaupt irgend etwas verheimlichten – Penhaligon hatte ihre Zweifel; Bilborough sah das natürlich anders, und Beck teilte ihre Meinung ganz sicher nicht, aber Beck spielte sich ohnehin immer auf und legte enormen Wert darauf, seine Macht als Detective zur Schau zu stellen. Arroganter Wichser, dachte Penhaligon.

Sie drückte auf die Hupe. Aber es hatte gar keinen Zweck, Ungeduld zu zeigen. Fitz würde sich nur noch mehr Zeit lassen und die Gelegenheit nutzen, um ihr in allen Einzelheiten zu erklären, daß ein Kindheitstrauma für ihren Widerwillen, auf jemanden zu warten, verantwortlich war. Die Haustür ging auf. Penhaligon neigte sich zur Seite, um die Beifahrertür zu entriegeln, dann sah sie auf und entdeckte, daß nicht Fitz, sondern Judith das Haus verließ. Jane Penhaligon versuchte, in eine andere Richtung zu schauen und den roten Kater zu beobachten, der sich auf dem Bürgersteig räkelte, aber es gelang ihr nicht. Dies war Judith, die großartige, wunderbare, *verdammte* Judith. Fitz' Frau. Penhaligon schielte in den Rückspiegel, als Judith die Straße hinunterging. Eine Klassefrau, dachte sie und dann: und eine mächtige Hürde für alle Nachfolgerinnen. Trotz der finanziellen Probleme, die Fitz' Spielsucht, wie Penhaligon ahnte, nach sich ziehen mußte, bezweifelte sie, daß Judith wirklich wußte, was es hieß, kürzer zu treten. Ganz bestimmt achtete sie auf elegante Kleidung und verstand, sie zu tragen. Plötzlich wurde sich Penhaligon bewußt, daß ihre Bluse, obwohl sie sie vorhin erst aus dem Schrank genommen hatte, ein wenig verknittert war.

Verdammte Judith.

Früher hatte sie sich Judith immer als schlampige und schlichte Hausfrau vorgestellt. Aber dann kam der schreckliche Moment, in dem Penhaligon Judith zum erstenmal begegnet war – damals in dem Restaurant, in dem sie und Fitz essen wollten und Judith mit Graham am Nachbartisch gesessen hatte. Penhaligon hatte sich an diesem Abend eingestehen müssen, daß ihr ein harter Kampf bevorstand, aber andererseits war sie auch überzeugt gewesen, daß sie diesen Kampf gewinnen konnte. Jetzt war sie nicht mehr so sicher.

Wenn sie ehrlich war, mußte sie zugeben, daß sie immer geglaubt hatte, zu den ganz wenigen Frauen zu gehören, die Fitz anziehend fanden. Immerhin war er nicht gerade ein Adonis.

Aber offenbar konnten sich Judith und sie für dieselben Dinge begeistern: für Fitz' Intelligenz, für die Gefährlichkeit, die in dem großen Teddybär steckte, und für seine ungeheure Energie. Und körperlich – na ja, sie wünschte sich nichts mehr, als sich auch körperlich mit ihm einzulassen.

Judith verschwand außer Sicht. Ich hab' vielleicht die Schlacht verloren, dachte Penhaligon, aber der Krieg hat noch gar nicht richtig begonnen. Sie lächelte träge und träumte davon, daß sie und Fitz zusammen weggingen, während Judith glücklich und zufrieden mit ihrem Therapeuten-Kerlchen lebte, und dann… erst jetzt realisierte sie, daß jemand schon eine ganze Weile an die Seitenscheibe klopfte.

»Aufmachen«, sagte eine Stimme mit übertrieben amerikanischem Akzent. »Polizei!«

Penhaligon drehte den Kopf. Fitz klopfte noch einmal ans Fenster, erst dann merkte er, daß die Tür bereits entriegelt war, und stieg ein. Offenbar war er in eine Prügelei verwickelt gewesen. Er hatte eine Wunde über der linken Augenbraue, eine Schramme auf der Wange und einen langen Kratzer am Kinn.

»Was ist passiert?« fragte Penhaligon.

»Bin über die Bürgersteigkante gestolpert und gegen einen Laternenpfosten geprallt«, sagte Fitz.

Er war ungewöhnlich schweigsam, und Penhaligon hatte den Verdacht, daß er vorhin mit seinem amerikanischen Akzent nur eine Show abziehen wollte.

»Ist das die Geschichte, die du Judith erzählt hast?«

»Judith ist zu klug, um mir Fragen zu stellen«, erwiderte Fitz.

Als sie sich dem Haus der Langs näherten, hatte sich Fitz' Stimmung gebessert. Er beförderte eine Bonbontüte zutage, nahm eines heraus und wickelte es aus. Ohne zu fragen, ob Penhaligon es wollte, steckte er es ihr in den Mund. Seine Finger strichen dabei kurz über ihre Lippen; der Schauer der Erregung, der ihr über den Rücken lief, stand in keinem Verhältnis zu dem Ereignis an sich.

Er beobachtete sie – sie mochte das. Was immer Judith auch an sich hatte, Penhaligon wußte, daß Fitz *sie* wollte.

Penhaligon hielt Männer – Fitz eingeschlossen, nein, besonders Fitz – oft für ziemlich kindisch. Ausgerechnet ich muß das sagen, dachte sie, jemand, der bis über beide Ohren in einen verheirateten Kerl verknallt ist. Sie grinste. Ich wette, er weiß nicht, warum, auch wenn er es sich einbildet, überlegte sie. Ihr Lächeln wurde noch breiter.

»Es spricht Bände und verrät viel über einen Menschen, Penthesilea«, sagte Fitz. »Die Art, wie er ein Zitronenbonbon ißt.«

Ach ja? Er war in Sezierlaune. Er hatte sie schon einmal haarklein analysiert, als er sie noch kaum kannte, beim Hennessy-Fall; er war skrupellos und sehr akkurat vorgegangen, und das in aller Öffentlichkeit. Eine Zeitlang war sie deswegen ziemlich sauer auf ihn gewesen, aber inzwischen hatte sie ihm vergeben. Sie mußte ihm viele Dinge vergeben, und die meisten davon hatten etwas mit Judith zu tun.

»Ich bin ein Kauer«, erklärte Fitz. »Ich nehm' sie in den Mund, kaue und stoße sofort auf das weiche Innere. Augenblickliche Befriedigung.«

Penhaligon war klar, daß er etwas im Schild führte. Es war Spaß, aber er hatte etwas mit ihr vor.

»Judith ist ein Roller«, setzte Fitz hinzu.

Klar, irgendwann mußte ja die Sprache auf sie kommen, dachte Penhaligon.

»Sie liebt es, ein Bonbon Ewigkeiten in ihrem Mund herumzurollen.« Fitz machte eine Pause. »Geräuschvoll«, schloß er, als wäre das eine Beurteilung, aber das würde erst später kommen – bei Fitz gab es immer eine Beurteilung und ein Fazit.

Die Klassefrau Judith schmatzte und schlurfte beim Bonbonlutschen? Das konnte sich Penhaligon kaum vorstellen.

»Verstehst du«, fuhr Fitz fort und neigte sich zu ihr, als würde er ihr etwas ganz im Vertrauen erzählen. »Als Kind hatte sie mehr Spaß dran, die anderen Kinder neidisch zu machen, als an dem Bonbon an sich.«

Penhaligon lachte. Er war witzig – das war ein wesentlicher Zug an ihm, der ihn so anziehend machte.

Er sah sie verschlagen an. Sei vorsichtig, ermahnte sie sich selbst. Er lockt dich in eine Falle, aber das machte ihr nichts aus. Es war alles nur Spaß. »Ich nehme an, du bist wahrscheinlich ein Lutscher«, sagte er nachdenklich.

Penhaligon hatte schon längst den Verdacht, daß er das Gespräch in diese Richtung lenken würde.

»Ich denke, du möchtest es hinauszögern, damit es lange dauert. Hab' ich recht?«

Penhaligon lachte wieder. Also schön, Fitz, dachte sie, mal sehen, was du daraus machst. Sie wandte den Blick für einen Moment von der Straße, um ihn versonnen anzusehen. »Ja«, sagte sie absichtlich gedehnt und genußvoll. Was sonst könnte ich wohl noch hinauszögern wollen, damit es lange dauert, Fitz? Was möchte ich deiner Meinung nach noch lutschen? Würde es dir nicht gefallen, das herauszufinden? Er betrachtete sie aus zusammengekniffenen Augen. Er hatte kapiert. Gut.

»Ich wette, du kannst das Bonbon lutschen, bis es hauchdünn ist und du das weiche Innere verpaßt«, sagte Fitz in beinahe bewunderndem Ton.

»Ja«, entgegnete sie wieder und fragte sich, ob er dasselbe dachte wie sie. Zweifellos würde sie das erfahren, wenn er ihr triumphierend erklärte, daß das auf eine geheime sexuelle Vorliebe schließen ließ. Nicht Fellatio – das wäre zu offenkundig. Sado-Maso vielleicht oder …

»Das deutet auf einen massiven Schuldkomplex hin«, sagte Fitz.

Penhaligon funkelte ihn düster an. Wieder hatte er gewonnen. Lutscher, dachte sie erbost.

Der Polizist, der vor dem Haus der Langs Dienst hatte, schien sich tödlich zu langweilen, das fiel Fitz sofort auf, als sie vorfuhren. Ein guter Job. Wahrscheinlich bezahlten sie ihm nur nicht genug, daß er sich dabei vergnügen konnte.

Die Tür wurde aufgerissen, noch ehe Penhaligon eingeparkt

hatte. Bilborough lief auf sie zu. Er sah zerknittert aus wie immer, und jeder hätte gedacht, daß er die ganze Nacht im Wald herumgekrochen war.

»Bleiben Sie im Wagen, Jane«, brüllte er, als Fitz ausstieg.

Jane, dachte Fitz. Das war was ganz Neues. Er hatte noch nie gehört, daß Bilborough – oder sonst irgend jemand, wenn er genauer darüber nachdachte –, Penhaligon mit Vornamen ansprach. Genaugenommen könnte er wetten, daß Penhaligon sich selbst nie als Jane ansah, zumindest nicht im Dienst. Wieso nannte Bilborough sie plötzlich so? Wollte er, daß sie eine beschissene Aufgabe erledigte, vor der er sich lieber drückte? Nein – das würde er ihr unumwunden sagen. Er war viel zu unsicher, um jemanden um etwas zu *bitten*. Nicht weiter erstaunlich, wenn man bedenkt, daß er gerade erst aus den Windeln raus war. Aber was brachte ihn dazu, sie mit Vornamen anzusprechen? Er feminisierte sie, das war's. Machte eine Frau aus ihr. Unvermittelt schoß Fitz der Gedanke durch den Kopf, wie es wohl wäre, wenn *er* aus Penthesilea eine Frau machen würde. *Böser Fitz. Unartiger Junge.*

Aber Bilborough? Ach, ja, Bilboroughs Frau war schwanger. Das könnte die Ursache sein. Wahrscheinlich hatten die Wehen angefangen, und das erinnerte Bilborough an das Weibliche in allen Frauen, und gleichzeitig wurde sein Beschützerinstinkt ihnen gegenüber wach. Aber Penthesilea konnte er nicht beschützen, das war gegen die Regeln des Jobs – gegen die offiziellen und die inoffiziellen; der Gebrauch ihres persönlichen Namens erlaubte ihm, an sie in privaten Begriffen zu denken.

»Ich will wissen, warum sie sich getrennt haben«, sagte Bilborough leise, so daß nur Fitz ihn hören konnte. »Außerdem möchte ich erfahren, warum sie ihn vierundzwanzig Stunden lang nicht als vermißt gemeldet haben. Der Bruder verheimlicht auch etwas.«

Klar, natürlich, dachte Fitz. Machen wir mit dem Wesentlichen weiter, wir…

Bilborough streckte den Kopf durchs Beifahrerfenster. »Bei meiner Frau haben die Wehen angefangen«, verkündete er.

Quod erat demonstrandum, danke – ich schließe die Beweisaufnahme, dachte Fitz.

»Sieht nicht gut aus. Ich glaube, der Junge lebt nicht mehr«, fuhr Bilborough zu Fitz gewandt fort, »aber sagen Sie ihnen das nicht.«

Fitz nickte. Eine scheußliche Sache. Lieber hätte er ein Dutzend überführte Schwerverbrecher in die Mangel genommen, als sich mit trauernden Eltern zu befassen. Seufzend machte er sich auf den Weg ins Haus.

Die Einrichtung war solider Mittelklassestil, bemerkte Fitz. Teppiche und Vorhänge von Lewis' Möbel aus dem hübschen Laden neben dem Markt, Schnickschnack und Nippes aus Touristenläden der Costa del Sol und – offenbar ein schlechtes Jahr – aus Blackpool. Wenigstens ist es ehrlicher Kitsch, dachte Fitz, und nicht dieser Designerscheiß, den sich gewisse abgehobene, schmalzige, *Guardian*-lesende Therapeuten ins Haus stellen. Er setzte sich und überlegte, woher dieser gehässige Ausfall plötzlich kam. Es war ihm in letzter Zeit gelungen, Graham erfolgreich aus seinem Gedächtnis zu verdrängen – und jetzt das!

Zum Teufel damit. Er hatte hier einen Job zu erledigen und sollte sich besser darauf konzentrieren. Er sah die Langs an. Eine nette, altmodische Familie – wie sie von der Tory-Partei geschätzt wurde –, die durch eine Trennung nach modernem Muster erschüttert worden war: Mrs. Lang, Ende Dreißig und – mal sehen – wahrscheinlich pädagogische Assistentin oder etwas Ähnliches. Neben ihr auf dem Sofa Andy, etwa neunzehn Jahre alt und, so wie er aussah, schlauer, als es seine Schulzeugnisse erahnen lassen, aber in ihm steckte auch Aggression wie ein Tier im Käfig; Andy war ein gefährdeter Junge. Und dann Mr. Lang – er war älter als seine Frau und kam mit der Trennung nicht gerade gut zurecht; ein Mann, der mit den Händen arbeitete, vermutete Fitz, aber er war gut in seinem Job – vielleicht ein Handwerksmeister.

»Haben Sie die Turnschuhe für Tim ausgesucht?« fragte Fitz ruhig. Er wollte ihnen nicht mehr als nötig zusetzen.

»Er hat sie sich selbst ausgesucht«, sagte Mrs. Lang. Sie klang erschöpft und ein wenig defensiv.

»Hat er Freundc?« Diese Frage mußte Fitz stellen.

»Selbstverständlich hat er Freunde«, meldete sich Mrs. Lang wieder zu Wort, und diesmal trat ihre Abwehrhaltung noch deutlicher zutage. Schuldgefühle und Wut waren eine ganz normale Reaktion auf Trauer, und oft vermischten sich beide Empfindungen so sehr, daß man sie nicht mehr voneinander unterscheiden konnte. Sie würde Hilfe brauchen, um damit fertig zu werden, aber das mußte bis später warten.

Erst einmal wollte er alle drei zum Reden bringen. »Würdest du solche Schuhe anziehen?« fragte er Andy.

»Ich möchte nicht tot in diesen Dingern gesehen werden«, erwiderte der Junge voller Geringschätzung.

Das war ein Punkt, bei dem Fitz nachhaken und ein bißchen härter rangehen mußte. Ködere den Bär und warte ab, was passiert. »Weil dir deine Kumpel die Hölle heiß machen und dich auslachen würden?«

»Ja«, und dann, fast im selben Atemzug: »Tim hat keine Kumpel.«

»Greg Stevens«, warf Mrs. Lang hastig ein. Sie drehte den Kopf, um Andy anzusehen.

»Greg Stevens ist geistig zurückgeblieben«, erklärte Andy mit Todesverachtung.

Mrs. Lang wandte sich ab und richtete den Blick starr geradeaus, in der Hoffnung, so den Schmerz verbergen zu können, der ihr Gesicht zeichnete.

Aha, dachte Fitz, jetzt kommen wir ein Stück weiter. Unser armer kleiner Tim ist ein rosaroter Affe. Es war ein uraltes Experiment: Man malt einen Affen rosarot an, und wenn man ihn wieder zu den anderen Affen gleicher Rasse in den Käfig steckt, zerfetzen sie ihn in der Luft. Das passiert jedesmal, selbst wenn der angemalte Affe vorher in die Gruppe integriert war. Er wird getötet, weil er anders ist. Tim mochte nicht umgebracht worden sein, weil er anders war als die anderen Kinder – auch wenn man diese Möglichkeit nicht völlig außer acht lassen sollte –, aber sie hatten ihm sicherlich das Leben schwer gemacht. Und Andy? Andy hatte entsetzlichen Schiß, daß er sich auch in einen rosaroten Affen verwandeln würde, wenn er sich zuviel mit seinem Bruder abgab. Fitz hätte wetten mögen, daß Andy in der Gruppe nichts war, außer vielleicht ein Lasttier.

»Gab es vor kurzem Streit mit Tim?« erkundigte sich Fitz bei niemandem im besonderen. Selbstverständlich würden sie das verneinen, aber es war interessant zu erleben, wer ihm als erster Auskunft gab.

»Nicht in letzter Zeit, nein«, sagte Mr. Lang. Er beugte sich vor und rieb die Hände aneinander, als würde er sie waschen – eine defensive Geste, mit der er sich Fitz' Vorwürfe vom Leib halten wollte. Sein breiter, goldener Ehering fiel auf, ohne protzig zu wirken. Seine Ehe bedeutet ihm viel, urteilte Fitz: Beweis seiner Männlichkeit, Ritual der Erwachsenen und all das; und er sah diese Ehe noch nicht als gescheitert an. Zum einen hatte er den Ring noch nicht abgenommen, zum anderen behielt er seine Frau immer aufmerksam im Auge. Selbst wenn er sie nicht direkt ansah, spürte man sogar als Außenstehender, daß sie der Mittelpunkt seines Lebens war.

Fitz zog ausgiebig an seiner Zigarette und lehnte sich, so gut es ging, zurück. Der Sessel war natürlich zu klein für ihn, aber Fitz war daran gewöhnt, sich in einer Welt zu bewegen, die für kleinere Menschen gemacht war. Und diesmal legte er, selbst wenn es noch so unbequem war, sogar Wert darauf. Er befand sich in ihrem Territorium und sprach mit ihnen über ein Thema, das sie ungeheuer verletzte, aber er kontrollierte die Situation. Er beschloß, noch ein bißchen tiefer zu schneiden. Es wurde Zeit, daß er sein Skalpell zückte.

»Warum haben Sie nicht angerufen, als er nicht bei Ihnen eintraf?« fragte er – nach wie vor mit mitfühlendem Blick.

»Ich hatte ihn nicht erwartet«, entgegnete Mr. Lang. Seine Hände rührten sich nicht mehr. »Hören Sie, wir fühlen uns elend genug. Machen Sie es nicht noch schlimmer für uns.«

Eine berechtigte Bitte. »Tut mir leid«, sagte Fitz. Er stieß einen Seufzer aus, um die plötzliche, ungewohnte Verlegenheit zu überspielen. Wieder zurück zum Bruder. »Hattest du kürzlich Streit mit Tim?«

»Er ist nicht von zu Hause weggelaufen, wissen Sie«, erklärte Andy sachlich. »Er hat keinen Mantel und kein Geld dabei, und er hat seine Bücher hier gelassen. Gedichte.« Wieder schlich sich der verächtliche Unterton in seine Stimme. »Ein Haufen Scheiß.« Er wurde ruhiger, als ob der Gedanke an die Gedichte eine automatische Reaktion nach sich gezogen hätte, die jetzt abebbte. »Wenn er abgehauen wäre, hätte er sie mitgenommen. Also hat er sich nicht auf- und davongemacht, klar?«

Fitz zog wieder an seiner Zigarette. Andys Ton war schneidend wie ein Messer, und möglicherweise hatte er in diesem Fall sogar recht, wenn Tim tatsächlich von Gedichten begeistert war. Aber die eigentliche Frage hatte er nicht beantwortet. Bilborough hatte sich nicht geirrt. Er verheimlichte etwas, obwohl Fitz nicht sagen konnte, was. Er beschloß, dieses Thema für den Moment fallenzulassen. Es war später noch Zeit genug, diese Dinge zu klären, falls Tim tatsächlich nicht mehr am Leben war.

Er blies den Rauch aus und beobachtete eine Weile, wie sich die Wölkchen zur Decke kräuselten. »Hätten Sie etwas dagegen, wenn ich mich in Tims Zimmer umsehe?« erkundigte er sich.

Andy sah seine Mutter an, als wollte er sie mit purer Willenskraft dazu bewegen, Fitz die Erlaubnis zu verweigern, aber sie nickte schweigend.

Als Andy die Treppe hinaufging, merkte er, daß der fette Typ in seinem und nicht in Tims Zimmer war. Er hörte, wie er herumging, und stellte sich vor, daß er das Zeug, das im Zimmer herumlag, ansah, als wäre es etwas, was man in einer Mülltonne findet.

Er hatte behauptet, daß er sich Tims Zimmer anschauen wollte. Schon das war Andy nicht recht gewesen, doch seine Mum hatte nichts dagegen gehabt. Aber jetzt schnüffelte er in Andys Sachen herum, und das war etwas ganz anderes.

Na, Andy würde ihm klarmachen, wohin er sich augenblicklich scheren sollte. Er durfte sich ohne Erlaubnis nicht in seinem Zimmer herumtreiben. Immerhin gab es Gesetze, die das bestimmten.

Aber als Andy auf der Schwelle stand, dachte er schon ein wenig weiter. Der Mann war breit wie ein Schrank, und so, wie seine Schrammen im Gesicht aussahen, hatte er nichts dagegen, ordentlich zuzulangen. Alles in allem war es wohl besser, sich ein bißchen zurückzuhalten, zumindest im Augenblick. Außerdem wollte er seine Mum nicht noch mehr aufregen.

Er lehnte sich an den Türrahmen. Er hatte recht gehabt. Der Typ schob mit der Fußspitze eine Unterhose aus dem Weg. Wenn Mum nicht gewesen wäre, hätte Andy ihm den Marsch geblasen, aber sie hatte schon genug Kummer, deshalb erklärte er nur: »Dies ist mein Zimmer.«

»Ja, es erinnert mich an meinen Sohn.« Ach, so läuft das also, dachte Andy. Kam jetzt gleich »Ihr Kids seid doch alle gleich« oder »Ich weiß, was mit dir los ist«? Beides hatte Andy schon zur Genüge gehört.

»Ah, der unverkennbare Hauch von Schweißfüßen«, sagte der Typ.

Er versucht, mich auf seine Seite zu ziehen, erkannte Andy. Ein kleiner Witz, und schon sind wir Freunde. Nein, so was funktionierte bei Andy nicht, und der Schüffler kannte Tim nicht; er wußte nicht, wie es war, mit einem Bruder wie ihm zu Rande zu kommen. Wieso konnte der kleine Schwule nicht sein wie jeder andere Junge?

Der Fettkloß war noch nicht fertig mit seinem Witz. »Zu Weihnachten hängt mein Junge seine Socken nicht auf – er stellt sie einfach hin.«

Ha, ha, ha. Wie oft hast du den Kalauer in dieser Woche schon angebracht? dachte Andy im stillen. Laut sagte er: »Fertig?«

»Ja«, bestätigte der Fettkloß. Er klang enttäuscht. Andy überlegte, was er erwartet hatte, hier zu finden.

»Das da«, sagte Bilborough und deutete auf eine moderne Doppelhaushälfte, die genauso aussah wie alle anderen in der Siedlung. Penhaligon bog in die Einfahrt ein, und Bilborough sprang aus dem Wagen, noch bevor sie ganz zum Halten gekommen war.

Catriona Bilborough kam in den Vorgarten. Penhaligon hatte sie schon einige Male zuvor gesehen, aber sie hatte vergessen, wie hübsch Catriona war. Die Schwangerschaft bekommt ihr gut, dachte Penhaligon, sie strahlt regelrecht.

Bilborough eilte zu ihr und wollte sie in die Arme nehmen, aber sie hielt ihn zurück. »Falscher Alarm«, sagte sie.

Bilborough schob sie von sich und schaute zurück zum Wagen. »O Gott, so ein Mist«, stöhnte er voller Entrüstung.

Catrionas Miene wirkte aufrichtig bekümmert, und in diesem Moment sah sie aus wie ein am Boden zerstörtes Kind. Wahrscheinlich ermutigt Bilborough seine Frau zu einem derart kindlichen Verhalten, überlegte Penhaligon. Er war übertrieben fürsorglich. Vielleicht machte sie gerade das zu einem perfekten Paar.

»Danke«, sagte Catriona. Sie drehte sich um und ging auf das Haus zu, bevor Bilborough reagieren konnte. Penhaligon spürte, wie ihre Sympathie für Catriona wuchs.

Bilborough wirbelte herum. »Entschuldige«, sagte er. »Es tut mir leid.« Er holte sie ein und legte eine Hand auf ihre Schulter. »Hey… hey, es tut mir leid«, wiederholte er.

Sie wandte sich um, und er schlang die Arme um sie, zuerst vorsichtig und ungeschickt wegen ihres dicken Bauchs. Einen kurzen Moment zögerte sie.

Plötzlich überkam Penhaligon eine brennende Eifersucht. Nein, nicht Eifersucht. Sie wollte nichts mit Bilborough zu tun haben. Gott bewahre. Neid traf den Kern wohl eher. Sie hörte Bilboroughs Stimme, oder bildete sich das zumindest ein: »Es tut mir leid, wirklich, es tut mir leid«, murmelte er immer und immer wieder.

Penhaligon wünschte sich etwas Ähnliches. Nicht genau das – nichts, was so gefahrlos und durchschaubar war. Sie wollte geliebt und gebraucht werden, jemanden haben, der... ja, wie sollte er sein? Er müßte sie immer an die erste Stelle setzen und dürfte nie etwas tun, was sie verletzte. Also jemanden, der nie etwas tat, wofür er sich entschuldigen mußte? Nein. Das war zu langweilig und zu einfach. Das wäre wie mit Peter... Sie brauchte jemanden, der manchmal unerhörte Dinge tat, sie aber um Verzeihung bat, wenn er einen Fehler machte. Das kam schon eher hin. Und der sie Fehler machen ließ und trotzdem zu ihr stand. Aber sie wollte nicht irgend jemanden, verdammt.

Sie wollte Fitz. Nicht mehr und nicht weniger.

Fitz. Der fette Typ hieß Fitz. Er nannte Andy seinen Namen, als sie zusammen von seinem in Tims Zimmer gingen. Er stand einfach nur da und sah sich um, betrachtete die Tapete, die Lampe mit dem himmelblauen Schirm, die sich Tim selbst ausgesucht hatte.

»Du achtest darauf, daß deine Mutter nicht in dein Zimmer kommt, stimmt's?« wollte Fitz wissen.

Blöde Frage. Andy nickte nur.

»Aber Tim läßt sie rein«, stellte Fitz fest.

»Ja.« Tolle Erkenntnis. In Andys Zimmer wäre bestimmt kein solches Chaos, wenn seine Mum herein dürfte. Wenigstens war es sein eigener Saustall. Tims Zimmer – na ja, es sah einfach aus wie ein Zimmer für ein Mädchen. Andy fiel nichts Besseres ein, um es zu beschreiben. Tim mochte es, wenn Mum zu ihm kam. Er suchte mit Hingabe Sachen aus, die er hier haben wollte. Keine normalen Sachen wie Poster oder Platten, sondern Vorhänge, Gardinen und solchen Blödsinn. Zumindest hatte seine Mum das erzählt. Tim selbst erzählte eigentlich nie viel. Wenigstens Andy nicht.

Fitz ließ immer noch den Blick durch den Raum schweifen. Er sah Tims Bücherregal. Bescheuerte Gedichte. Fitz nahm ein Buch in die Hand und gab eine Art Schnauben von sich. Er machte sich lustig, dachte Andy zuerst, und seine Wut auf den Fettkloß verrauchte. Aber dann begriff er, daß Fitz Tim für seinen Geschmack in Sachen Bücher bewunderte.

»Wilfred Owen«, sagte Fitz.

Andy erinnerte sich vage an die Schullektüre. Es ging um Gasmasken und Mohnblumen. Das ganze war die reinste Zeitverschwendung gewesen.

»Als ich in seinem Alter war, bin ich auf Biggles abgefahren.«

Andy hatte keinen blassen Schimmer, wer Biggles sein sollte, aber er ersparte sich die Mühe, Fitz danach zu fragen.

Fitz blätterte das Buch durch. »Wer ist sein Englischlehrer?«

»Er heißt Cassidy«, sagte Andy und wollte noch anfügen, daß Cassidy eine totale Niete und genauso bescheuert war wie alle in der Schule, aber er ließ es lieber bleiben. Fitz würde das früher oder später selbst merken.

Der Mann, der den Punchingball mit den Fäusten bearbeitete, hatte nach Penhaligons Ansicht eine ganz gute Figur. Sie hatte nicht erwartet, auf eine derartige Weise Bekanntschaft mit einem Englischlehrer zu machen. Aufsätze korrigieren und Kurzgeschichten lesen hätten einem Mann mit so einem Beruf besser angestanden, befand sie. Aber im Schulgebäude an der Sydney Road hatte man sie in die Turnhalle geschickt, und jetzt warteten sie darauf, daß er sein Training beendete.

Penhaligon schätzte ihn auf Anfang Dreißig; er war ganz gut in Form – durchtrainiert, aber nicht übertrieben muskulös – allerdings war sein Haar schon ziemlich schütter. Er roch nach Schweiß, und das nasse, ärmellose Shirt klebte an seiner Brust. Das Geräusch, das seine Handschuhe auf dem Ledersack verursachten, hallte von den Wänden wider. Penhaligon wartete ganz ruhig, aber sie war sich Fitz' Nähe sehr bewußt. Er war sehr viel größer als Cassidy und doppelt so breit, und Penhaligon fand, er war auch doppelt so männlich, aber sie mußte sich eingestehen, daß ihr Fitz in den Momenten, in denen sie hin und weg von ihm war, männlicher erschien als jeder andere Kerl auf diesem Planeten.

Cassidy versetzte dem Ledersack einen letzten, besonders heftigen Faustschlag. Dann blieb er einen Moment mit gesenktem Kopf stehen, ließ die behandschuhten Fäuste hängen und atmete schwer. Nach einer Weile drehte er sich zu ihnen um. Er hatte ein eigenartig unfertiges Babygesicht. Traurige Augen wie Richard Kimble in *Auf der Flucht.* Nicht wie Harrison Ford oder Richard Jansen in den Fernsehserien. Sie mußte Fitz später erzählen, daß ihr dieser Gedanke bei Cassidys Anblick gekommen war. Er lag ihr ständig damit in den Ohren, daß man die Welt nicht begreifen konnte, wenn man die Alltagskultur nicht verstand.

Cassidy war noch immer außer Atem. »Sie glauben, er ist tot?« keuchte er.

»Ganz im Vertrauen?« erwiderte Penhaligon. Blöde Frage. Was sollte er darauf sagen? *Ich laufe gleich los und informiere das ganze Kollegium, dann gehe ich zu den Kids und später flitze ich los, um zu sehen, was ich aus der* Sun *herausholen kann. Wenn die nicht auf die Story anspringen, probiere ich's bei den Lokalblättern.*

»Ja«, sagte er. In diesem Moment fragte sich Penhaligon, ob er wußte, daß er traurige Augen hatte. Möglicherweise würde er sie verfluchen, weil sie so dachte.

»Wir befürchten das Schlimmste.« Normalerweise bin ich so gut in solchen Dingen, dachte sie; deshalb schickte Bilborough sie ja immer zu den Betroffenen – es lag daran, daß Fitz bei ihr war. Das beeinträchtigte ihre Konzentration.

Cassidy hielt den Sack fest, dann boxte er unvermittelt mit aller Wucht darauf ein, immer und immer wieder. Beim letzten Schlag schnellte der Sack an dem Seil ein Stück in die Höhe. Eine verständliche Reaktion. Man mußte schon ziemlich abgebrüht und hart sein – härter als Cassidy aussah –, um nichts für die Kinder, die man unterrichtete, zu empfinden. Es war klar, daß ihn eine solche Nachricht schwer traf... aber dann hielt er inne und grinste. Er zog den Sandsack zu sich heran und hielt ihn fest.

»Das bewahrt mich davor, den Kids so was anzutun«, sagte er, als hätte ihm Penhaligon gerade nur die Uhrzeit genannt.

Sie wußte, daß Fitz alles mit Argusaugen beobachtete und analysierte, aber sogar ihr fiel auf, daß irgend etwas an der Reaktion des Lehrers unnatürlich war.

»Die Kunst, heutzutage als Lehrer langfristig tätig sein zu können«, fuhr Cassidy fort, als ob alles in schönster Ordnung wäre, »besteht darin, die Hand nicht zu erheben gegen diese kleinen Ungeheuer.« Er dehnte das letzte Wort in die Länge, als wollte er prüfen, ob er es aussprechen konnte.

Fitz war unnatürlich schweigsam. Trotzdem glaubte Penhaligon zu hören, wie sein Gehirn arbeitete und er das Benehmen des Lehrers nach allen Regeln der Kunst analysierte. Sie fragte sich, zu welchen Ergebnissen er kam.

Fast als spürte er, daß etwas nicht stimmte, sagte Cassidy: »Wie wird seine Mutter damit fertig?« Das Lächeln war wie weggeblasen. Ein Schweißtropfen löste sich von seinem hohen Haaransatz und rollte über die Stirn.

»Sie hat schreckliche Angst«, erwiderte Penhaligon.

Endlich ergriff Fitz das Wort. »Kennen Sie Tim gut?« Er klang freundlich – dies war nicht der aggressive Fitz, der Penhaligon manchmal zur Weißglut trieb.

»Eigentlich kenne ich ihn so gut wie gar nicht«, sagte Cassidy. Er wandte sich wieder um, legte den Arm um den Punchingball und boxte mit der anderen Hand leicht zu. Offenbar ist das die männliche Art, Krisen zu bewältigen, und ein Äquivalent zum Teekochen, dachte Penhaligon: Sie müssen sich auf etwas konzentrieren und ihre Gedanken von dem Schrecklichen ablenken, das man ihnen gerade mitgeteilt hat.

»Er ist ein Einzelgänger«, fuhr Cassidy fort. »Ein bißchen verweichlicht. Er wird von den anderen gehänselt.« Er ließ den Sandsack los und schlug wieder zu.

»Leben Sie allein?« erkundigte sich Fitz. Das war typisch für ihn – er sprach unvermittelt etwas an, was in keinerlei Zusammenhang zum bisherigen Gespräch zu stehen schien.

Cassidy hielt inne. »Im Moment ja«, sagte er. Er trat grinsend auf sie zu. »Ich denke daran, zu heiraten.« Er schien sich ehrlich über diese Aussicht zu freuen. Vielleicht hat er bis jetzt kein Glück mit Frauen gehabt, mutmaßte Penhaligon, und er war schon kurz davor gewesen, jede Hoffnung aufzugeben, als sich diese neue Beziehung anbahnte.

»Jemand aus dem Kollegium?«

Penhaligon hatte nie richtig verstanden, nach welchen Kriterien Fitz seine Fragen stellte. Sie hatte den Verdacht, daß er selbst seine Strategien nicht im voraus plante, aber sie hatte eine ziemlich genaue Vorstellung von der Antwort, die er ihr auf eine Frage nach seinen Intentionen stellen würde, deshalb ersparte sie sich eine derartige Diskussion. Alles, was im Grunde zählte, war, daß er am Ende recht behielt. Sie überraschte nichts mehr.

Cassidy hingegen war überrascht. Und aufgebracht. »Ja«, versetzte er kurz und machte sich wieder an dem Punchingball zu schaffen.

Penhaligon fand es auch besser, daß der Sandsack und nicht eins der Kinder die Schläge abbekam.

5

Andy war es gelungen, den Streit mit Melanie aus seinem Gedächtnis zu verbannen, solange sich die Polizisten im Haus herumgetrieben hatten, aber sobald sie weg waren, fiel ihm alles wieder ein.

»Frag Mike«, hatte sie gesagt. Also gut. Genau das wollte er, verdammt noch mal, machen, und zwar sofort, ob Mike noch bei der Arbeit war oder nicht. Er sagte seiner Mutter, daß er zu Mike wollte, und machte sich aus dem Staub, ehe sie protestieren konnte.

Andy fand Mike in der Werkstatt. Er lag unter einem gelben VW-Käfer, nur seine Füße ragten heraus. Andy sah sich kurz um. Zwei Mechaniker waren in der Nähe, standen aber auf dem Hof. Sie würden keine Schwierigkeiten machen.

Andy wußte ziemlich genau, was Mike ihm erzählen würde, und das paßte ihm ganz und gar nicht.

Er trat leicht gegen Mikes Stiefel, um seine Anwesenheit kundzutun. Nach ein paar Sekunden rollte Mike unter dem Wagen hervor, rappelte sich auf die Füße und kickte das Liegebrett beiseite. Er roch nach Schmieröl. Er wischte sich die Hände an seinem Overall ab, was dicke schwarze Spuren hinterließ.

»Ich kann nicht weg, um einen mit dir zu trinken«, sagte er. Er deutete mit dem Daumen auf den VW. »Der Auspuff ist kaputt, und es ist...« Er verstummte und musterte Andy genauer. »Du siehst aus wie ausgekotzt«, sagte er. »Ist Tim immer noch nicht nach Hause gekommen?«

Andy schüttelte den Kopf.

»Er taucht wieder auf. Wahrscheinlich macht er nur eine Tour durch die Kneipen und Freudenhäuser in der Moss Side...«

»Halt die Klappe«, sagte Andy. Er hatte die Nase voll. Mike wußte genausogut wie er, warum er hier war, und wie die Katze um den heißen Brei herumzuschleichen änderte nichts. Abgesehen davon wollte er nicht mehr über Tim nachdenken. »Was hast du zu Mel gesagt?«

»Ich weiß nicht, was du meinst, Junge«, erwiderte Mike, aber Andy sah ihm an, daß er log – erstens sagte er sonst nie ›Junge‹, und außerdem war er unter den Ölschmierern im Gesicht rot geworden.

»Das weißt du verdammt genau«, widersprach Andy. »Du hast ihr gesteckt, daß ich herumerzählt habe, wir würden miteinander schlafen, hab' ich recht?«

»Ach, *das*«, wehrte Mike ab, als wäre das die unbedeutendste Sache der Welt. »Ja, irgendwie kam gestern die Sprache darauf.« Er wich einen Schritt zur Seite.

Ich bring' ihn um, wütete Andy innerlich. Ich mach' ihn auf der Stelle kalt. Er ging auf Mike zu.

»Hör mal, ich muß weitermachen«, sagte Mike. »Wir können heute abend darüber reden, wenn du willst...«

»*Jetzt*, Mike«, stellte Andy klar und packte Mike am Overall.

»Ich weiß nicht, ob ich das fertigbringe«, sagte Julie Lang. Sie bedachte Penhaligon und Bilborough mit strengen Blicken, als wollte sie ihnen verbieten, etwas derart Unerhörtes von ihr zu verlangen. Dabei rieb sie die ganze Zeit mit der Handfläche über die Armlehne des Sofas.

Steve Lang stand hinter ihr und beugte sich vor, um seine Hand auf ihre zu legen, so daß sie sie stillhalten mußte; eine Möglichkeit wäre, ihm die Hand zu entziehen, aber das wollte sie nicht. Bevor die ganze Aufregung angefangen hatte, war sie nicht imstande gewesen, ihn zu sehen, ohne gleich einen Streit vom Zaun zu brechen. Jetzt war er das einzig Stabile in ihrem aus den Fugen geratenen Leben, in dem Fremde ihr Haus bevölkerten und Polizisten kamen und gingen. Es war ihr gleichgültig, daß im Augenblick nur zwei da waren – ihr kam es vor, als wäre es eine ganze Armee.

Und jetzt wollten sie auch noch, daß sie im Fernsehen der ganzen Welt erzählte, wie sehr sie als Mutter versagt hatte. Oh, sie hatten es nicht so ausgedrückt, aber genau darauf lief es hinaus. Darauf, daß das Leben zu Hause für Tim so schrecklich gewesen war, daß er weglaufen mußte, oder daß sie unfähig war, ihr Kind vor Schaden zu bewahren.

Sie fühlte, wie ihr wieder die heißen Tränen in die Augen stiegen, aber sie wollte nicht vor diesen fremden Leuten weinen.

»Es könnte viel bewirken«, insistierte Detective Sergeant Penhaligon, während sie ihre Teetasse vorsichtig auf das Tablett stellte.

»Vielleicht sollten wir es machen«, schaltete sich Steve ein. Er setzte sich neben Julie.

Sie schloß die Augen. Es war gut, ihn wieder zu haben – fast wie in den alten Tagen, bevor die Jungs auf der Welt waren und ihre endlosen Streitereien begannen.

»Es wäre die Sache wert, wenn wir ihn dadurch zurückbekommen«, sagte er. »Wenn auch nur die geringste Cha …«

»Sag es nicht«, fiel ihm Julie ins Wort. Steve wieder zu haben war eine Sache, daß er versuchte, ihr zu sagen, was sie zu tun und zu lassen hatte, eine ganz andere. »Nach all der Zeit, in der du ihn nur angebrüllt hast.« Sie zog ihre Hand weg. Plötzlich wurde ihr bewußt, daß Penhaligon und Bilborough sie beobachteten. »Also gut«, gab sie schließlich nach – sie war zu erschöpft, um sich zu wehren. Im Augenblick würde sie alles tun, nur um die fremden Leute loszuwerden. »Wenn Sie wirklich glauben, daß es hilft.«

»Danke«, sagte Bilborough. »Wo ist Andy, Mrs. Lang?«

»Er ist zu seinem Freund Mike gegangen, aber...«

»Es wäre am besten, wenn Sie alle drei dabeisein könnten«, machte Penhaligon deutlich.

»Holen Sie ihn. Ich regle alles mit dem Aufnahmeteam«, sagte Bilborough zu Penhaligon. »Jimmy Beck soll eine Telefonzentrale einrichten... oh, und wir brauchen Fitz. Alles verstanden?«

Penhaligon nickte.

Es wird uns bestimmt helfen, dachte Julie. Es wird meinen Jungen wieder heimbringen. Sie faßte wieder nach Steves Hand.

Penhaligon fand die Werkstatt auf Anhieb. Zwei Mechaniker standen im Hof und waren in ein Gespräch über einen alten Van vertieft. Sie ging zu ihnen, aber die Männer beachteten sie gar nicht.

»Entschuldigen Sie«, sagte sie.

Der ältere der beiden sah auf. »Kann ich Ihnen irgendwie helfen?«

»Ich sehe keinen Fehler an ihrer Karosserie«, meinte der jüngere grinsend.

Gut, dachte Penhaligon und zog ihren Dienstausweis aus der Tasche. »Polizei«, sagte sie. Sie ließ sie eine kurze Weile schmoren – sie hörte förmlich, wie der ältere Mann überlegte, ob in seiner Werkstatt alles in Ordnung war. »Ich suche Andy Lang«, eröffnete sie ihnen schließlich. »Soweit ich weiß, wollte er hier seinen Freund, Mike Black, besuchen.«

»Da drin«, meinte der ältere Mechaniker.

Die Tür zur Werkstatt war angelehnt. Penhaligon ging in die kalte, düstere Halle. Es roch nach Schmieröl und heißem Metall. Sie hörte Andy schreien, bevor sie ihn sah.

»... halt einfach die Schnauze«, brüllte er.

»Tut mir leid. Ich hab' nur gesagt…«, antwortete jemand – Mike, vermutete Penhaligon.

Sie ging um ein paar Ersatzteile herum. Andy stand neben einem Auto und bedrohte einen anderen, in etwa Gleichaltrigen, mit den Fäusten. Sie hatten sie noch nicht bemerkt.

»Ich weiß, was du vorhast«, sagte Andy.

»Ich hab' doch Ali, um Himmels willen«, erwiderte Mike entsetzt.

»Eine reicht dir wohl nicht, was?« Andy schubste Mike zurück. »Freunde – ich dachte, wir wären Freunde!« Sein Gesicht war gerötet und wutverzerrt.

»Andy?« meldete sich Penhaligon zu Wort.

Er drehte sich um. »Mein Gott, was…« Er brach ab. Die Wut verflog. »Tim? Sie haben ihn gefunden?«

»Leider nein«, sagte Penhaligon bedauernd. »Deine Eltern haben sich bereit erklärt, einen Aufruf übers Fernsehen zu machen.«

Andy nickte. »Gut.«

»Ich hätte nie gedacht…«, begann Mike.

Andy wandte sich ihm zu. »Das ist dein Problem. Du denkst überhaupt nie, du Idiot«, sagte er, aber seine Stimme klang längst nicht mehr so aufgebracht wie vorher.

»Sie hätten gern, daß du dabei bist«, fuhr Penhaligon fort.

»Wenn's was hilft.« Andy stopfte die Hände in die Taschen und ging auf die Tür zu.

Mike sah ihm nach, sagte aber kein Wort.

Und worum ging's bei diesem Streit? fragte sich Penhaligon. Andy verbarg etwas. Vielleicht hatte es aber auch gar nichts mit Tims Verschwinden zu tun.

Amanda Perry nahm ihren Kaffeebecher und ging ins Wohnzimmer. Die Uhr auf dem Kaminsims zeigte auf fünf vor zwölf. Sie setzte sich im Schneidersitz aufs Sofa. Gerade rechtzeitig für die Serie *Take the High Road*, dachte sie, oder kam heute *Chefarzt Dr. Pearson*? Egal, eine von beiden stand jetzt in jedem Fall auf dem Programm. War sowieso alles dasselbe.

Manchmal dachte sie, sie müßte sich einen Job suchen. Bevor sie Barry geheiratet hatte, war sie Friseuse gewesen, und es hatte ihr sogar gefallen. Aber Barry war älter, und er hatte Geld. Er wollte nicht, daß seine Frau arbeiten ging. Amanda war es sehr recht, daß sie sich ums Geld keine Sorgen zu machen brauchte, aber sie war es leid, Rücksicht auf das zu nehmen, was Barry wollte und was nicht.

Sie schaltete den Fernseher mit der Fernbedienung ein. Sie war ein bißchen zu früh dran, die Nachrichten liefen noch. Irgendwas ging in Südafrika vor sich – Gewalt in den Townships. Das war viel zu weit weg, um wichtig für sie zu sein.

Mein Gott, sie war vielleicht erledigt! Kein Wunder, sie hatte die letzte Nacht nicht geschlafen. Jedenfalls nicht viel. Zum einen, weil Barry neben ihr gelegen und wie ein Verrückter geschnarcht hatte – das Schwein. Zum anderen wegen dem Ding im Wald. Jedesmal, wenn sie die Augen zumachte, sah sie es wieder vor sich, die baumelnden Beine und die Leiche, die sich langsam an dem Strick drehte. Die Jeans waren bis zu den Knien heruntergezogen. Sie redete sich ein, daß sie sich das alles nur eingebildet hatte, aber das stimmte nicht. Sie erinnerte sich noch ganz genau an das wahnsinnige Herzklopfen, als sie weggerannt war, und an das Brennen in ihrer Brust, weil sie so laut geschrieen hatte. Einbildung. Bestimmt nicht.

Das Gesicht einer Frau erschien auf dem Bildschirm. Sie flehte jemanden mit Namen Tim an, nach Hause zu kommen, und bat die Leute, die ihn vielleicht festhielten, ihn freizulassen.

Die Leiche, dachte Amanda. Die Leiche im Wald war der kleine Junge dieser Frau. Mit einem Mal wurde ihr schlecht und eiskalt vor Entsetzen. Wieder sah sie in allen Einzelheiten die Leiche vor sich, die in der kalten Nachtluft sachte hin- und herschwang.

Die Kamera zog auf. Ein Mann und ein Junge saßen neben der Frau. Ihr Mann und ihr ältester Sohn, vermutete Amanda. *Sein* Vater und Bruder.

Er ist tot, vermittelte sie der Familie im Fernseher mit ihren

Gedanken. Er ist tot, er ist tot, er ist tot. Aber die Frau wußte noch nichts davon. Sie flehte ihren Tim nur immer wieder an, nach Haus zu kommen, und beschwor die Leute, die ihn vielleicht festhielten, ihn gehen zu lassen.

»Bitte«, sagte die Frau. Das war ihr Schlußwort. »Bitte.« Danach brach sie ab und bedeckte das Gesicht mit einer Hand.

Amanda merkte, daß sie mit ihr weinte. Sie faßte nach dem Telefon und wählte.

Beck nahm den Anruf entgegen. Er saß im Dienstzimmer Bilborough gegenüber. Der Fernseher auf dem Bord lief noch und zeigte den Aufruf der Langs, als das Gespräch durchgestellt wurde. Es bestand durchaus die Möglichkeit, daß es ein falscher Hinweis war. Bei einem Fall wie diesem konnten sie mit einer ganzen Reihe von Anrufen rechnen, die sie nicht weiterbrachten – zwar waren die meisten Anrufer um Hilfe bemüht, hatten aber im Grunde nichts mitzuteilen; nur einige wenige Menschen waren schlichtweg bösartig und freuten sich diebisch, wenn sie die Polizei an der Nase herumführen konnten.

Beck hatte seit Beginn der Sendung drei Gespräche angenommen, und er war nicht der einzige, der Telefondienst machte. Bis jetzt schienen die Informationen nicht gerade vielversprechend zu sein, aber das spielte keine Rolle. Der Vorgang war immer derselbe: Jedes Telefonat wurde auf Band mitgeschnitten, und ein Techniker war bereit, alle Gespräche zurückzuverfolgen, die echte Hinweise zu enthalten schienen.

Wie dieser eine vielleicht. Er wußte es in dem Moment, in dem die Frau das erste Wort aussprach. Er spürte es im tiefsten Inneren wie immer, wenn er sich in einen Fall verbissen hatte. Der Boss benutzte eine andere Leitung und versuchte herauszufinden, von wo der Anruf kam.

»Es ist wirklich wichtig, daß Sie es mir sagen«, betonte Beck, um die Frau zum Weitersprechen zu bewegen. Heutzutage war es wegen des digitalen Wählsystems nicht mehr allzu kompliziert, einen Anrufer zu ermitteln, aber es konnte nicht schaden, auf Nummer Sicher zu gehen.

»Man findet den richtigen Platz nie, wenn man nicht weiß, wo man suchen muß«, sagte die Frau.

Los, red weiter, dachte Beck. Du bist mein Mädchen. Nur noch eine Minute. Er zog an seiner Zigarette.

»Man muß sich durch die Büsche zwängen...«

Der Boss machte ihm ein Zeichen, die Unterhaltung nicht abbrechen zu lassen.

Der Fernsehaufruf der Langs war zu Ende. Beck streckte die Hand aus, um den Apparat auszuschalten.

»Könnten Sie mir den Platz zeigen?« fragte er und dachte gleichzeitig: Keine Chance.

»Nein«, sagte die Frau. »Ich bin verheiratet, und der Mann, mit dem ich dort war, ist auch verheiratet.«

»Ich hab's«, sagte Bilborough. Er nahm die Kopfhörer ab und stand auf. »Sie telefoniert von zu Hause aus.«

Er drehte sich um und lief los. Beck nahm den nächsten Anruf entgegen.

Amanda hörte, daß ein Wagen vor dem Haus hielt. Ihr Magen verkrampfte sich – sie wußte, wer das war.

Die Türglocke schlug an. Ich bin nicht da, dachte sie. Ich bin nicht daheim, bin einkaufen gegangen. Aber es klingelte wieder. Beim drittenmal stand sie auf und ging an die Tür.

Es waren zwei – ein Mann und eine Frau. Amanda fuhr sich mit der Zunge über die Lippen und machte sich bereit, alles abzustreiten.

»Polizei«, sagte der Mann und hielt ihr einen Dienstausweis hin.

Amanda kannte sich mit so was nicht aus, für sie hätte es auch ein Ausweis von der Gasgesellschaft oder eine Fälschung sein können.

Genau das wollte sie ihnen auch sagen. »Ja«, brachte sie heraus, »Ja.«

Irgendwie bugsierten sie sie in den Wagen, bevor sie Einwände erheben konnte. In den Wagen und dann in den Wald, und plötzlich gingen sie im fahlen Licht, das durch das Blätterdach drang, umher – alles geschah, noch ehe sie auch nur einen klaren Gedanken fassen konnte. Sie führte die beiden Officers und die vielen Männer von der Suchmannschaft.

Erst als sie die Lücke in dem Gebüsch erreicht hatten, begriff sie, daß sie ihn wiedersehen würde. Ihn. Den Leichnam.

Sie zögerte vor dem Gebüsch. Am liebsten wäre sie zum Auto zurückgelaufen, aber um sie herum standen zu viele Leute. »Ich kann nicht«, sagte sie zu dem Mann – Bilborough. Detective Chief Inspector Bilborough.

Er starrte sie ausdruckslos, ohne das geringste Mitgefühl, an.

Sie wandte sich an die rothaarige Frau. »Ich kann nicht«, wiederholte sie. Auch der Blick der Frau verriet keinerlei Verständnis.

Ihr blieb nichts anderes übrig, als weiterzugehen. Sie zwängte sich durch die Lücke. Zweige kratzten ihr Gesicht und verfingen sich in ihren langen Ohrringen. Sie hatte einen bitteren Geschmack im Mund und wußte, daß sie sich gleich übergeben mußte, wenn sie nicht gegen die Übelkeit ankämpfte.

Es dauerte nicht mehr lang, nur noch ein kurzes Stück, dann war alles vorbei, Sie würden sich bei ihr bedanken. Sie nach Hause gehen lassen. Sie starrte geradeaus. Vorsicht. Nicht nach oben schauen.

»Hier«, sagte sie. Der dicke Ast war direkt über ihr. Hier, genau an dieser Stelle, hatten sie sich geküßt und wollten sich lieben. Aber alles war gut. Sie brauchte jetzt nicht daran zu denken. Sie mußte nicht nach oben sehen.

Jemand leuchtete mit der Taschenlampe in den Baum. Amanda konnte nicht anders – sie hob den Blick. Die Leiche war da. Ein Junge. Dreizehn Jahre alt, hatten sie gesagt. Der Schein der Taschenlampe erleuchtete das tote weiße Fleisch, das goldschimmernde Haar. Seine Beine drehten sich, während der Leichnam langsam hin und her schwang. Am schrecklichsten war, daß alles genauso aussah, wie sie es in Erinnerung hatte.

Amanda realisierte erst nach einer Weile, daß sie heulte und Schreie ausstieß.

6

Jetzt ist es soweit, dachte Bilborough, als er das Gartentor der Langs passierte. Ein paar Leute harrten trotz des strömenden Regens vor dem Haus aus. Er glaubte, einen der Nachbarn zu erkennen. Die Frau war offenbar eine Journalistin. Sie hatte einen Kassettenrecorder mit Schulterriemen dabei und trat mit entschlossener Miene, die ausdrückte, daß sie ein Nein nicht als Antwort akzeptierte, auf Bilborough zu.

»Später«, sagte er, bevor sie auch nur eine Frage stellen konnte.

»Aber…«

»Wenn eindeutige Fakten bekannt sind, werden wir Ihnen Bescheid geben. Bis dahin: Kein Kommentar, verstanden?« Er schob sich an der Frau vorbei.

Penhaligon hielt sich dicht hinter ihm. Jetzt ist es soweit, dachte er wieder, diesmal erledige ich die Sache selbst. Er spürte, wie ihm schon allein bei dem Gedanken an das, was ihm bevorstand, die Kehle eng wurde, aber das war nur logisch.

Er drückte auf den Klingelknopf. Allmählich haßte er diese Haustür; er mußte sich ins Gedächtnis rufen, daß die Langs ebensolche Opfer waren wie ihr Sohn. Er konnte es nur nicht ertragen, ihre tiefe Trauer und ihre Ungewißheit mitanzusehen. Wenigstens die Ungewißheit hatte nun ein Ende.

»Ich übernehme das diesmal«, sagte Bilborough. Penhaligons überraschter Gesichtsausdruck war die Beklemmung und Angst, die ihm so schwer zu schaffen machten, beinahe wert.

»Sind Sie sicher?« fragte Penhaligon.

Bilborough war keineswegs sicher, aber er hatte nicht die Absicht, ihr das auf die Nase zu binden. »Ja.« Er zupfte nervös an seiner Krawatte.

Jemand kam an die Tür. Durch die dicken welligen Glasscheiben war nichts Genaues zu erkennen, man sah nur, daß jemand hinter der Tür stand und durch die klarere Scheibe in der Mitte spähte. Andy, vermutete Bilborough. Eine Polizistin hatte vor dem Haus Stellung bezogen, aber die Familie traute ihr vielleicht nicht zu, die lästigen Besucher abzuwimmeln. Zum Beispiel diese gräßliche Journalistin – die sah aus, als wäre sie ganz besonders hartnäckig.

Die Tür ging auf, und Andy stand vor ihnen – sein Gesicht wirkte verschlossen und argwöhnisch. Er weiß es, schoß es Bilborough durch den Kopf. Er ahnt es. Bilborough war erleichtert – das ersparte ihm einiges –, aber da waren immer noch die Eltern…

Bilborough betrat wortlos das Haus und ging an Andy vorbei.

»Haben Sie ihn gefunden?« fragte der Junge.

»Gehen wir lieber hinein«, meinte Bilborough und deutete auf das Wohnzimmer. Jedenfalls kann ich nicht zwischen Tür und Angel mit ihm darüber reden, oder?

Andy ging durch den Flur voran; Bilborough war sich bewußt, daß Penhaligons Blicke aufmerksam jede seiner Bewegungen verfolgten. Sie wartete nur darauf, daß er den Schwanz einzog. Wart's nur ab, dachte er. Er hatte sich alles haarklein zurechtgelegt. Er würde sagen: ›Es tut mir entsetzlich leid, Mr. Lang, Mrs. Lang, aber wir…‹ Wir, was? O Gott, das würde er nie und nimmer fertigbringen. Das wußte er.

Er betrat das Wohnzimmer. Mrs. Lang saß auf ihrem üblichen Platz auf dem Sofa und drehte sich zu ihm, um ihn anzusehen. Ihre Augen waren weit aufgerissen und drückten nichts als Verzweiflung aus.

Sie weiß es, dachte Bilborough. Lieber Himmel, sie weiß es. Er stellte sich neben den Fernsehapparat und wartete darauf, daß Penhaligon sich hinsetzte. Ihm war alles recht, was den Moment hinauszögerte, auch wenn er sich selbst dafür verachtete.

Die Blicke aller waren auf ihn gerichtet. Mrs. Lang, Andy, Mr. Lang und Penhaligon warteten darauf, daß er etwas Falsches sagte. Er konnte hören, wie sie atmeten. Das war lächerlich, aber er war überzeugt davon, daß er es wirklich hörte. Sag etwas, drängte er sich selbst. Sag irgend etwas. Aber er brachte kein Wort heraus. Es kam ihm vor, als würde ihm jemand die

Kehle zudrücken und die Worte zurückhalten. Er bekam kaum noch Luft. Sag etwas, befahl er sich. Aber was? *Tut mir leid, Ihr Sohn ist tot. Tut mir leid, wir haben ihn erhängt im Wald gefunden, ach, übrigens, es sieht so aus, als ob man ihn vergewaltigt hätte. Tut mir leid. Ich bin nur hergekommen, um Ihr Leben zu zerstören. Tut mir leid, tut mir leid, tut mir leid.*

Penhaligon ließ ihn nicht aus den Augen. Sie würde dafür sorgen, daß er diese Situation nie wieder vergaß. Ihr Blick flackerte von ihm zu den Langs und wieder zurück. Sie leckte sich über die Lippen.

»Ich fürchte, wir haben sehr schlechte Nachrichten«, sagte Penhaligon. Ihre Stimme war erstaunlich laut und bestimmt.

Gott sei Dank, dachte Bilborough. Es war vollbracht. Verdammte Penhaligon.

»Er ist tot?« fragte Mrs. Lang sachlich und beinahe beiläufig.

»Es tut mir aufrichtig leid«, erwiderte Penhaligon in wesentlich sanfterem Tonfall. Ihr Gesicht verriet mehr als nur professionelle Anteilnahme. Sie hatte dies schon mehrmals durchgemacht – mit wie vielen Familien? Mit einem Dutzend vielleicht –, trotzdem gelang es ihr, sich aufrichtig betroffen zu zeigen.

Wahrscheinlich war es das, überlegte Bilborough. Wahrscheinlich konnte sie ihnen solche Nachrichten überbringen, weil sie zuviel Anteil nahm, obwohl sämtliche Lehrbücher empfahlen, sich distanziert zu verhalten. Na ja, wenn sie Detective Chief Inspector wurde – falls sie das jemals schaffte –, war sie bestimmt auch wesentlich abgestumpfter. Möglicherweise begriff sie dann, wie es war, vor den Angehörigen zu stehen und zu fühlen, wie einem die Worte im Hals steckenblieben.

Mrs. Lang saß reglos auf dem Sofa, als hätte sie Mühe zu verstehen, was man ihr da mitteilte. Andy traf es schwer. Er fing sofort an zu weinen und bedeckte das Gesicht mit der Hand. Seine Trauer schien echt zu sein, obwohl Bilborough nach wie vor überzeugt war, daß er etwas verbarg. Probleme mit der Freundin, hatte Penhaligon gemeint. Bilborough kaufte ihm das nicht ab.

Mr. Lang biß sich auf die Lippe. Seine Augen waren geschlossen. Er würde Fitz mehr als die anderen brauchen, vermutete Bilborough. Ihm war klar, was der Mann jetzt durchmachte: Er konnte den Schmerz kaum ertragen, gestattete es sich aber nicht, in Tränen auszubrechen. Mr. Lang machte den Mund auf, um etwas zu sagen, aber seine Frau kam ihm zuvor. »Wie?« fragte sie.

Das wollen Sie nicht wissen, glauben Sie mir, dachte Bilborough. Aber es war immer so. Sie drangen auf Details, als ob Einzelheiten den Tod für sie realer machen würde; als würden sie leichter mit der Trauer und dem Kummer fertig werden können, wenn sie genau erfuhren, was ihre Lieben durchlitten hatten – es nahm ihnen die Möglichkeit, das Schreckliche zu verdrängen. Bilborough wußte, daß es immer so war, aber er verstand diese Haltung nicht – für solche Fälle hatte er Fitz. Gleich würden sie fragen, ob sie sich den toten Jungen ansehen durften, und er würde sie überreden müssen, damit zu warten, bis die Pathologen ihre Arbeit getan hatten und die Leiche sauber gemacht worden war. Nein, nicht er würde ihnen das raten, Penhaligon hatte das Heft in die Hand genommen. Sie hatte sich dazu aufgeschwungen, der Familie die Schreckensnachricht zu übermitteln, also konnte sie den Rest auch erledigen.

Aber selbst ihr fiel es schwer, Genaueres preiszugeben. »Er wurde erhängt aufgefunden«, sagte sie schließlich.

Andy begriff als erster. Er und seine Mutter sahen sich an. Er legte den Arm um sie und begann zu schluchzen. Sie hielt ihn fest, wandte sich aber immer noch nicht von Bilborough – oder vielmehr von Penhaligon – ab.

»Er hat sich nicht selbst umgebracht«, sagte sie. »Mein Sohn…«

»Es ist noch zu früh…«, warf Penhaligon in beinahe flüsterndem Ton ein.

»… hat sich nicht selbst das Leben genommen.«

Wahrscheinlich hat sie recht, stimmte Bilborough im stillen zu. Sie brauchten den Bericht der Pathologen, um ganz sicher zu sein. Er fragte sich, wieso es für sie so wichtig war, daß es Mord und kein Selbstmord war.

Sie klammerte sich an Andy – die beiden saßen weinend und zitternd auf dem Sofa und versuchten vergeblich, sich gegenseitig Trost zu spenden. Mr. Lang betrachtete sie ausdruckslos. Er unternahm keine Anstalten, zu ihnen zu gehen, er stand einfach nur hilflos da; es gab niemanden, der ihn tröstete, und ohne Erlaubnis hätte er es nie gewagt, seiner Frau und seinem Sohn zu Hilfe zu kommen.

Bilborough überlegte nicht zum erstenmal, wieso sich die Langs getrennt hatten.

»Mein Sohn hat keinen Selbstmord begangen«, wiederholte Mrs. Lang.

»Es ist noch zu früh, um Genaueres zu sagen.« Selbst Penhaligon schien angesichts dieser tiefen Trauer nicht mehr weiter zu wissen. Sie sah zu Bilborough auf.

Er erwiderte verlegen ihren Blick. Also gut, dachte er. Schön, ich hab's nicht fertiggebracht. Ja, und?

Als sie gingen, wiederholte Mrs. Lang noch einmal: »Mein Sohn hat keinen Selbstmord begangen.«

Es hatte aufgehört zu regnen, aber der Himmel war noch immer wolkenverhangen, und der Wind schnitt eisig durch Bilboroughs Parka. Inzwischen hatten sich noch mehr Menschen vor dem Gartentor versammelt. Kinder, Mütter mit Babys, ein paar Männer. Einige der Kinder schienen im selben Alter wie Tim zu sein.

Bilborough fragte sich, ob es die waren, die Tim das Leben schwergemacht hatten, oder ob sie ihn nicht beachtet und weggesehen hatten, wenn er von den Halbstarken geärgert und verprügelt wurde. Fitz hatte gesagt, daß Tim keine Freunde hatte.

Bilborough wartete, bis sie außer Hörweite der diensthabenden Polizistin waren, dann sagte er: »Tut mir leid.« Er ging an den Leuten vor dem Gartentor vorbei. Sie alle spitzten die Ohren. Genau das hatte ihm noch gefehlt. Gleich würden sie im Auto sitzen, und Penhaligon konnte ihre Märtyrernummer abziehen. Was für ein Spaß!

»Ist schon gut«, erwiderte Penhaligon ganz automatisch.

»Nichts ist gut.« Verdammte Märtyrerin.

»Doch. Es ist gut.« Penhaligon ging auf die Fahrerseite des Wagens.

Liebe Güte, sie redeten wie bescheuerte Laienschauspieler! »Es ist nicht gut, verdammt noch mal.« Er blieb neben der Beifahrertür stehen und starrte sie über das Wagendach hinweg an. »Würden Sie bitte aufhören, mich so gönnerhaft zu behandeln, ja?«

Penhaligon warf einen flüchtigen Blick auf die Leute, dann sah sie Bilborough wieder an. »Gut«, sagte sie. Ihr Gesicht war rot vor Zorn. »Ich finde, Sie haben sich da drin wie ein idiotischer Versager benommen.« Nach einer kurzen Pause setzte sie hinzu: »Sir.«

Julie weinte unaufhörlich, als die Polizei gegangen war. Später hätte sie nicht mehr sagen können, wie lange sie so dagesessen hatte, aber es kam ihr wie eine Ewigkeit vor. Jedesmal, wenn ihre Tränen fast versiegt waren, erinnerte sie sich an sein Lächeln und das scheue Grinsen, wenn er wußte, daß er etwas Kluges gesagt hatte; oder sie dachte an das selbstgemalte Bild, das er vom Kindergarten mit nach Hause gebracht hatte – nur grüne und violette Kleckse, aber er hatte ihr feierlich erklärt, er hätte eine Kuh gemalt. Oder sie dachte an später, als er still und niedergeschlagen nach Hause kam, weil ihn die anderen gehänselt, mit Schimpfnamen geärgert oder verprügelt hatten. Sie hatte mehrmals versucht, ihm klarzumachen, daß ihm das alles in ein, zwei Jahren nichts mehr ausmachen würde, daß ihm die Mädchen die Bude einrennen würden. »Mädchen mit mehr Verstand, als daß sie sich für diese Muskelprotze und Rugbyspieler begeistern können«, hatte sie gesagt. »Es gibt viele solcher Mädchen, glaub mir, mein Junge.« Damals hatte sie den Verdacht gehabt, daß er ihr nicht glauben konnte. Jetzt – ja, jetzt mußte sie möglicherweise zugeben, daß Steve recht gehabt hatte.

Aber jetzt war es zu spät, Verständnis aufzubringen. Es war für alles zu spät, außer für Tränen. Doch irgendwann kam der Moment, wo sie keine Tränen mehr hatte und nicht einmal mehr weinen konnte.

Sie zerknüllte das Taschentuch in ihrer Hand. Wie konnte sie so früh schon aufhören zu weinen?

»Ich gehe«, sagte Steve unvermittelt. »Du brauchst nur etwas zu sagen, und ich gehe.«

Julie sah ihn an. Sie waren allein im Zimmer. Andy hatte sich nach oben verzogen, sobald sich die Tür hinter den Polizeibeamten geschlossen hatte.

Also gab es keinen Grund, nicht zu streiten, nicht auszusprechen, was gesagt werden mußte, aber ihr fiel einfach nicht mehr ein, was das war. Sie hatte Steve einmal geliebt. Die Liebe war verflogen, irgendwann, bevor Andy und Tim alt genug gewesen waren, selbst Entscheidungen zu treffen. Wenn sie gestritten hatten, dann ging es meistens nur darum, wie Steve mit Tim umging, um die Art, wie er ihn zum Fußballspielen zwingen und zu den Pfadfindern drängen und ihn dazu animieren wollte, ihm in der Werkstatt zu helfen – Andy hatte er all diese Dinge erspart.

Dieser Unsinn hatte Tim nicht dazu getrieben, sich von seinem Vater abzuwenden, Julie hatte jedoch die Verzweiflung in den Augen ihres Sohnes gesehen, wenn er Steves Erwartungen nicht erfüllen konnte; und gerade diese Verzweiflung hatte Julie ihrem Mann entfremdet. Aber das war damals, jetzt – jetzt war alles anders.

»Geh nicht«, sagte sie. »Bleib bei mir. Bleib über Nacht.«

Okay, ich hab's gesagt, dachte Penhaligon. Wahrscheinlich hätte ich das nicht tun dürfen. Aber er hätte ihr eben nicht so zusetzen sollen, wenn er ihre Meinung nicht hören wollte.

Sie hatten das Revier beinahe erreicht, und Bilborough hatte auf der ganzen Fahrt kein einziges Wort von sich gegeben. Er saß mit finsterer Miene auf dem Beifahrersitz und schaute jeden Augenblick auf seine Uhr. Penhaligon bog in die Anson

Road ein. Einige Leute hatten sich vor dem Gebäude versammelt. Penhaligon überlegte, ob sie hineingehen, ihr Sandwich in der Kantine essen und den grauenvollen Maschinenkaffee trinken sollte. Keine besonders verlockende Aussicht.

»Ich muß noch ein paar Dinge erledigen«, sagte sie, als sie den Wagen anhielt, »wenn es Ihnen recht ist.«

»Machen Sie schnell, okay?« Bilborough wartete nicht auf eine Antwort. Er versuchte, sich einen Weg in das Gebäude zu bahnen, aber eine Frau hielt ihn auf.

Penhaligon brauchte einen Moment, bis sie wußte, wo sie sie schon einmal gesehen hatte. Sie war die Journalistin, die vor kurzem noch vor dem Haus der Langs herumgelungert hatte. Bilborough redete mit ihr, als Penhaligon losfuhr.

Nach Besuchen in drei verschiedenen Reisebüros saß sie bei einem Cappuccino und einem Thunfischsandwich in einem Café. Sie breitete die Reisekataloge vor sich aus. Aus Rücksicht auf Peter nahm sie zuerst die Broschüre in die Hand, in der Reisen nach Griechenland, Spanien, Italien und Portugal angeboten wurden.

Es würde wesentlich mehr kosten, als sie veranschlagt hatte. Trotzdem wäre es die Sache wert. Wenn sie sich gemeinsam ein paar Tage entspannen und ausruhen konnten, gerieten sie sich später vielleicht nicht mehr wegen jeder Kleinigkeit in die Wolle. Natürlich wußte sie, daß Peter glaubte, sie wäre mehr an ihrer Karriere als an ihm interessiert – das hatte er ihr schließlich oft genug vorgehalten. Und wenn es nur das gewesen wäre, könnten sie möglicherweise irgendwie miteinander klarkommen. Aber darum ging es nicht. Es ging um Fitz.

Sei ehrlich, ermahnte sie sich. Du hoffst, daß du wieder mehr für Peter empfinden kannst, wenn du von *ihm* wegkommst.

Sie starrte auf die Bilder in dem Katalog, bis sie ihr vor den Augen verschwammen. Portugal. Das Hotel des Palmas sah hübsch aus. Sie knickte die Ecke der Seite um, aber dann fiel ihr der Katalog von Kos in die Hände. Das Hotel Agra. Es war viel zu teuer. Sie markierte dennoch die Seite.

Ein ziemlich aufgedonnertes Frauenzimmer, diese Mrs. Perry – das war jedenfalls Becks Meinung. Sie war viel zu alt für dieses übertriebene Augen-Make-up und den pinkfarbenen Lippenstift. Sie hatte die Fünfunddreißig sicher schon hinter sich. Dunkle Ansätze schimmerten durch ihr orangefarbenes Haar. Die Klamotten sahen teuer aus, ganz bestimmt kein Kaufhausschund. Er fragte sich, woher sie sie hatte, ob sie vielleicht über ihre Verhältnisse lebte; aber ihr Mann war gut betucht – Fabrikant, also nichts Anrüchiges. Um so schlimmer! Sie war nicht sein Typ, befand Beck, aber ihm entgingen ihre Reize keineswegs. O nein.

Jetzt saß sie im Verhörraum und weigerte sich, die Fragen zu beantworten, als hätte sie auch nur die geringste Chance. Am Ende würde sie zusammenbrechen, dafür würde Beck schon sorgen. Vielleicht sollte er ihr das lieber gleich klarmachen und ihr raten, sich Schwierigkeiten zu ersparen.

Er sah zu der Polizistin, die in der Ecke saß. Sie erwiderte gleichmütig seinen Blick. Die hat einen tollen Job, dachte er. Ein professioneller Anstandswauwau.

»Der Polizei einen Namen vorzuenthalten ist ein strafrechtliches Vergehen«, erklärte er.

Sie schielte durch ihre Haarmähne zu ihm. Ihr Mund war eine schmale, entschlossene Linie.

»Wie ist sein Name?« fragte Beck zum zehnten- oder fünfzehntenmal und betonte dabei jedes einzelne Wort. Allmählich hatte er die Nase voll. Gestrichen voll, um genau zu sein.

Vielleicht war er jetzt endlich zu ihr durchgedrungen. Ihr Mund bewegte sich. Sie schaute aus dem Fenster, dann auf die Tischplatte. »Er hat eine Frau und drei Kinder«, sagte sie. Ja, ja – das hatte er schon ein dutzendmal gehört.

Er ging um sie herum. Das hatte er einmal in irgendeinem Film gesehen – in welchem? Egal. Es war eine Szene bei einer Vernehmung gewesen. Stell dich hinter sie, damit sie dich nicht sehen können. Überrumple sie. Das hatte man ihnen auch in der Polizeischule beigebracht; aber der Gedanke an den Film gefiel ihm besser, und er fühlte sich, als hätte er Erfolg, wo alle anderen scheiterten – der Boss, Penhaligon und ganz sicher Fitz.

»Wie heißt er?«

Sie schwieg. Ihre Schultern in dem teuren grünen Jackett sackten vielleicht ein wenig weiter hinunter. Er dehnte den unangenehmen Moment in die Länge, bis sie sich richtig unbehaglich fühlte.

»Hatten Sie Sex?« Er warf einen Blick auf die Polizistin. Diese Frage mußte er stellen, oder nicht? Möglicherweise war das wichtig. Er trat nahe an Amanda Perry heran, blieb aber außerhalb ihres Blickfeldes. »Mrs. Perry«, begann er sanft, »Leute von der Spurensicherung untersuchen die Stelle im Wald, und wenn sie irgend etwas finden, werden sie wissen wollen, ob die Spuren von Ihrem Freund stammen oder von jemand anderem.« Ihre Schultern sanken noch ein Stückchen weiter nach unten. Beck legte mehr Sanftmut in seinen Tonfall. »Verstehen Sie, wie wichtig das ist?«

»Ja.«

Na, immerhin etwas. Es wurde Zeit, die Schrauben wieder anzuziehen. »Hatten Sie Sex?«

»Nein.« Großartig – eine klare Antwort.

Beck ging zum Fenster. Es war groß, aber überfroren und unterteilt. Das Licht sickerte silbrig durch die dünne Eisschicht. Er fragte sich, wie lange sie sich schon in diesem Raum aufhielten. Es spielte keine Rolle. Er machte die ganze Nacht weiter, wenn es nötig war. Geduld war eine der größten Tugenden eines Detectives.

»Wie ist sein Name?« fragte er wieder, diesmal ganz beiläufig.

Mrs. Perry drehte sich zu ihm um, sah ihn verächtlich an und erwiderte schneidend: »Ich werde Ihnen seinen Namen nicht nennen.«

Okay, okay, dachte Beck. Gehen wir es etwas langsamer an. Er setzte sich wieder an den Tisch. Sie mußten noch einmal ganz von vorn beginnen. Früher oder später würde sie schon damit herausrücken...

Zu spät. Die Tür schwang so heftig auf, daß sie gegen die Wand prallte. Der Boss stürmte herein. Er kochte vor Wut, zumindest schien es so. Der Auftritt war Teil des Spiels. Guter Bulle, böser Bulle – das alte Klischee aus den Filmen erwachte zum Leben. Es würde funktionieren.

»Hier ist sie also«, sagte Bilborough. »Die verdammte Rothaarige, die sich in den Wäldern herumtreibt.« Er marschierte direkt auf Mrs. Perry zu.

»Boss«, warf Beck ein, »ich erledige das...« Auch das stand so im Drehbuch.

Bilborough fuchtelte mit dem Finger vor ihrem Gesicht herum. »Ich gehe augenblicklich zu Ihrem Mann.« Wieder stieß er mit dem Finger in die Richtung ihres Gesichts. »Und ich werde ihm erzählen, was Sie...«

»Ich erledige das«, sagte Beck noch einmal.

Bilborough ließ sich kaum Zeit zum Luftholen. »...was Sie da im Wald vorhatten.« Wieder der Finger. »Klar?« Er beugte sich weit über den Tisch, so daß sie seinem Blick nicht ausweichen konnte. »Und danach werde ich herausfinden, wer dieser phantasievolle...« Seine Stimme war immer lauter geworden, und plötzlich brach er ab. Das war nicht im Drehbuch festgelegt.

»Er hat drei Kinder, Boss«, gab Beck zu bedenken – der nette, freundliche Polizist, der den tobenden Bilborough davon abhielt, schlimmere Verwüstungen in Mrs. Perrys Leben anzurichten. Aber Bilborough schien ihn gar nicht zu hören.

»... Liebhaber ist; dann erzähle ich alles seiner Frau.« Wieder stieß er mit dem Finger durch die Luft. »Jede verdammte Einzelheit.« Sein Gesicht war nur noch wenige Zentimeter von ihrem entfernt. Seine Stimme war jetzt leiser, gefährlicher.

Jetzt wußte Beck, daß seine Wut echt war. Die Frau starrte Bilborough fassungslos an. Sie hätte kein Wort von sich geben können, selbst wenn sie ihm alles erzählen wollte.

»Boss«, schaltete sich Beck erneut ein.

Bilborough schien mit einemmal etwas zu begreifen. Er drehte sich zu Beck um. »Drei Kinder? Seine Kinder sind am

Leben, hab' ich recht? Wir reden hier über den Tod eines Kindes…« Speichel sprühte aus seinem Mund und verschwand im Licht.

Mrs. Perry fuhr sich mit der Hand durchs Haar. Sie war vollkommen durcheinander. Geschah ihr recht, verdammt noch mal. Der Boss verlor die Nerven wegen des toten Kindes im Wald und…

Das war's. Beck brauchte Fitz nicht, um die Hintergründe zu verstehen. Catriona war schwanger, und der Boss machte sich höllische Sorgen um sie. Diese Sache mit dem erhängten Jungen setzte ihm noch mehr zu. Er dachte sicher daran, daß in zehn, zwölf Jahren sein Kind da draußen mit einer Schlinge um den Hals hängen könnte.

»Sie wird mir alles erzählen, okay?« sagte Beck.

Bilborough war drauf und dran, zu explodieren. »Ein Kind, verflucht noch mal! Und Sie haben die Stirn, hier herumzuhocken und unsere Zeit zu verschwenden!« brüllte er. Sein Gesicht war beinahe bis zur Unkenntlichkeit verzerrt vor Wut.

Er schlug mit der Hand auf den Tisch. »Ich möchte, daß sie eingesperrt wird«, ordnete er an und richtete sich auf.

Beck erhob sich ebenfalls – er hoffte, Bilborough irgendwie hinausbugsieren zu können. Sie gingen nebeneinander zur Tür.

»Sperr sie sofort ein! Und schmeiß den Schlüssel weg, verstanden?« Jetzt schrie er Beck und die ganze verdammte Welt an. »Sie verschwendet unsere Zeit. Verschweigt Hinweise. Stimmt's?«

Beck sah Bilborough nach, als er auf den Flur ging, wo Penhaligon wartete. Bilborough schien sichtlich Mühe zu haben, sich zu beruhigen. Die Wut fiel von ihm ab, sein Gesicht und die Schultern entspannten sich.

Er nickte Beck schweigend zu.

Beck ging zurück in den Verhörraum. Mrs. Perry war den Tränen nahe. Noch bevor sich Beck hinsetzen konnte, sagte sie: »Francis Bates, Greenside Park 81.«

Beck ging zurück in den Flur und bekam gerade noch das

Ende einer Unterhaltung zwischen Bilborough und Penhaligon mit.

»... Pathologe?« flüsterte Bilborough.

»Er kommt in ungefähr einer Stunde. Er ist auf einem Kostümfest.«

»Francis Bates ...«, sagte Beck.

»Ich hab's gehört«, erwiderte Bilborough mit gedämpfter Stimme. »Fahrt hin und bringt ihn her, ihr beide. Danach muß Fitz abgeholt werden, ich will ihn hier haben.«

Fitz, Fitz, verdammter Fitz. Sie waren gerade ohne ihn ganz gut zurechtgekommen, oder nicht?

Penhaligon machte sich auf den Weg, ihre Schuhe klickten bei jedem Schritt. Bilborough trabte auch los.

Beck rief ihn zurück. Er drehte sich mit erstaunter Miene um.

»Boss«, sagte Beck. Er mußte den Kopf leicht nach hinten neigen, um Bilborough in die Augen sehen zu können. »Nichts für ungut, Boss.« Bilborough nickte – er wirkte mit einemmal äußerst skeptisch. »Sieht fast so aus, als könnten wir hier ohne Fitz nicht einmal mehr zum Scheißen gehen.«

Bilborough funkelte ihn düster an und ging.

7

In besseren Tagen war Fitz nichts lieber gewesen, als mit Judith in der Küche herumzuhantieren. Zum Teil hatte es an dem Raum an sich gelegen: Er war hell und luftig, die gelbe Wandfarbe reflektierte die Sommersonne oder hellte, wie jetzt, das trübe, graue Licht auf. Und natürlich hatte er es genossen, Judith um sich zu haben – er hatte es geliebt zu sehen, wie die Sonne kupferfarbene Glanzlichter in ihr Haar zauberte und wie sich ihr perfekter Körper bewegte, und am schönsten war, wenn sich ihr strahlendes Lächeln in ein perlendes Lachen verwandelte.

Aber das sind nur die schlichten Begründungen, dachte Fitz, als er Gurken für den Salat schnitt. Er mochte die Küche, weil sie das Herz des häuslichen Daseins war, genau wie Judith sein Herz und ihre Ehe das Herz seines Lebens war.

Und genau deshalb haßte er die Arbeit in der Küche jetzt. Er fühlte sich nicht mehr wie ein verheirateter Mann. Nein, das war es nicht. Er fühlte sich noch verheiratet, aber er spürte, daß sich Judith immer mehr von ihm entfernte. Bald würde er sich ihre Hochzeitsfotos anschauen und erkennen, daß sie rüde auseinandergerissen worden waren. Judith stand hier, er dort. Und die zwei Teile konnten nie mehr zusammengefügt werden. Er seufzte.

Natürlich war Graham an allem schuld. Verdammter Therapeut. Fitz hackte mit dem Messer auf die Gurke ein. Er wünschte, der Mistkerl hätte Judith nicht aus seiner Patientenkartei gestrichen, bevor er mit ihr geschlafen hatte. Dann hätte Fitz ihm Feuer unter dem Hintern gemacht. Er ließ das Messer niedersausen. O ja. Ich hätte dir eingeheizt, und du hättest dir den Arsch gehörig verbrannt. Mit einer Patientin schlafen, ja? Mit *meiner Frau* schlafen?

Fitz hätte alles getan, um ein Berufsverbot für den Bastard zu erwirken. Aber dann hatte ihm Judith eröffnet, daß sie die Therapiesitzungen bei ihm abgebrochen hatte, bevor sie mit ihm ins Bett gegangen war. Das spielt keine Rolle, hatte Fitz erklärt. Ich kriege ihn trotzdem dran. Es geht um das Berufsethos, weißt du. Doch dann hatte er sich vorgestellt, daß Judiths Foto in allen Klatschblättern zu sehen wäre, und er wußte, daß er es nicht fertigbringen würde.

Wenn Judith nicht mit Graham geschlafen hätte, dann wäre Fitz nicht die ganze Zeit so fuchsteufelswild. Vielleicht wäre er dann auch in der Lage, seinen Alkoholkonsum und die Spielsucht unter Kontrolle zu halten. Na ja, wahrscheinlich nicht. Wie auch immer – Judith hatte gesagt, es sei genauso ihre wie Grahams Schuld gewesen. Daß er sie nicht vergewaltigt hätte. O nein, natürlich hatte er das nicht. Er hatte Fitz vergewaltigt, *ihm* hatte er Gewalt angetan.

Fitz wollte nicht die Gurke zerstückeln, sondern Grahams Schwanz.

Er hackte wild drauflos. Das Messer glitt durch die grüne Schale und das nachgiebige Fleisch.

Großvater Freud hatte also doch recht, dachte Fitz. Grahams Schwanz unter seinem Messer. Das war das mindeste. Es gab noch einen primitiveren Aspekt: hier war er, in der Küche, im Herzen seines Heims, und er kämpfte darum, sich sein Weib zurückzuholen – sein Weib, lieber Himmel, man könnte meinen, er lebte im finstersten Mittelalter –, indem er Essen für sie zubereitete. Trotzdem war das Essen auf gewisse Weise ein Symbol für Graham. Für seinen Feind. Woran hatten die primitiven Höhlenmenschen von Lascaux geglaubt? Iß deinen Feind, dann übernimmst du seine Stärke. Magie. Gut, er würde diese verdammte Gurke essen – brav teilnehmen an allen kleinen häuslichen Ritualen, die Judith für erforderlich hielt –, und er würde sie zurückbekommen.

Er starrte auf die Gurkenstücke. Es waren keine ordentlichen, gleich großen Scheiben, wie er sie hatte schneiden wollen, sondern unförmige Klötze. Außerdem waren es viel zu viele. Wieviel Gurke konnte eine Familie überhaupt bei einer Mahlzeit essen? Er nahm ein Stück und aß es. Es war knackig, schmeckte aber fade; er war immer schon der Meinung gewesen, daß Gurken die Mühe nicht wert waren.

Wo war er stehengeblieben? Ach, ja – Magie. Er wollte seinen unentschuldbaren Drang, Judith zu verletzen, rechtfertigen, indem er so tat, als wäre er ein Primitiver. Er aß noch ein Stück Gurke. So schlecht war sie gar nicht. Der Wein, mit dem Judith das Lamm mariniert hatte, stand in der Nähe. Er nahm die Flasche in die Hand. Sie war halbleer. Aha. Und, Doktor Fitzgerald, seit wann gehören Sie zu den Menschen, die in einer halbvollen Flasche eine halb leere sehen? dachte er und als Antwort: Oh, so war ich schon immer. Aber ich habe erst kürzlich festgestellt, daß ich recht damit habe. Noch bevor ich selbst auf den Gedanken gekommen bin, daß es wirklich stimmen könnte.

Der Wein schimmerte rubinfarben im Licht, das durch das Fenster drang. Fitz schüttete ein paar Fingerbreit davon in einen Becher und trank alles mit einem Schluck aus. Erst dann schaute er auf das Flaschenetikett: Stierblut – billiger spanischer Fusel. Trotzdem war das Zeug genau das richtige, um die Gurke – Grahams Schwanz – hinunterzuspülen.

Es sei denn, er ist viel größer... Böser Fitz. Sei nicht so kleinlich.

Judith war weg, offenbar hatte sie etwas zu erledigen. Er hätte nie gedacht, daß einmal der Tag kommen würde, an dem sich die Stimmung in einem Raum heben würde, wenn sie ging. In letzter Zeit war es immer so.

Es wäre gut, den Salat fertig zu haben, wenn sie zurückkam. Guten Willen zeigen und so.

Verdammt, dachte er, ich wußte doch, daß ich die Gurke nicht hätte essen sollen. Das klingt ja schon fast nach Graham!

Tomaten – geschnitten; Paprika – geschnitten; fehlt nur noch Sellerie. Er nahm die Knollen und entfernte das Grünzeug.

Judith war im Anmarsch. Er hörte ihre Absätze auf dem dünnen Teppich im Flur. Oh, welch eine Freude, dachte er und wünschte, er könnte sich die Ironie sparen.

Sie hatte einen Brief in der Hand, und ihre Miene wirkte hart und entschlossen wie so oft in letzter Zeit: der Mund war gespitzt, das Kinn leicht vorgereckt. Sie knallte den Brief neben Fitz auf die Arbeitsplatte. »Von der Bank«, verkündete sie in dem Ton einer Lehrerin, die einem unverbesserlichen Schüler ein verkleckstes Heft vorhält. Dann stapfte sie ohne ein weiteres Wort an ihm vorbei.

Fitz nahm den Brief in die Hand und drehte sich zu ihr um. Sie stand am Küchentisch – das Licht vom Fenster umhüllte sie mit einem hellen Schein. Sie schnitt eine Karotte in Stifte.

Du willst ein Phallussymbol? dachte Fitz. Wir haben jede Menge Phallussymbole. Er warf einen Blick auf den Brief. Er brauchte ihn nicht zu lesen, um zu wissen, was drin stand – Konto weit überzogen, Kreditkartenabrechnungen konnten nicht geleistet werden, Schecks geplatzt. Dasselbe wie immer.

Natürlich wollte sie darüber reden. Seit einiger Zeit waren sämtliche Gespräche über derartige Themen eher der Versuch, ihn zu bestrafen – *ihn bestrafen! Nach allem, was sie getan hatte* –, als eine Lösung für ihre Probleme zu finden. Sie wollte ihm das Versprechen, daß alles anders würde, abpressen. Daß er weniger spielen und weniger trinken würde. Gott allein wußte, was sie sonst noch alles von ihm verlangen wollte – vielleicht sollte er Margarine mit mehrfach ungesättigten Fettsäuren statt Butter essen und täglich fünf Meilen joggen wie das hochnäsige, *Guardian*-lesende, supertrendy Würstchen Graham.

Es hatte nicht den geringsten Wert, darüber zu reden. Er ging mit dem Brief zum Tisch.

»Gott«, sagte er angewidert und legte um der Wirkung willen eine Pause ein, »seine Grammatik ist grauenhaft.«

Er hatte auf einen Lacher gehofft. Wenigstens auf ein Lächeln. Auf irgend etwas, was ihm verraten hätte, daß er auf dem Holzweg war, wenn er Judith Rachegelüste unterstellte.

Sie bedachte ihn mit einem gehässigen Blick. »Dein Talent, mit Geld umzugehen, läßt mehr als zu wünschen übrig.« Nicht ein Funken von Humor.

»Ich kenne Leute, die mehr Schulden haben.« Du willst eine Herausforderung? Die kann ich dir sofort bieten, dachte Fitz.

»Robert Maxwell vielleicht«, gab Judith zurück.

Ha, ha, ha. Fitz faltete den Brief zusammen und legte ihn mitten in das Durcheinander auf dem Tisch. Während er sich wieder zur Arbeitsplatte umdrehte, sagte er: »Ich glaube, wir haben größere Probleme als das, meinst du nicht?«

»Welche zum Beispiel?«

Großer Gott, sie war nicht bereit, das Thema fallenzulassen.

O Judith, stöhnte Fitz innerlich. Wann und wo habe ich dich verloren? Früher einmal hatte er geglaubt, sie wären Bogart und Bacall, Gable und Leigh, Taylor und Burton, sie hätten ein größeres, bedeutenderes Leben als normale Menschen und wären immun gegen die alltäglichen, niedrigen Probleme des Daseins. Jetzt waren sie wie das seltsame Paar. Schlimmer noch. Sie benahmen sich wie die Leute aus einer Episode von *Nachbarn.* Sie mußten aufpassen, sonst redeten sie bald mit einem australischen Akzent.

Es hatte keinen Zweck, sich über ihre Lage auszulassen. Nicht jetzt. Wieso sollten sie sich ein gutes Abendessen verderben, wenn sie doch beide wußten, daß es keinen leichten Ausweg für sie gab? Die Prozedur hatten sie schon x-mal hinter sich gebracht: Sie bat ihn, das Spielen aufzugeben. Warum? Wegen des Geldes, war die Antwort. Er erklärte ihr, daß er den Nervenkitzel brauchte, den Adrenalinstoß. Sie bestand auf ihrer Forderung, und er machte ihr wie schon unzählige Male zuvor klar, daß er ihr keine Versprechungen machen würde, die er nicht halten konnte. Es war sinnlos. Sein Messer bohrte sich in den Sellerie. Absolut sinnlos!

»Weißt du eigentlich, daß man bei der Zubereitung von Sellerie mehr Kalorien verbraucht, als das Zeug dann liefert?« fragte er, um das Gespräch in eine andere Richtung zu lenken.

»Wie zum Beispiel unsere Ehe«, beantwortete Judith ihre Frage selbst.

Fitz konzentrierte sich auf den Sellerie. Vielleicht wäre es eine Ablenkung, wenn er sich einen Finger abhacken würde, aber das wäre wohl eine etwas zu drastische Maßnahme.

»Ich möchte diese Probleme lösen, Fitz.« Gott, hatte sie eine schöne Stimme! »Du nicht.«

Andererseits wäre der Verlust eines Fingers ein kleines Opfer, wenn er sie dadurch von dieser fatalen Fährte abbringen konnte.

»Du magst Krisen. Sie bieten dir einen Vorwand zum Trinken und Spielen.«

Er hörte, wie sie etwas Flüssiges in eine Schüssel schüttete. Salatdressing, vermutete er. Die gute alte Judith. Die Welt um sie herum konnte in Trümmer zerfallen, aber solange es nach Judith ging, dann bildeten Crème fraîche, sonnengereifte Tomaten und selbstgemachte Vinaigrette immer noch einen Fixpunkt.

»Wenn du die Krise beseitigen würdest, hättest du keine Entschuldigung mehr«, sagte sie.

Das war ein ausgesprochen dummer Spruch. Offensichtlich hatte sie ihm zu oft zugehört. Er hatte immer geahnt, daß seine ständigen Analysen eine schlimme Wirkung auf seine Mitmenschen ausübten. Entweder das, oder, was wahrscheinlicher war, Graham hatte ihr diesen Floh ins Ohr gesetzt. »Quatsch«, sagte er und wünschte sich, sie könnten ohne Worte weitermachen und wenigstens so tun, als wären sie eine glückliche Familie.

Dazu war sie nicht bereit. »Quatsch wie ›Mir fällt im Moment keine passende Antwort darauf ein, also tue ich so, als wäre das alles unter meiner Würde‹?«

Du lieber Himmel! Fitz gab seine Anstrengungen auf, den Rest des Tages zu retten, und ging hinaus, um Mark und Katie zu sagen, daß das Essen bald fertig war. Vielleicht konnte sich Judith in der Zwischenzeit dazu durchringen, die Diskussion zu beenden.

Die Kinder waren im Wohnzimmer, lümmelten auf dem Sofa und sahen sich eine Seifenoper im Fernsehen an. Fitz kannte die Serie nicht, aber er kannte die glasigen Blicke, die er mit seiner Ankündigung: »In zehn Minuten Essen!« erntete. Er wedelte mit der Hand vor dem Bildschirm. Das schien sie kein bißchen zu stören. Guter Gott, wußten sie denn nicht, daß sich in der Küche die hauseigene Seifenoper abspielte? »In zehn Minuten«, sagte er noch mal und war glücklich, ein Grunzen als Antwort zu bekommen.

Er ging zurück in die Küche und widmete sich wieder der Zubereitung des Salats, ohne mit Judith zu sprechen, Wasserkresse. Wo war …

»Ich habe vor, dem ein Ende zu machen«, kündigte Judith an.

Was? Was hatte sie vor? »Du hast kein Recht, irgendwas zu beenden«, sagte Fitz. Plötzlich realisierte er, wie sehr sie ihre Wut bisher unterdrückt hatte. Jetzt loderte sie so hoch, daß sie seine persönliche Finsternis erhellte, wie es früher nur Judith selbst vermochte hatte. Er wandte sich wieder seiner Arbeit zu und zerkleinerte das erste, was ihm in die Finger fiel. Noch mehr Gurke. Ja, ja, dachte Fitz, wir wissen alle, was das zu bedeuten hat, und vielen Dank auch, Doktor Freud.

»Und das bringt dich in eine mächtige Position, nicht wahr?« erwiderte Judith. Sie schnappte sich ein Küchentuch und ging auf ihn zu, während sie sich die Hände abtrocknete. »Ich habe einen Fehler gemacht, also muß ich schweigend leiden.«

Ganz genau, befand Fitz, das ist verdammt richtig erkannt.

Judith drängte sich zwischen Fitz und Arbeitsplatte. »Nein«, sagte sie. Sie war den Tränen so nahe wie schon lange nicht mehr. »Ich will keine halbe Beziehung. Ich will, daß wir miteinander schlafen«, setzte sie laut hinzu und fuhr in einem gedämpften ›Vorsicht, die Kinder könnten uns hören‹-Ton fort: »Ich will Sex.«

Fitz schwieg. Sein Gesicht brannte vor Zorn, und ihm war, als hätte sich das Blut in seinen Adern in flüssige Lava verwandelt. *Halt den Mund, Judith*, dachte er. *Noch ein Wort, und ich sage etwas, was wir beide bereuen.*

Aber sie konnte den Mund offenbar nicht halten. »Ich mag Sex, um Himmels willen ...« sagte sie.

»Ja, das wissen wir«, schnitt ihr Fitz das Wort ab. Ich muß die Atmosphäre irgendwie aufhellen, überlegte er, das Blut abkühlen und den Verstand beruhigen. »Garstiger Fitz. Du solltest eigentlich reifer und anständiger sein.« Er beobachtete sie aus den Augenwinkeln, sie schien sich zu amüsieren. Gut. Vielleicht gelang es ihnen doch noch, diese Situation lebend zu überstehen. »Stubenrein«, fügte er hinzu und ergänzte im stillen: wie ein junger Hund. Nein, ich bin kein verdammtes Hündchen. Die Wut flammte wieder auf, und es hatte keinen Sinn, sie zu verdrängen. »Fitz, du solltest eigentlich in der Lage sein, wie ein vernünftiges menschliches Wesen über die Sache zu reden.« Er war selbst überrascht, wie bitter er klang. Er war nicht nur außer sich, sondern hatte mehr von seinem Zorn gezeigt, als er wollte. Bis jetzt war es immer nur eine Episode am Rande gewesen, etwas, was ihn amüsierte, wenn er in den langen, einsamen Stunden Gefangener seiner eigenen Gedanken gewesen war. Aber dies war real. Dies war die grausame Wirklichkeit.

»Na ja, ich bin eben kein vernünftiges menschliches Wesen«, sagte er. »Ich bin fuchsteufelswild.« Er stocherte mit dem Messer durch die Luft. »Ich hätte gute Lust, dem Bastard die Eier abzuschneiden.«

Er seufzte bebend. Dann tat er das einzige, was er unter diesen Umständen tun konnte. Er schenkte sich ein Glas Stierblut ein.

»Auch ein Gläschen Wein, Liebling?« fragte er, als wäre alles in schönster Ordnung. Für einen Moment schien ein Lächeln in Judiths Mundwinkeln zu zucken. In der nächsten Sekunde begriff er, daß sie Mühe hatte, die Tränen zu unterdrücken. Sie stürmte aus der Küche, und er war mit seinem Wein allein.

8

Napoleon Bonaparte erschien auf der Treppe, die ins Untergeschoß des St. Hilda Hospitals führte, und wenn Blicke töten könnten, wäre in diesem Moment die gesamte russische Armee auf der Stelle tot umgefallen. Leider war die russische Armee nicht einmal in der Nähe, und daher mußten Bilborough und sein Team als Zielscheibe für den Chef der Pathologen, Geoffrey Harrington alias Bonaparte, herhalten.

»Ich gebe Ihnen zehn Minuten«, sagte er. Die Absätze seiner kniehohen Stiefel klapperten auf den Stufen, als er herunterkam. Er bewegte sich steif und unbeholfen in seiner hautengen, weißen Culotte.

Aufgeblasener Idiot, dachte Bilborough. Denkt er, wir würden nicht alle gern nach Hause gehen? Aber nein, wir zählen ja nicht. Wir müssen nicht auf schicke Kostümfeste gehen, wir haben nur schwangere Frauen daheim, um die wir uns sorgen...

Daran wollte er nicht denken. Er hatte sich geschworen, sich ganz auf den Job zu konzentrieren – auf den kleinen Kerl, der da drin lag.

Penhaligon und Beck verbissen sich das Lachen. Fitz stand einfach nur da und verzog keine Miene. Er sah schrecklich aus, fand Bilborough. Das war okay, solange er seinen Job anständig machen konnte.

Als der Pathologe unten angelangt war, trat Fitz auf ihn zu. »Hören Sie«, sagte er in vertraulichem Ton. »Ich bin Psychologe. Ich kann Ihnen helfen.«

Beck und Penhaligon prusteten los. Bilborough ertappte sich bei einem Lächeln und verabscheute sich dafür. Es ist schon in Ordnung, dachte er. Nur weil nebenan ein totes Kind liegt, heißt das noch nicht, daß wir nicht hin und wieder lachen dürfen.

Harrington fand das gar nicht komisch. Er nahm seinen Dreispitz vom Kopf und sagte: »Hier entlang.« Er durchquerte den Flur zur Leichenhalle, und alle folgten ihm.

»Wie war es in Moskau?« erkundigte sich Beck bei dem geschäftig vorauseilenden Napoleon und kicherte über seinen eigenen Witz. Penhaligon kicherte mit.

Bilborough bedachte Beck mit einem finsteren Blick.

In der Leichenhalle versammelten sie sich um Tims Leiche. Seine Haut war weiß wie roher Teig, Mund und Nase waren mit Schlamm verschmiert. Eine Schlinge, starr vor Dreck, lag noch immer um seinen Hals. Die Jeans war bis zu den Knöcheln heruntergezogen, aber man hatte ein Leintuch über seinen Unterkörper gelegt und seine Genitalien verdeckt. Eine Kinderleiche. Bilborough durfte gar nicht dran denken, daß er ein Kind, geschweige denn Timothy Lang, vor sich hatte. Guter Gott, er konnte das nicht, sonst wurde er verrückt.

Alle schwiegen. Jetzt lachte niemand mehr.

Harrington betrachtete die Leiche. »Deswegen haben Sie mich herzitiert?« fragte er aufgebracht.

»Wir glauben, es war Mord«, erwiderte Bilborough ärgerlich. Warum sonst hätten sie ihn gerufen?

»Sie glauben, es war Mord? Was ist dies hier? Und das?« Harrington deutete auf Stirn und Kinn der Leiche – auf Timothys Stirn und Kinn.

Bilborough hatte keine Ahnung, was genau er sich anschauen sollte oder was die Anzeichen zu bedeuten hatten. Deswegen fragte er ja einen Pathologen, oder nicht? Er wandte den Blick ab. Gott, er hatte Angst, zynisch zu werden, aber er wußte immerhin noch, daß er vor einem toten Kind stand, das vor ein paar Tagen geredet, gelacht, Gedichte gelesen und geweint hatte. Der Pathologe sah nichts anderes als einen Fleischklumpen, der schuld daran war, daß man ihn von einem Kostümfest weggeholt hatte.

»Keine gleichmäßige Blässe«, stellte Fitz, der neben Bilborough stand, fest.

»Verursacht durch?« Der verdammte Pathologe klingt, als hätte er einen Haufen Studenten vor sich, dachte Bilborough. Arrogant, wichtigtuerisch…

»Druck«, antwortete Fitz ernst. »Er lag nach Eintritt des Todes mit dem Gesicht nach unten.«

Danke, Fitz, dachte Bilborough und meinte es diesmal wirklich ernst. Er musterte den massigen Psychologen – seine Miene drückte nichts anderes als Mitgefühl aus. Trotzdem war sich Bilborough im klaren, daß er jeden Augenblick mit einem Scherz oder einer treffenden Bemerkung aufwarten konnte. Ihm war schleierhaft, wie Fitz seine Empfindungen ein- und ausschalten konnte.

»Druckmale vorn und seitlich des Halses. Keine hinten«, verkündete der Pathologe. Er besah sich die Leiche noch einmal, dann wandte er sich Bilborough zu. »Er wurde erwürgt, dann mit dem Gesicht fest nach unten gedrückt und später aufgehängt«, erklärte er. Sein Ton verriet, daß dies die offensichtlichste Sache der Welt war und daß jeder, der das nicht auf Anhieb erkannte, ein Vollidiot sein mußte. »Nach erster Schätzung würde ich sagen, er ist seit etwa zwei Tagen tot.«

»Danke«, sagte Bilborough und kämpfte darum, die Beherrschung nicht zu verlieren.

»Und Sie sind Detective Chief Inspector?« fragte der Pathologe neugierig, als müßte er eine umstrittene wissenschaftliche Theorie beweisen.

Zur Hölle, wütete Bilborough innerlich. Er wußte, was der Schnösel dachte – alle dachten das: daß er zu früh befördert worden war, daß er nicht kompetent genug sein und den Job nicht richtig erledigen konnte, daß es ihm schwerfallen mußte, Entscheidungen zu fällen. »Ich war der Ansicht, daß es sich um Mord handelt«, sagte er, »und ich wollte ganz sichergehen. Sie haben es bestätigt. Vielen Dank.« Es bereitete ihm große Mühe, ruhig zu bleiben. »Jetzt können Sie wieder zu Ihrer Party gehen.«

Der Pathologe funkelte ihn böse an, dann drehte er sich um und steuerte die Tür an. Als er seinen Dreispitz wieder aufsetzte, rief Fitz ihm nach: »Als was gehen Sie eigentlich?«

Beck lachte lauthals. Bilborough spähte zu Penhaligon. Sie lächelte – genau wie er selbst. Die Stimmung war plötzlich nicht mehr so gedrückt. Aber Fitz betrachtete traurig Timothy Langs Gesicht. Die Sache geht ihm an die Nieren, stellte Bilborough im stillen fest. Ihnen allen, egal ob sie es zeigten oder nicht; und sie waren alle auf seiner Seite. Das sollte er sich in Zukunft immer ins Gedächtnis rufen.

Fitz ließ sich auf der Schreibtischkante neben Penhaligon nieder. Er kreuzte die Arme vor der Brust und hielt locker eine Zigarette zwischen zwei Fingern. Die halbverglaste Trennwand dämpfte den Lärm und das geschäftige Treiben, das auf dem Revier herrschte.

Vor ihnen befand sich ein Schwarzweißmonitor. Bilborough und Beck vernahmen den Zeugen, Francis Bates, aber der zeigte sich keineswegs kooperativ. Fitz schätzte ihn auf etwa fünfunddreißig. Er hatte mausbraunes Haar und sprach sehr leise. Der Betrug an seiner Frau gab seinem Leben vermutlich eine gewisse Spannung, gerade die nötige Würze, die ihn daran erinnerte, daß er mehr war als nur ein Roboter, der täglich zur Arbeit ging und die Rechnungen bezahlte. Er würde seine Familie natürlich niemals verlassen. Dazu müßte er eine Entscheidung treffen, und Fitz hatte den starken Verdacht, daß Entscheidungsfreude nicht unbedingt zu Francis Bates' Stärken zählte.

»Genau wie im Kino, stimmt's, Penthesilea?« fragte Fitz während einer der vielen Gesprächspausen auf dem Bildschirm.

»Fehlt nur noch das Popcorn«, pflichtete sie ihm bei. In der einen Hand hielt sie einen Notizblock, in der anderen einen Kugelschreiber, den sie beinahe schon in Stücke zerkaut hatte.

Orale Fixierung, urteilte Fitz. »Oder einen Hot dog?« fragte er und amüsierte sich im stillen über diese Anspielung – er wußte, daß sie nie die Verbindung zwischen dem Kugelschreiber und der Fixierung auf Phallussymbole herstellen würde. Die Tatsache, daß er selbst auf diesen Gedanken gekommen war, könnte andererseits darauf hindeuten, daß er ziemlich scharf auf sie war. Ja, klar, er war scharf auf sie. Das Licht verwandelte die kleinen Löckchen, die sich aus ihrem Pferdeschwanz gelöst hatten, in rotes Gold. Die zarte Linie ihrer Wangen zog seinen Blick magisch an. »Welches ist dein Lieblingsfilm, Penthesilea?« fragte er, um auf andere Gedanken zu kommen.

»Schsch«, machte sie und starrte auf den Bildschirm. Bates redete wieder.

»... ein Mann joggte an uns vorbei, das ist alles«, sagte er.

»Ihre Freundin hat keinen Jogger erwähnt«, versetzte Beck schneidend.

»Sie saß im Wagen. Ich war kurz austreten«, erklärte Bates. Die kleinen Lautsprecher am Monitor nahmen seinem Tonfall jegliche Emotion, aber Bates benahm sich keineswegs defensiv. Die Art, wie er den Jogger ins Spiel gebracht hatte, schien eine Lüge auszuschließen.

»Können Sie den Mann beschreiben?« schaltete sich Bilborough ein.

»Um die Dreißig, mittlere Größe. Es war dunkel!« Jetzt war Bates in der Defensive.

Bilborough fixierte ihn. Er klang entspannt und locker, wie Fitz fand, aber seine Haltung sprach anderes: Er saß zurückgelehnt da, den Kopf vorgestreckt, mit vor der Brust verschränkten Armen – er hatte eine Barriere zwischen sich und Bates aufgebaut oder zwischen sich und der Welt, wie Fitz vermutete. Fitz machte sich Sorgen um ihn. Penthesilea hatte ihm erzählt, daß er bei dem Verhör von Amanda Perry offenbar die Beherrschung verloren hatte, und dann hatte Fitz ihn bei dem Gespräch mit dem Pathologen erlebt. Fitz war sich bewußt, daß er selbst kaum Grund hatte, von Selbstbeherrschung zu reden, aber er wußte wenigstens, was ihn wütend machte, und er konnte mit dieser Wut umgehen, sie kreativ einsetzen. Bei Bilborough war das anders.

»Sonst nichts?« hakte Beck nach.

Bates schwieg einen Moment. Trotz des unzureichenden Bildes auf dem Monitor gewann Fitz den Eindruck, daß er nachdachte. »Oberteil eines Jogginganzugs – es hatte eine Kapuze.«

»Was geschah dann?« drängte Bilborough.

»Ich setzte mich wieder ins Auto. Wir machten ein bißchen herum, dann lief sie plötzlich in den Wald.« Er machte eine Pause. »Ich jagte ihr eine Weile nach.«

»Sie jagten sie?« fragte Bilborough. Er wirkte nach wie vor äußerst zurückhaltend. Ich an deiner Stelle, Bates, dachte Fitz, wäre vorsichtig. Fitz zog ausgiebig an seiner Zigarette und atmete den Rauch tief ein. Was könnte Bilborough so aus der Fassung gebracht haben? Bestimmt nicht die Art und Weise, wie sich dieser Fall entwickelt hatte. Klar, sie hatten nicht viele Spuren und so gut wie keine weiteren Hinweise, doch das war zu Beginn der Ermittlungen fast immer so. Der Pathologe hatte ihn verärgert – der eingebildete kleine Fatzke hatte sich benommen wie ein Arschloch, das hatten alle so empfunden. Ihn lächerlich zu machen war eine Wohltat an der Öffentlichkeit und gleichzeitig ein großer Spaß.

Also was war mit Bilborough los? Seine Frau war schwanger. Möglicherweise hatte er Angst um sie, und in diesem Zustand machte ihm der Tod des kleinen Timothy Lang mehr zu schaffen, als es normalerweise der Fall wäre. Betroffenheit. Sex und Tod, eine häufige, aber immer fatale Verbindung. Aber es war mehr im Spiel, etwas, was Fitz noch nicht erkennen konnte. Aber zu guter Letzt würde er die Lösung finden.

»Sie mag solche Spielchen«, erklärte Bates verlegen.

»Was für Spielchen?« wollte Bilborough wissen.

Bates starrte auf die Tischplatte. »Sie mag es stürmisch.«

Beck beugte sich ein wenig weiter vor. Fitz überlegte flüchtig, welche Herrenmagazine er wohl unter seinem Bett versteckte, doch Bates redete weiter, und er war gezwungen, diesen Gedankengang abzubrechen.

»Wir waren erst am Anfang, als wir es sahen...«

»Einen dreizehnjährigen Jungen«, präzisierte Bilborough – seine Stimme klang gefährlich. Also in diese Richtung führt es, dachte Fitz. Er mußte sich zwingen, mehr auf Bates zu achten, denn schließlich saß er hier, um ihn zu analysieren – die Probleme von Beck und Bilborough konnten warten.

»Ich wußte nicht, wer er war, wie alt er war. Wir sind einfach nur gerannt...«

»Sie haben einen dreizehnjährigen Jungen an einem Baum hängen lassen.« Bilborough hob die Hand ans Gesicht, als wollte er sich einen Blick auf Bates ersparen.

»Sie ist verheiratet«, verteidigte sich Bates. »Ich bin verheiratet. Ich habe Kinder.« Er flehte um Verständnis. Bates hatte Schiß, daß sie es seiner Frau erzählten oder daß die Medien Wind von der Sache bekämen, das war nicht zu übersehen. Offenbar malte er sich alle möglichen Schreckensszenarien aus, wenn das Gespräch ins Stocken geriet. Wenn Bilborough wirklich mehr aus ihm herausbekommen oder sichergehen wollte, daß sich Bates kooperativ zeigte, sollte er ihm Zeit zum Nachdenken lassen oder vielleicht eine Andeutung machen, daß er die Aussage nachprüfen und seine Frau befragen müßte.

Aber Bilborough nahm sich kaum Zeit zum Luftholen. »Sie hätten anonym anrufen können«, gab er streitlustig zurück.

»Das haben wir getan.«

»*Sie* hat es getan. Zwölf Stunden später. Sie beide haben die Eltern des Jungen zwölf Stunden lang im Ungewissen gelassen. Wenn es nach Ihnen gegangen wäre, hätte dieser Anruf nie stattgefunden.«

Bates betrachtete den Tisch, die weiße Wand – alles, nur um

die tödliche Verachtung in Bilboroughs Augen nicht sehen zu müssen. »Daß Ihre Frau von Ihren kleinen Seitensprüngen erfahren könnte, ist schlimmer für Sie als der Tod eines Kindes.« Bilborough brach unvermittelt ab. Er sprang auf und schlug mit den Händen auf den Tisch. »Um Himmels willen, was sind Sie bloß für ein Mensch…«

»Hey«, meldete sich Beck zu Wort – Bilborough ignorierte ihn. »Hey, hey.«

Was immer Beck sonst noch von sich gab, wurde von Bilboroughs Gebrüll übertönt. »Er hätte noch am Leben sein können. Ist Ihnen das nie in den Sinn gekommen?« Er entfernte sich ein paar Schritte vom Tisch, offensichtlich traute er sich selbst nicht. »Er hätte noch leben können – vielleicht hätten Sie ihn retten können…« Er deutete mit dem Finger auf Bates, der hilflos auf seine geballten Fäuste starrte.

Ah, dämmerte es Fitz. Das war's also…

»Wir haben, was wir wollten«, mischte sich Beck ein.

»Gut…«

Ausnahmsweise hatte Beck recht. Und das gab Fitz die Möglichkeit, ausführlich über Bilborough nachzudenken, der Becks Einwurf nicht beachtete. »Das ist die menschliche Natur.« Er stürmte in den hinteren Teil des Raums. »Wenn ein Kind in Gefahr ist, macht man sich nicht auf und davon, man hilft ihm.« Seine Stimme klang zornig, mehr noch: verzweifelt. Es scheint fast, als stünde seine persönliche Überzeugung auf dem Prüfstand, dachte Fitz. Bilborough spreizte die Hände, als müßte er um Beistand flehen. »Wenn man das unterläßt, ist man kein Mensch, man ist ein verdammtes Tier…«, fuhr er erschüttert fort.

»Boss…«, begann Beck vorsichtig, aber er unternahm nichts, um Bilborough aufzuhalten.

»Wir waren bei ihnen.« Sein Finger stach in die Luft. »Wir waren dort und haben zusammen mit ihnen gewartet, Sie Unmensch.«

Fitz dachte daran, was Penhaligon ihm erzählt hatte: Bilborough hatte total versagt, als er die Langs vom Tod ihres Sohnes in Kenntnis setzen wollte. Ein weiteres Stück des Puzzles fiel an seinen Platz.

Bates hatte den Blick starr geradeaus gerichtet, als wüßte er bereits, was Bilborough als nächstes zu sagen hatte. »Scheißkerl, verdammte Bestie«, wütete Bilborough und schob sein Gesicht dicht vor das von Bates. »Zwölf verdammte lange Stunden. Und dann überbringt man ihnen die Nachricht. Sie Arschloch…«, er redete immer weiter, bis ihm keine Beschimpfungen mehr einfielen und Beck ihn zum Gehen überreden konnte.

Bates ließ die Tirade schweigend über sich ergehen, ohne den Blick von seinen Händen zu wenden.

Penhaligon lehnte im Dienstzimmer an einem Schreibtisch und trank einen Schluck aus ihrem Becher. Ihre Augen brannten. Die lange Nachtwache im Haus der Langs forderte allmählich ihren Tribut. Ihnen allen – allen außer Fitz – fehlte der Schlaf. Aber auch Fitz sah zum Fürchten aus. Sie fragte sich zum hundertstenmal, wo er sich die Schrammen im Gesicht geholt hatte.

Was Bilborough betraf – sie hatte sich ernsthafte Sorgen um ihn gemacht, als er Bates in die Mangel genommen hatte. Sie vermutete, daß ihm sein Baby nicht aus dem Kopf ging. Er war blaß und schien sich kaum noch auf den Beinen halten zu können, seine Augen waren rot umrandet. In dem grellen Licht trat das noch deutlicher zutage.

Er hatte um Vorschläge gebeten, wie die Ermittlungen fortgesetzt werden sollten. Beck legte wie gewöhnlich los und forderte die üblichen Vorgehensweisen. Er erklärte Penhaligon und Bilborough Schritt für Schritt, was zu tun war, als hätte er Polizeischüler im ersten Jahr vor sich.

Fitz hatte es sich im Hintergrund, außerhalb von Becks Sichtfeld, bequem gemacht. Wie immer schien der Stuhl zu klein für ihn zu sein. Er legte die Hände um seinen Plastikbecher. Der Kaffee dampfte noch. Penhaligon fiel auf, daß er nicht ein Wort von dem mitbekam, was Beck von sich gab.

»... wir unternehmen nichts, bis der Autopsiebericht vollständig vorliegt«, sagte Beck. »Angenommen, es war Mord, dann bringen wir die Familie ins Fernsehen ...«

Guter Gott, dachte Penhaligon. Hatte er nicht gesehen, wie sehr ihnen der Aufruf schon zugesetzt hatte? Setzen Sie sich hierhin, lesen Sie das vor, schauen Sie nicht direkt in die Kamera, meine Liebste. Oh, und wenn Sie weinen müssen, achten Sie darauf, daß Ihre Wimperntusche nicht verschmiert, Julie. Penhaligon war mit ihnen im Studio gewesen und hätte die Maskenbildnerin am liebsten geohrfeigt.

»Ich möchte erst mit ihnen sprechen, bitte«, meldete sich Fitz zu Wort.

»Jetzt bin ich dran«, versetzte Beck schulmeisterlich. »Sie sollen den Jogger bitten, sich bei uns zu melden. In der Zwischenzeit reden wir mit allen Kindern in der Schule.«

»Was denken Sie?« fragte Bilborough Penhaligon.

Vollkommen überrascht von der Frage sagte sie das, was ihr in den Sinn kam, als Bilborough Bates niedergemacht hatte. »Ich glaube, Sie sollten nach Hause gehen.«

Bilborough blickte durch sie hindurch. O Gott, dachte sie.

»Ich würde mich gern gleich morgen früh im Haus umsehen«, sagte Fitz.

»Die Familie hat genug durchgemacht«, erwiderte Beck.

»Sie wollen sie ins Fernsehen bringen. Ist das vielleicht so etwas wie eine Entspannungstherapie?« gab Fitz mit erhobener Stimme zurück.

Beck verteidigte sich, aber Penhaligon hatte Mühe, sich auf das Gespräch zu konzentrieren: »... ein Trost für sie, wenn sie sich selbst im Fernsehen sehen.« Er gab das von sich, als wäre es eine der großen Wahrheiten des zwanzigsten Jahrhunderts. Idiot, dachte sie.

Plötzlich hatte sie Beck genauso satt wie den schalen Rauchgestank und den kalten Maschinenkaffee, zudem war sie es leid, daß Bilborough auf einen Fehler von ihr wartete.

Wir alle sind müde, dachte Penhaligon. Gereizt. Wir sollten heimgehen und ein wenig Schlaf nachholen; aber sie wollte im

Grunde gar nicht schlafen – sie würde doch nur von Timothy Langs Leichnam, der im nächtlichen Wald hing und sich sachte hin und her drehte, und von seinem wachsbleichen Gesicht träumen, das sie in der Leichenhalle gesehen hatte. In ihren Träumen wären seine blauen Augen weit geöffnet; sie würden sie anstarren und fordern, daß sie dieser Tod nicht kalt ließ. Sie konnte keinen persönlichen Schmerz zulassen. Sie durfte es nicht. Bilborough hatte sich nicht dagegen gewehrt, und er war kurz vor dem Durchdrehen.

»Kann ich Sie eine Minute sprechen?« Bilboroughs Stimme zerriß das angespannte Schweigen, das Becks Ausführungen folgte. Er ging auf sein Büro zu, ohne die Antwort abzuwarten.

Das riecht nach Ärger, dachte Penhaligon, während sie ihm folgte.

»Tür zu«, ordnete Bilborough schroff an.

Klar gibt es Ärger, fand Penhaligon und versetzte der Tür einen Stoß, ehe sie sich Bilborough zuwandte. Bevor sie sich von der Stelle rühren oder ein Wort sagen konnte, ging er auf sie zu und baute sich dicht vor ihr auf. Er war wütend. Penhaligon war groß, aber sie mußte den Hals recken, um Bilborough in die Augen sehen zu können.

»Tun Sie das nie wieder. Tun Sie so was...« begann er.

»Was?« fragte Penhaligon, obwohl sie die Antwort genau kannte.

»Sie haben angedeutet, daß mein Privatleben meine Arbeit beeinträchtigt. Ich habe Sie in Tränen aufgelöst erlebt. Ich habe zugesehen, wie Sie sich die Augen ausgeheult haben, und ich habe nie...«

»Tut mir leid«, sagte Penhaligon. Es tat ihr wirklich leid. Als Giggs ermordet wurde, war sie am Boden zerstört gewesen, aber Bilborough hatte ihr damals nicht einmal zugehört.

»...so etwas zu Ihnen gesagt. Wie können Sie es wagen, so mit mir zu sprechen?« fragte er aufgebracht. Er stieß mit dem Finger in ihre Richtung. Plötzlich konnte Penhaligon nachvollziehen, wie sich Amanda Perry und Francis Bates gefühlt haben mußten, als ihnen Bilborough die Hölle heiß gemacht hatte.

»Es tut mir leid«, beteuerte Penhaligon noch einmal und fragte sich, wie oft er sie noch dazu zwang, das zu wiederholen. In letzter Zeit gab es Momente, in denen sie sich manchmal sehr anstrengen mußte, um sich daran zu erinnern, daß sie Bilborough eigentlich ganz gern mochte. Dies war einer dieser Augenblicke.

Aber er beließ es dabei. Er lächelte zwar nicht, aber sein Gesicht entspannte sich sichtlich. Er ging zu seinem Schreibtisch und holte ein Foto, das er zu den anderen über dem Monitor, der Bilder aus dem Verhörraum übermittelte, heften wollte. Er fummelte ungeschickt herum, versuchte es ein zweites Mal, doch das Foto fiel ihm aus der Hand. Bilborough starrte reglos auf das Foto am Boden. Er machte sich nicht die Mühe, es aufzuheben. Statt dessen drehte er sich um und sagte über die Schulter, als wäre nichts passiert: »Ich rufe sie gleich an und frage, wie es ihr geht.«

Penhaligon nickte. »Gut.«

Bilborough ging wieder zu ihr und wedelte unsicher mit der Hand. »Wir haben nicht geschlafen. Deshalb ...« Er endete mit einem Seufzer.

Penhaligon erschrak, als sie sah, daß er zitterte. Bis jetzt hatte sie nicht bemerkt, wie schlimm es um ihn stand.

»Sie ist eine Woche überfällig. Ihr Blutdruck fällt und steigt jede Minute.« Er schluckte schwer. Penhaligon dachte schon, er würde gleich anfangen zu weinen. »Sie wollten sie im Krankenhaus behalten und die Geburt einleiten, aber sie möchte, daß alles natürlich abläuft.« Er sah Penhaligon an.

Sie nickte und dachte: Bitte, lieber Gott, laß ihn nicht weinen. Ich weiß nicht, was ich dann tun soll.

Aber er weinte nicht. Statt dessen fuhr er fort: »Natürlich bedeutet das, jede halbe Stunde aufstehen, weil sie aufs Klo muß, stündlich ein Krampf, alle zwei Stunden warten auf die Wehen.« Er schwieg eine Weile. »Ich hab' die Krankenschwester angefleht: ›Behalten Sie mich hier. Sie bekommt nur ein Baby. Ich habe die Zustände.‹«

9

Judith fand Fitz in der Küche. Sie hatte so gebannt ferngesehen, daß sie ihn gar nicht kommen gehört hatte.

Er lächelte müde. Das künstliche Licht machte ihn noch blasser. »Ich bin am verhungern«, sagte er zur Erklärung.

Kein Wunder, dachte Judith, immerhin hatte man ihn vom Abendessen weggeholt, bevor der Hauptgang auf dem Tisch gestanden hatte. Sie sah ihm zu, wie er kaltes Huhn und Salat auf einen Teller häufte.

»Gibt es noch Wein?« fragte er. »Nicht diesen spanischen Fusel – was Anständiges?«

»Eine offene Flasche Weißwein steht im Kühlschrank«, sagte sie.

Er hatte nicht die Absicht, ihr zu erzählen, an welchem Fall er mit der Polizei arbeitete, und sie würde ihm keine Fragen stellen. Sie haßte es, es war ihr zuwider, daß er mit schmutziger Polizeiarbeit beschäftigt war. Sie realisierte, daß sie nervös mit ihrem Ehering spielte. Er beobachtete sie dabei, und ihr war klar, daß er mit einer komplizierten Begründung für ein solches Verhalten aufwarten würde.

Sie ging wieder ins Wohnzimmer, wo sich Mark auf dem Sofa räkelte und den späten Horrorfilm ansah. Judith hatte nicht die Kraft aufgebracht, ihn davon abzubringen. Sie vermutete, daß sie sich glücklich schätzen konnte, wenn er nicht mit Popcorn auf den Bildschirm zielte – die Cola-Dose hatte bis jetzt noch nicht ihren Weg in den Abfalleimer gefunden, dabei war sie schon seit Stunden leer.

Im Fernsehen explodierte ein menschlicher Kopf. »Aaahhh!« kreischte Mark und schlug theatralisch beide Hände vors Gesicht. »Das ist die Invasion der gedünsteten Tomaten ...«

Judith nahm eine Zeitschrift zur Hand und tat so, als würde sie lesen. Sie hatte die Wahl zwischen einem Interview mit Harrison Ford und einem Artikel mit der Überschrift *Wo finde ich den besten geschiedenen Mann?* Eine fesselnde Thematik, dachte sie, als Fitz mit einem vollbeladenen Tablett hereinkam.

Er setzte sich, balancierte das Tablett vorsichtig auf seinen breiten Knien, dann faßte er nach Messer und Gabel und fing an zu essen.

»Das ist ganz schlecht für dich«, bemerkte Mark.

»Was?« fragte Fitz mit vollem Mund.

»Nach neun Uhr abends essen. Du ißt sowieso viel zuviel...«

»Mark«, warnte Judith.

»Tue ich das jetzt?« erkundigte sich Fitz mit gefährlichem Unterton, der darauf hindeutete, daß er einen seiner beißenden verbalen Angriffe vorbereitete.

»Ja«, erwiderte Mark ungerührt. »Du weißt ja, wie es heißt: Iß schnell, stirb jung...«

»Mark!«

»Und hinterlasse eine fette Leiche«, ergänzte Fitz. Er trank einen großen Schluck Wein und tupfte sich geziert den Mund ab. »Reich mir bitte die Butter, Liebling«, sagte er zu Judith.

Bei jedem anderen könnte man das als Versuch werten, sich selbst schlechtzumachen, ehe es ein anderer tut, dachte Judith. Bei Fitz war es wohl eher so etwas wie eine Revanche – er wollte Mark daran hindern, sich auf Kosten seines Vaters lustig zu machen. Aber vielleicht auch nicht. Fitz war schwer einzuschätzen – ihr gelang das auch nach mehr als zwanzig Jahren Ehe mit ihm nicht sehr oft.

»Weißt du, Mark, ich sehne mich nach einem Zeichen der Zuneigung von dir«, sagte Fitz. »Ich meine, ich würde mir liebend gern vormachen, daß diese kleine Ausfälligkeit deine Art ist, mich wissen zu lassen, daß du dir Sorgen um mich machst.«

Mark sah ihn an, als wollte er sagen: ›Da kannst du lange warten.‹

»Das werde ich wohl nie genau wissen«, fuhr Fitz fort. »Oder vielleicht doch.« Er machte eine Pause. »Verstehst du, Mark, ich glaube, daß sich unser Leben noch einmal abspult, wenn wir gestorben sind …« er verfiel in seinen amerikanischen Akzent, »… in diesem großen Kino im Himmel …«

»Gib's auf«, sagte Mark, plötzlich schien er sich gar nicht mehr wohl in seiner Haut zu fühlen. Judith versuchte sich auf Harrison Fords früheres Leben als Zimmermann zu konzentrieren. Fitz zu ignorieren war für sie die einzige Möglichkeit, mit ihm zurechtzukommen. Er war wie ein Kleinkind, das seine Launen ausleben mußte. Gar nicht beachten, dann hört er schon wieder auf. Irgendwann. Wenigstens zog er diesmal seine Show nicht in aller Öffentlichkeit ab, er versuchte nur, sich seinem Sohn noch mehr zu entfremden.

»Ja, Leute«, setzte Fitz hinzu, »alles, was ihr je getan habt, erlebt ihr noch mal in herrlichem Technicolor und Dolby-Sound. All eure Freunde werden da sein. All eure Feinde.« Er senkte die Stimme. »Stell dir das mal vor, Mark. Du siehst, daß du in die Hosen geschissen hast, als du drei warst. Daß du mit dreizehn eine Kassette geklaut hast – weißt du noch? Du hattest einen *grauenvollen* Geschmack. Die Nacht, in der Helena hier geschlafen hat, als wir in Schottland waren …«

»Was?« rief Judith. Davon wußte sie nichts.

»Ich hab' ein benutztes Kondom im Abfalleimer gefunden, Liebling«, erklärte Fitz. Er wandte sich wieder an Mark, der knallrot geworden war. »Nicht unsere Marke …«

»Fitz, wie kannst du nur …«, sagte Judith. Das war ungeheuerlich, das Schlimmste, was er ihr je angetan hatte. Vor ihrem *Sohn*, um Himmels willen! Sie wäre gegangen, aber sie war wie festgenagelt auf ihrem Sessel. Sie mußte wissen, was er Mark sonst noch zu sagen hatte.

»Wie auch immer«, redete Fitz weiter, »wie bereits gesagt …«

»Ich muß mir das nicht anhören«, fiel ihm Mark ins Wort.

Gut für dich, dachte Judith. Aber er rührte sich nicht von der Stelle. Das war Fitz' bester Trick – er konnte die Leute zwingen, ihm zuzuhören.

»Ah, ja. Der große himmlische Projektor zeigt das Gute wie das Böse. Da waren die Samstage, an denen du der alten Miss

Tyler geholfen hast, ihren Dachboden aufzuräumen... das führt mich zum Unterschied zwischen Himmel und Hölle. Kennst du den Unterschied, Mark?«

»Du wirst mich bestimmt gleich aufklären«, erwiderte Mark. Er starrte Fitz an wie eine Kobra einen Mungo – er wußte, daß er seinem Bezwinger gegenübersaß.

Judith fiel nicht zum erstenmal auf, daß ihre Auseinandersetzungen mit Mark vollkommen anders waren als die zwischen Fitz und Mark. Wenn sie den Jungen zurechtwies, dann um ihm etwas Entscheidendes klarzumachen: Gewöhnlich drängte sie ihn dazu, sich einen Job zu suchen oder wenigstens mehr im Haus zu helfen. Fitz hingegen übermittelte seinem Sohn eine Botschaft. Trotz seiner ausgeprägten Fähigkeit, die Gefühle anderer zu verstehen, war es ihm so gut wie unmöglich, über seine eigenen zu sprechen. Er konnte sich nicht klar und deutlich ausdrücken, er mußte einen Umweg nehmen, und selbst dann landete er selten dort, wo er hinwollte. Sein Sohn war ihm in diesem Punkt sehr ähnlich. Mark hatte nur kein Problem, seinem Zorn Luft zu machen. Fitz war wenigstens konsequent – er ließ seine ungezügelte Wut nur an Menschen aus, die ihm nicht viel bedeuteten.

Die Sache mit Graham war etwas anderes. Diese Episode mit Graham würde Judith für den Rest ihres Lebens bitter bereuen.

»Der Unterschied zwischen Himmel und Hölle ist folgender«, begann Fitz von neuem, während er sich eine Zigarette anzündete. »In der Hölle weiß jeder, was du getan hast, aber nicht, warum. Und sie werden selbst die reinsten Motive als pure Selbstsucht auslegen... wenn nicht gar als Bosheit und Niedertracht. Sie werden sagen: ›Ich wette, die alte Lady war eine heimliche Millionärin‹, ›Ich wette, er dachte, Angela Humphries läßt ihn ein bißchen fummeln, wenn er ihr bei den Geographiehausaufgaben hilft‹ – ah, du dachtest, das wüßte ich nicht, was?«

»Das war's dann. Mir reicht's«, erklärte Mark und stand auf.

Fitz fuhr ungerührt fort: »Im Himmel ist das anders. Im Himmel erkennen sie das Gute hinter dem Bösen. Sie wissen, daß du die Kassette nur gestohlen hast, damit du dich von deinen Schulkameraden nicht ausgeschlossen fühlst.« Er schnippte die Asche von seiner Zigarette. »Sie wissen, daß du mich nur anschreist, weil du möchtest, daß deine Mutter und ich...«

»Fitz, das reicht!« rief Judith laut genug, um ihn zu übertönen. Mark nutzte die Gelegenheit und machte sich aus dem Staub. »Es ist schlimm genug, wenn du so etwas mit Fremden machst, aber dein eigener Sohn...«

»... ist groß genug, um es zu verkraften«, ergänzte Fitz.

»Oder groß genug, daß er sein Mundwerk im Zaum hält.«

»Ja – wir wissen beide, von wem er das hat, oder nicht?« stellte Judith klar.

»Danke«, sagte Fitz. »Wenn du mich jetzt bitte entschuldigen würdest, ich möchte gern ein wenig schlafen.«

»Oben steht ein Bett, wie du weißt«, entgegnete Judith.

Sie dachte, daß er bei ihr schlafen würde, wenn sie es locker anging und ihn nicht unter Druck setzte – und vielleicht blieb er diesmal die ganze Nacht.

»Genaugenommen sind dort mehrere«, sagte Fitz. »Unglücklicherweise schläft in jedem jemand.«

Also gut. Möglicherweise mußte sie direkter werden. »Unseres ist groß genug für zwei.« Sie schwieg eine Weile. Ihr Blut klopfte in den Schläfen. »Was ich schon gesagt habe... du brauchst nicht... wir müssen keinen Sex haben...«

Fitz nickte. »Sehr gut. Ich habe nämlich nicht die Absicht...«

»Bitte«, sagte sie. Verdammt, ich habe mir geschworen, nicht zu betteln. Nicht dieses Mal, dachte sie.

»Erinnerst du dich an letzte Nacht?« gab Fitz zurück. »Ich möchte nicht für die Folgen verantwortlich sein.«

»Genau das ist dein Problem, stimmt's, Fitz?« Judith wußte, daß sie sich damit ebenso bloßstellte wie ihn. »Du willst nie die Verantwortung für irgend etwas übernehmen...«

»Das denkst du wirklich?« Seine Stimme war leise und gefährlich. Plötzlich lachte er – es war kein fröhliches Lachen. »Ehrlich gesagt...«, wieder benutzte er den amerikanischen Akzent, »... ehrlich gesagt, Liebling, ist mir das scheißegal.«

Er stand da und sah sie an. Judith wünschte, ihr würde eine schlagfertige, schnippische Bemerkung einfallen, aber im Grunde gab es nichts mehr zu sagen. Schließlich ging sie ohne ein Wort ins obere Stockwerk. Er blieb, wo er war.

Andy hockte vor dem abgeschalteten Fernseher. Seine Mutter war in der Küche. Sie taute die Tiefkühltruhe auf. Zehn Uhr abends, und sie taute die Tiefkühltruhe auf!

Sein Vater saß im Sessel ihm gegenüber. Er hatte eine Bierdose in der Hand. Eine andere – die letzte von dem Sixpack – stand auf der Armlehne des Sessels.

»Ich geh' noch mal weg«, sagte Andy. Er mußte mit Melanie reden. Er hatte es so lange wie möglich aufgeschoben. Die Probleme mit Melanie waren weiß Gott nicht mehr so wichtig, nicht nach Tims Tod. Aber dieses Haus war wie ein Mausoleum, und er hielt es nicht mehr aus.

»Geh nicht«, bat ihn sein Vater. »Sie braucht dich hier ...«

Andy ignorierte ihn. Er ließ sich keine Schuldgefühle einreden, bestimmt nicht von seinem Alten. Es war nicht seine Schuld, daß Tim tot war – sich selbst umgebracht hat, ermordet wurde. Nichts davon klang richtig.

»Ich brauche dich hier, Sohn.«

Andy starrte seinen Vater an. Sohn? Wann hast du mich je wie deinen Sohn behandelt? dachte er. Oder Tim? Und wenn er ein verdammter kleiner Homo war? Trotzdem hat er Besseres verdient, als er von dir bekommen hat.

Er stand auf und ging zur Tür. Sein Vater kam in den Flur, als er seine Jacke anzog.

»Wir sollten darüber reden.«

Andy beachtete ihn nicht und tastete seine Taschen nach dem Schlüssel ab.

»Das sagen sie alle. Man darf es nicht unterdrücken.«

»Das ist der reinste Quatsch, wenn du mich fragst«, versetzte Andy. Er hatte den Schlüssel und eine Handvoll Kleingeld gefunden. »Ich treffe mich mit Melanie. Das kannst du Mum sagen, wenn du willst.«

Sein Vater ging unsicher ein paar Schritte auf ihn zu. »Du darfst dich deswegen nicht schuldig fühlen, Andy.« In seinen Augen schimmerten ungeweinte Tränen. »Tim war nicht wie wir…«

»Er war ein verdammter Schwuler«, versetzte Andy ungehalten. »Das war früher meine Meinung, und ich denke immer noch so.«

Sein Vater faßte nach dem Treppengeländer, um sich zu stützen. »Nicht«, wehrte er ab, »so etwas darfst du nicht sagen.«

»Warum nicht?« wollte Andy wissen. »Du selbst hast es auch gesagt.« Sein Vater schien förmlich in sich zusammenzusinken. Andy wußte selbst nicht, warum er das Bedürfnis hatte, den alten Herrn zu verletzen. Sie alle hatten gewußt, daß mit Tim nicht alles in Ordnung war. »Du hast es gesagt.«

»Wenn ich das getan habe«, begann sein Vater und hielt inne. Er schien nicht mehr weiter zu wissen. »Falls ich es gesagt habe, dann hab' ich's nicht so gemeint. Du weißt, daß ich den Jungen geliebt habe.«

»Ja«, sagte Andy. Er drehte sich um, verließ das Haus und schlug die Tür hinter sich zu.

Die kalte Nachtluft schlug ihm scharf ins Gesicht, aber sie konnte seine Wut nicht abkühlen. Du hast Tim sicherlich mehr gegeben, als du mir jemals gegeben hast, dachte er.

»Mike hat mir von Tim erzählt«, sagte Melanie, ehe sie an ihrem Cola nippte. Heute abend kein Bacardi. Sie war nicht in Stimmung, hatte sie gesagt.

Andy nickte. »Wann hast du ihn gesehen?« Er trank Snakebite. Es war sein dritter. Sich vollaufen zu lassen erschien ihm das Beste, was er machen konnte.

Sie waren im Rising Sun. Sie kamen nicht oft hierher – meistens waren nur alte Leute da, und es gab weder einen Billardtisch noch eine Jukebox, nur eine Dartscheibe. Erstaunlich war nur, daß in diesem Schuppen kein Sägemehl auf dem Boden lag.

»Er kam zu mir in die Arbeit. Er sagte, daß du bei ihm in der Werkstatt warst.«

»Ja«, bestätigte Andy. Sein Drink schmeckte scheußlich, aber es war ihm scheißegal. »Was ist passiert?«

»Gar nichts ist passiert. Er hat mir erzählt, daß du stinksauer warst.« Sie leerte ihr Glas, fischte die Zitronenscheibe heraus und lutschte sie aus. Andy beobachtete sie. Er hatte Angst davor, daß sie endgültig Schluß mit ihm machte.

»Das hab' ich nicht gemeint. Ich wollte wissen, was er gesagt hat, über…« Er fand nicht die richtigen Worte. Nicht, wenn er ihr dabei ins Gesicht sehen mußte. »Du weißt schon.«

»Wir müssen nicht gerade jetzt darüber reden«, sagte sie und sah ihn genauso komisch dabei an wie am Morgen in der Küche.

»O doch«, widersprach er. Er ließ den Rest seines Snakebites im Glas kreisen und überlegte, ob er noch einen bestellen sollte. Aber das würde Melanie nur die Gelegenheit bieten, das Thema zu wechseln.

»Also schön«, sagte sie. »Ich bin gestern abend noch mal in den Pub gegangen.«

»Ich weiß.« Das hatte ihn geärgert, aber es schien jetzt schon so lange zurückzuliegen und war ihm nicht mehr wichtig.

»Tut mir leid«, sagte sie. Sie nahm einen Bierdeckel und zupfte mit ihren langen, perlrosa lackierten Fingernägeln an einer Ecke. »Wir haben uns unterhalten.« Etwas in seiner Miene erschreckte sie offenbar, denn sie setzte rasch hinzu: »Nicht nur Mike und ich. Ali war auch dabei. Jedenfalls hab' ich gesagt, daß du nach Hause gegangen bist, weil du dir Sorgen um Tim machst, und er machte einen dummen Witz… du kennst ihn ja.«

»Ja.«

»Ich hab' ihm gesagt, er soll damit aufhören. Du weißt, daß mir Tim immer leid getan hat.« Andy nickte nur. Er wünschte, er hätte mehr auf Melanie gehört. »Und er meinte, ich müßte mir sicherlich in dieser Hinsicht keine Gedanken um dich machen.« Sie verzog das Gesicht zu einem unfreundlichen Grinsen. Sie knickte die Ecke des Bierdeckels um. »Ich hätte nicht darauf eingehen sollen, aber ich hab' Ali gefragt, was er damit meint.« Jetzt war sie richtig zornig – Andy kannte sie gut genug, um das zu erkennen, obwohl ihre Stimme ganz ruhig klang. »Ich fragte sie, als wir zusammen auf dem Klo waren. Und sie behauptete, Mike hätte ihr erzählt, wir würden miteinander schlafen.«

»Tut mir leid«, murmelte er.

»Sie sagte, daß Mike sie bedrängt, es mit ihm zu machen, weil ich es auch mit dir mache. Er findet, daß ihm dasselbe wie dir zusteht.«

»Ich hab' das nicht so gemeint.«

»Ich begreife nicht, wie du ihm so etwas einfach so – aus Versehen – erzählen konntest.« Ihr Tonfall war eisig geworden. Sie zerriß den Bierdeckel in zwei Hälften.

»Er muß es irgendwie vermutet haben, und ich habe nicht ...« Was, zur Hölle, sollte er jetzt sagen? Er trank sein Glas bis auf den letzten Tropfen aus. »Willst du noch was zu trinken?«

»Nein. Ich will wissen, wie du ihm das erzählen konntest, ohne es so zu meinen.«

»Ich hab' dir doch schon gesagt, daß ich das selbst nicht genau weiß«, erwiderte Andy. Er knallte das Glas auf den Tisch und erhob sich. »Ich hol' mir noch was«, verkündete er.

»Ich denke, du solltest nicht ...«

»Sag du mir nicht, was ich tun und lassen soll, verdammt noch mal«, gab er zurück.

Melanie stand auf. »Mach doch, was du willst«, sagte sie und ging zum Ausgang.

»Mel, geh nicht«, rief er ihr nach, als sie schon auf halbem Weg zur Tür war. »Es tut mir leid.«

»Mir auch, Andy«, sagte sie. In ihren Augen schimmerten Tränen – wie in denen seines Vaters. Liebe Güte, mußte er denn alle zum Weinen bringen? Ganz bestimmt hatte Tim oft seinetwegen geweint. »Sag deiner Mum, wie traurig ich das mit Tim finde, ja?«

Andy nickte. »Rufst du mich an?«

»Ja«, behauptete sie, ließ ihn aber im Zweifel, ob sie es auch wirklich vorhatte. Und dann war sie weg. Als die Tür hinter ihr zufiel, war Andy allein. Er holte sich noch etwas zu trinken.

Es war schon nach Mitternacht, als Penhaligon nach Hause kam. Sie öffnete ganz leise die Tür, um Peter nicht zu wecken. Der Flur war dunkel, aber im Wohnzimmer brannte noch Licht. Als sie sich umdrehte, rutschte ihr die Klinke aus der Hand, und die Wohnungstür knallte zu.

»Verdammt«, fluchte sie leise, während sie ungeschickt versuchte, abzuschließen. Es schien ihr nicht zu gelingen, den Schlüssel im Schloß zu drehen.

Als sie sich umwandte, stand Peter auf der Schwelle zum Wohnzimmer. »Du kommst spät«, stellte er fest.

»Aus der VM wurde ein Mordfall.«

»Himmel, du kommst nicht zur ausgemachten Zeit – du rufst nicht einmal an, um mir Bescheid zu sagen, und wenn du endlich heimkommst, redest du in dem bescheuerten Polizeijargon.«

»Peter, ich habe fast die ganze letzte Nacht bei den Eltern des Jungen verbracht«, erwiderte Penhaligon. Sie begann ganz ruhig, aber noch während sie sprach, wurde ihr das Entsetzliche des Geschehens erst richtig bewußt, und das machte sie wütend. »Ich mußte ihnen sagen, daß ihr Sohn tot ist.« Ihre Stimme wurde immer lauter, und sie war kurz davor, loszuheulen. »Ich mußte ihn mir ansehen, erst im Wald, wo man ihn aufgehängt hat, dann in der Leichenhalle. Und ich kann jetzt deine Vorwürfe wirklich nicht brauchen.«

Peter sagte kein Wort. Sie ging in die Küche und öffnete den Kühlschrank. Sie mußte etwas essen, sonst konnte sie nicht einschlafen, und dann würde sie sich morgen früh noch schlechter fühlen. Sie fand ein Stück Käse und zwei Scheiben Schinken. Das genügte ihr. Sie nahm beides aus dem Kühlschrank und ging zum Brotkasten. Leer. »Wir haben kein Brot mehr«, sagte sie. Das war der Tropfen, der das Faß zum Überlaufen brachte.

»Du warst mit Einkaufen dran«, stellte Peter klar.

»Ja, aber irgendwie habe ich keine Zeit dafür gefunden«, gab

Penhaligon bissig zurück und dachte mit schlechtem Gewissen an die halbe Stunde im Café. »Mit den Eltern über den Mord an ihrem Sohn zu sprechen erschien mir wichtiger, als dafür zu sorgen, daß uns das Brot nicht ausgeht.«

»Im Tiefkühlfach steht Eintopf«, sagte Peter. »Ich hab' meine Portion schon gegessen.«

»Nett von dir, daß du an mich gedacht hast«, meinte Penhaligon. »Ich nehme an, es ist dir nicht in den Sinn gekommen, das Zeug lieber in den Kühlschrank zu stellen – man könnte es schneller heiß machen als Tiefgefrorenes, weißt du?«

»Ich wußte ja nicht, wann du dich hier blicken läßt. Du hast nicht angerufen.« Er drehte sich um und ging ins Wohnzimmer.

Verfluchter Kerl, dachte Penhaligon wütend, als sie den Eintopf aus dem Gefrierfach nahm und in die Mikrowelle stellte. Sie war glücklich und zufrieden gewesen, als sie noch allein gewohnt hatte. Sie hätte sich niemals damit einverstanden erklären dürfen, daß er zu ihr zog.

Nach einer Weile klingelte der Mikrowellenherd. Penhaligon füllte den Eintopf in einen Suppenteller um und nahm ihn mit ins Wohnzimmer.

Peter sah MTV. Penhaligon kannte die Band nicht, und sie war ihr viel zu laut. Sie nahm Platz und begann zu essen. Der Eintopf war köstlich.

»Ist es okay?« erkundigte sich Peter.

Na, prima, dachte Penhaligon. Jetzt spielt er das brave Hündchen. Es lief immer aufs gleiche hinaus. Sie stritten, und sie konnte auf die Minute genau voraussagen, wann er Frieden schließen wollte. Normalerweise fügte sie sich und zeigte sich auch freundlicher, aber heute war sie zu müde, um sich anzustrengen. Sie aß zu Ende und stellte den Suppenteller auf den Tisch, ohne ein Wort zu sagen.

»Ach, komm schon, Janie«, maulte Peter.

»Ich persönlich bin okay.«

»Hör mal, es tut mir leid, daß ich dich angefahren habe. Ich war hier eingeschlafen, und das Türenknallen hat mich geweckt...«

»Ja. Einige von uns haben die letzte Nacht nur zwei Stunden Schlaf bekommen.«

»Jetzt hör schon auf.« Er schaltete den Fernseher mit der Fernbedienung aus. »Ich wollte doch nur, wie ausgemacht, einen schönen Abend im Kino mit dir haben.«

»Ich hätte dich anrufen müssen. Ich hab's nicht getan. Es tut mir leid.« Das klang kein bißchen so, als würde sie tatsächlich Bedauern empfinden. Er wußte genau, was der Job ihr abverlangte, und es war nicht ihre Schuld, wenn er kein Verständnis dafür aufbringen konnte.

»Schau mal, ich weiß doch auch, daß du müde und kaputt bist.«

»Hör auf, mich so herablassend zu behandeln«, versetzte sie. Sie wußte selbst, daß das nicht fair war, da sie das selbst als Grund für ihr Verhalten angeführt hatte, aber im Augenblick war ihr alles egal. »Ich muß mir das schon von Bilborough bieten lassen und mit Becks arroganten Anspielungen fertig werden.« Sie starrte auf den schwarzen Fernsehschirm und wünschte, Peter hätte nicht abgeschaltet, doch es wäre viel zu mühsam, sich zu ihm zu beugen und ihm die Fernbedienung abzunehmen. »Von dir muß ich mir so was nicht auch noch anhören.«

»Ich dachte nur, daß du morgen, wenn du zum Dienst gehst, einen Urlaub buchen könntest.«

Das hatte sie ganz vergessen. Die Reisekataloge steckten in ihrer Tasche. Sie überlegte, ob sie ihm davon erzählen sollte, aber dann hätte sie zugeben müssen, daß sie eine richtige Mittagspause gehabt hatte, in der sie ihn hätte anrufen können – wenn sie auch nur eine Sekunde daran gedacht hätte. Plötzlich wurde ihr alles zu kompliziert. Mit ihm in die Ferien zu fahren war das letzte, worauf sie Lust hatte.

»Steck dir deinen verdammten Urlaub irgendwohin. Ich geh' jetzt ins Bett«, sagte sie und stand auf.

Sie ging ins Schlafzimmer und zog sich im Dunkeln aus. Ihr Schlagzeug war als unförmige Silhouette in der Ecke zu sehen. Einen Moment überlegte sie, ob sie den Staubschutz abnehmen und sich den Frust aus dem Leib trommeln sollte, wie sie es immer getan hatte, bevor Peter bei ihr eingezogen war. Mehr die Rücksicht auf die Nachbarn als auf Peter hielt sie davon ab. Statt dessen schlug sie auf ihr Kopfkissen ein. Das verfluchte Ding war zu weich, um ein wirksamer Gegner zu sein. Ihre Fäuste verursachten kaum einen Laut, als sie auftrafen. Trotzdem mußte sie sich damit zufriedengeben – wie mit allem anderen in letzter Zeit.

Verdammt.

Sie seufzte und kroch unter die Decke. Sie fragte sich, was Fitz in diesem Augenblick tat.

Eine Stunde später, als Peter ins Bett kam, war sie immer noch wach. Er wollte Liebe machen, aber sie gab vor, tief und fest zu schlafen.

10

Andy war vollkommen erledigt. Sein Kopf fühlte sich an, als wäre er mit flüssiger Lava gefüllt, und er hatte einen scheußlichen Geschmack im Mund. Er war bei Licht eingeschlafen, und jetzt taten ihm die Augen weh. Irgendwo zwitscherten laut Vögel. Am liebsten hätte er den Kopf unters Kissen gesteckt und weitergeschlafen, aber ihm war so schlecht, daß selbst das nicht ging.

Außerdem war ihm in seinem gestrigen Rausch eingefallen, daß irgend jemand für das, was Tim passiert war, bezahlen mußte.

Es kam ihm vor, als hätte er die ganze Nacht darüber nachgedacht, obwohl er wußte, daß er geschlafen und davon geträumt hatte, durch den Wald zu laufen. Hände hatten nach ihm gegriffen, um ihn an der Kehle zu packen und das Leben aus ihm herauszuquetschen. Im Traum war er Tim, aber auch er selbst, und er versuchte, sich durch die Äste und Zweige zu kämpfen, bevor der Mann seinen Bruder erwischte; dann war er wieder Tim und starrte auf seinen Mörder – auf Andy. Er sah in Tims verängstigtes Gesicht und rannte trotzdem durch den Wald, um ihm rechtzeitig zu Hilfe zu kommen.

Der Traum verblaßte schnell. Er vertrieb die Erinnerung daran, indem er aufstand, rasch seine Jeans und die Doc Martens anzog. Schon in der Nacht hatte er geplant, was er tun würde.

Jemand mußte für Tims Schicksal büßen, und ihm war klar, daß sich die Polizei nicht darum kümmern würde. Sie trödelten nur herum. Was ging es sie an, wer daran schuld war? Sie hatten von Mord geredet, aber Andy wußte es besser. Tim hatte sich selbst umgebracht. Egal, was Mum meint – er hat einfach Schluß gemacht, weil er die täglichen Hänseleien, die Beschimpfungen und die Drohungen nicht mehr ausgehalten hatte.

Wenn er sich nur umgedreht und sich einen oder zwei von ihnen vorgeknöpft hätte, dann wären sie schnell abgehauen. Aber Tim war nicht so, er war viel zu sanftmütig, zu gut für sie alle.

Das war Andy schon gestern abend in den Sinn gekommen. Natürlich wußte er, daß er sich im Alkoholnebel viel zusammengereimt hatte, aber es war etwas Wahres dran. Es war leicht, Tim eine kleine Schwuchtel zu nennen – tief in seinem Innersten wußte Andy, daß Tim ein guter Mensch war. Lieb und freundlich zu Mum – viel freundlicher als Andy die meiste Zeit. Und klug. Tim war in der Schule immer ein Einserkandidat gewesen und hätte bestimmt den besten Abschluß gemacht. Und er war zäher, als er ausgesehen hatte. So zäh und stark, daß er all die Scheiße, die ihm die anderen Kinder in der Schule angetan hatten, aushalten konnte, ohne die Beherrschung zu verlieren. Bis zum Schluß.

Andy kannte die Missetäter. Möglicherweise hatten sie ihm nicht die Schlinge um den Hals gelegt, aber sie traf trotzdem die größte Schuld.

Es hatte keinen Sinn, mit der Polizei darüber zu sprechen. Sie würden ihm erklären, daß sie nur daran interessiert waren, den Mörder zu finden. O ja. Sie wollten nur einen Posten auf ihrer Liste abhaken. Fall gelöst. Sie, Sie und Sie – Sie werden dieses Jahr befördert.

Aber dachten sie dabei an Tim? Nicht die Bohne!

Also mußte sich Andy selbst darum kümmern.

Andy setzte auf dem Weg durch den Vorgarten seinen Motorradhelm auf. Er hatte gerade seine Maschine erreicht, als ein Wagen vorfuhr. Er stieg in dem Moment auf, als die Autotür aufging und die rothaarige Frau ausstieg. Der fette Kerl war bei ihr.

»Hast du eine Minute Zeit, Andy?« rief die Frau.

Klar, dachte er, aber nicht für dich. Er fuhr los.

Andy bremste scharf vor dem Haupteingang der Schule ab. Er sah zu dem Gebäude auf, während er seinen Helm an die Maschine kettete. Eine Beton- und Glasfassade: Er sah die Kinder in dem verglasten Treppenhaus.

Er haßte diese Schule – er hatte sie von dem Augenblick an gehaßt, als er mit elf Jahren zum erstenmal seinen Fuß hineingesetzt hatte, bis zu seinem Abschluß mit sechzehn.

Dennoch kannte er sich noch gut aus. Er marschierte zielstrebig hinein und ging die Wendeltreppe hinauf. Seine Schritte hallten auf den Holzstufen. Ein paar kleine Mädchen kicherten hinter vorgehaltenen Händen. Die Jungs wichen erschrocken vor ihm zurück. Das ist auch gut so, dachte Andy. Hier lernte man zu erkennen, wann jemand auf eine Schlägerei aus war. Man lernte es rechtzeitig, oder jemand schlug einem den Schädel ein, dann wußte man es auch.

Er hörte, daß jemand im Flüsterton vorschlug, einen Lehrer zu holen.

Prima, das war ihm nur recht. Er hatte den Lehrern auch einiges zu sagen. Aber zuerst waren Rope und sein Kumpel Mulligan dran. Der Rest konnte warten.

Er kam an eine Klassenzimmertür und stieß sie auf. Kleine Kinder, und Cassidy unterrichtete sie. Hopalong hatten ihn alle genannt, als er an die Schule kam. Andy hatte andere Schimpfnamen für ihn: Schwächling, Weichei. Der kam auch noch dran, später, wenn er mit Mulligan und Rope fertig war.

Er wirbelte herum und ging weiter. Cassidys Stimme verfolgte ihn durch den Korridor: »Andy! Was fällt dir ein, so in meinen Unterricht zu platzen?«

Andy achtete nicht auf ihn oder die erschrockenen Blicke der Kinder, die sich noch auf dem Flur herumtrieben, weil sie zu spät dran waren.

Er stürmte in ein anderes Klassenzimmer. Der Raum war abgedunkelt. Man hatte die Rollos heruntergelassen, und ein Diaprojektor lief. Andy sah sich um. Da war Rope, und Mulligan saß, wie immer, neben ihm.

Gut. Andy ging mit drei Schritten auf sie zu. Im Projektor glitt ein neues Dia vors Licht. Erst war eine Amöbe zu sehen gewesen, jetzt ein Farn. Wieder so ein sinnloser Quatsch, der niemandem weiterhalf, wenn er später einen Job suchte.

Andy entdeckte den Geographielehrer, der erst jetzt realisierte, daß etwas nicht stimmte. Er war aufgesprungen, aber noch trennten ihn zwölf Bänke, an denen Schüler saßen, von dem Eindringling. Das hast du davon, daß du dich in die hinterste Ecke verdrückst, um ein Nickerchen zu halten, du alter Bastard, dachte Andy.

Er drängte sich an der ersten Bankreihe vorbei, um sich Rope zu schnappen. Ein paar Kids schrien. Andy hörte, daß jemand seinen Namen rief, ein anderer brüllte. »Rope!« Mulligan versuchte, Andy festzuhalten, aber er schubste den Jungen unsanft beiseite. Dann packte er Rope und zerrte ihn von seinem Stuhl nach vorn. Er rammte ihm das Knie in den Unterleib, verfehlte jedoch das Ziel und traf statt dessen den Bauch. Rope krümmte sich. Andy schlug mit der Faust zu und spürte, daß er auf einen Knochen traf. Die Nase. Sehr gut. Rope versuchte abzutauchen, aber Andy gelang es, noch einen Treffer zu landen, ehe er den Jungen niederrang und seinen Kopf auf den Boden schlug – ein-, zwei-, dreimal.

Jemand hielt von hinten seine Arme fest und riß ihn zurück.

Andy drehte sich um. Cassidy. Andy versuchte sich loszureißen. Keine Chance. Er stieß mit dem Ellbogen nach hinten, um Cassidys Zwerchfell zu bearbeiten – Cassidy reagierte schnell und bekam nichts ab.

»Bringt Rope weg«, brüllte Cassidy. »Um Himmels willen, was denkst du dir eigentlich dabei?« sagte er. Er zog Andy weg, drehte ihn um und stieß ihn zurück.

Andy prallte gegen die Leinwand. Sie gab unter seinem Gewicht nach. Er blinzelte in dem grellen Licht des Projektors. Cassidy lockerte seinen Griff, dann schob er Andy an die Wand.

»Was soll das?« kreischte Cassidy. Das Dia wechselte. Das Licht flackerte auf, dann wurde es dunkler. »Wozu soll das gut sein? Jetzt beruhige dich, okay?« schrie er.

Andy schäumte immer noch vor Wut. Das Blut pochte ihm in den Ohren. Du bist der nächste, Cassidy, schrie er in seinem Inneren.

Es war die Sache wert gewesen. Es lohnte sich, von einem Polizisten durch den Flur und die Treppe hinunter eskortiert zu werden. Es lohnte sich, von den Kids ausgelacht zu werden – das alles nahm er gern auf sich, nachdem er Ropes entsetzten Blick gesehen und seine Nase unter seiner Faust gespürt hatte.

Der Polizist hatte ihn halb die Treppen hinuntergeführt, als er Cassidy wieder entdeckte. Er sprach mit einer Polizistin. Wahrscheinlich erklärte er ihr etwas von »mildernden Umständen«. Vollidiot. Bescheuerter Weltverbesserer. Wahrscheinlich erzählte er der Frau, daß Rope Tim neulich mit einer aufgeplatzten Lippe nach Hause geschickt hatte.

»Sie haben nichts getan!« brüllte Andy, als er mit Cassidy auf gleicher Höhe stand. »Sie wußten, was vor sich geht, und haben nichts unternommen.« Der Cop zerrte ihn weiter, aber Andy drehte sich um und schrie noch lauter: »Sie sind schuld. Sie und jeder Lehrer in diesem Scheißladen.« Sie waren schon fast ganz unten, aber Andy war noch nicht fertig. »Er hat Ihnen vertraut. Er hat Ihnen alles erzählt. Und Sie haben nie auch nur einen Finger gerührt.«

11

»Sie wollen die Wahrheit wissen?« fragte Mr. Lang. Fitz saß ihm beinahe reglos gegenüber. »Sie wird Ihnen nicht gefallen.«

Sie waren wieder im Haus der Langs. Penhaligon hatte das Gefühl, sich in einem Mausoleum zu bewegen. Das Wohnzimmer war ordentlich und aufgeräumt wie immer, aber in der Küche lag schmutziges Geschirr im Spülbecken, weil sich niemand die Mühe machte, abzuwaschen. Nicht allzuviel, natürlich. Penhaligon hätte eine Wette abgeschlossen, daß Mrs. Lang seit Tims Verschwinden keinen Bissen gegessen hatte. Sie legte die Hände um ihren Teebecher und beobachtete Fitz und Mr. Lang. Sie saßen am Eßtisch und unterhielten sich in gedämpftem Ton.

Penhaligon hatte Fitz noch nie zuvor so gesehen. Das war nicht der herausfordernde, kritische, unbezähmbare Mann, den sie zu kennen glaubte. Dieser poltrige Mann war viel zu groß für eine anständige Doppelhaushälfte mit ihrem Schnickschnack, den Kaufhauslampen und Topfpflanzen. Der Fitz, der jetzt hier saß, wirkte nicht kleiner, aber er paßte in die Umgebung und strahlte Wärme und ernsthaftes Verständnis aus.

»Ihnen wäre ein Selbstmord lieber«, sagte Fitz.

Mr. Lang nickte.

»Woher weiß er das? fragte sich Penhaligon.

»Er war immer ein Opfer. Bei Mord ist er bis zum Schluß das Opfer.« Mr. Langs Stimme klang monoton, fast so, als hätte er lange geweint und keine Tränen mehr übrig. »Ein Selbstmord – dabei hätte er zum Schluß noch einen gewissen Mut gezeigt.«

Mut? Geht es um Mut? dachte Penhaligon und erinnerte sich an ihren Vater, an seine Haut, die sich nach der Paracetamol-Vergiftung langsam gelb verfärbt hatte, und an sein schmerzverzerrtes Gesicht. Ja, wahrscheinlich gehörte Mut dazu, Selbstmord zu begehen.

»Ich habe nicht gehofft, nicht gebetet. Ich wußte es.« Mrs. Lang sah Fitz unverwandt an. »Ich wußte, daß er sich nicht selbst das Leben genommen hat.« Ihre Hände hielten endlich still.

Penhaligon wußte besser als ihr lieb war, daß die Ungewißheit solche Reaktionen auslöste, daß man dann irgend etwas suchte, womit man die Zeit vorantreiben konnte.

»Weil Selbstmord wie eine Bombe unter dem Küchentisch ist, die alle Mitglieder der Familie in Stücke zerfetzt«, sagte Fitz.

Es fiel Penhaligon schwer zu glauben, daß dies derselbe Mann war, der sie neckte, Verdächtige anbrüllte und seine Frau in einem Restaurant in tödliche Verlegenheit brachte.

»Das hätte er Ihnen nie angetan, hab' ich recht?« hakte Fitz nach.

Dad, dachte Penhaligon. O Dad!

»Er liebt mich«, sagte Mrs. Lang. Liebt – Gegenwart. Penhaligon verstand diese Haltung.

Ich liebe dich, Dad.

»Haben Sie einen Sohn?« wollte Mr. Lang wissen.

»Ja, achtzehn«, erwiderte Fitz. »Achtzehn Jahre alt, nicht achtzehn Söhne.« Er deutete ein Lächeln an – das erste Anzeichen vom alten Fitz an diesem Morgen.

Das Lächeln erstarb angesichts des Kummers, den Mr. Lang zu erleiden hatte.

»Dann kennen Sie das ja«, sagte Mr. Lang. »Ihr Sohn wird geboren. Eines Tages werden Sie zusehen, wenn er in der Schulmannschaft Fußball spielt, Sie nehmen ihn mit ins Old Trafford, kaufen ihm sein erstes Bier. Nicht mit Andy. Egal, was ich wollte – Andy machte immer das Gegenteil.«

Fitz nickte. Er wirkte niedergeschlagen. Penhaligon fragte sich, ob er an Mark dachte. Nach allem, was Fitz erzählt hatte, schien sein Sohn ihn zu hassen und zu verabscheuen. Aber vielleicht hatten ihn seine Ausbildung und die Erfahrung als Psychologe gelehrt, bei Gesprächen mit Klienten nicht an Privatangelegenheiten zu denken. Penhaligon konnte es nicht sagen. Dieser neue Fitz war fast ein Fremder für sie.

»Aber das war okay«, fuhr Mr. Lang fort. »Tim kam auf die Welt, und ich nahm mir vor, alles, was mit Andy nicht möglich war, bei Tim nachzuholen.« Er seufzte schwer, als müßte er die Tränen zurückhalten. Dann schwieg er eine Weile – er schien nach den richtigen Worten zu suchen, um etwas auszudrücken, über das er nie zuvor nachgedacht hatte. »Aber es stellte sich heraus, daß Tim ein Mädchen war«, sagte er schließlich.

Penhaligon überlegte, ob er damit andeuten wollte, daß Tim schwul war. Sicherlich war diese Erkenntnis ein schwerer Schlag für ihn. Aber die Art, wie er davon sprach, deutete auf etwas anderes, etwas Ungewöhnlicheres hin. Sie mußte Fitz später danach fragen.

»Schuld«, murmelte Mrs. Lang tonlos. »Sie sagten, es war Mord.« Ihr Blick schweifte unstet von den Nippessachen auf dem Regal zum Spiegel über dem Kamin und wieder zurück. »Ich war erleichtert. Ein anderer ist schuld daran.« Jetzt erst sah sie Fitz an, als wollte sie um Verständnis bitten – oder um Vergebung. »Ich dachte nicht an Tim oder daran, was er durchgemacht hat. Jetzt schon. Aber als man es mir sagte, dachte ich nicht an seine Schmerzen und seine Angst. Ich war nur erleichtert.«

Er muß etwas sagen, dachte Penhaligon. Mrs. Lang würde sich selbst bis zu ihrem Lebensende hassen, wenn er jetzt nichts sagte. Aber Fitz schwieg. Noch.

»Schuld«, sagte Mr. Lang mit einem Blick auf seine Frau. Sie saß auf dem Sofa neben Penhaligon, die ihr die Hand hielt. Dann wandte er sich an Fitz. »Ich habe mir eine Krise gewünscht. Wir haben gestritten wegen Tim. Wir trennten uns wegen Tim.« Erneut sah er seine Frau an, aber sie fixierte starr die rosafarbene Tapete. »›Lieber Gott, gib mir eine kleine Krise‹, flehte ich im stillen, ›dann gehe ich zurück… löse die Probleme, und alles wird wieder gut. Wir bleiben zusammen.‹ Jetzt habe ich meine Krise.«

»Es entstehen immer Schuldgefühle«, sagte Fitz. Mrs. Lang saß ihm gegenüber. Sie starrte ihn aus hoffnungslosen Augen an. Selbst der rötliche Glanz schien von ihrem Haar gewichen zu sein. »Ich habe mit einem Dutzend Eltern gesprochen, die Kinder verloren haben. Sie alle traf keine Schuld, aber sie fühlten sich schuldig. Wenn sie nur dies oder jenes getan hätten. Wenn Sie nur Tim dazu gezwungen hätten, seinen Mantel anzuziehen, ihn nur zwei Minuten aufgehalten hätten.«

Mrs. Lang versuchte zu schlucken. Penhaligon wußte, daß Fitz genau das aussprach, was diese Frau im Innersten ihres Herzens fühlte. Wie konnte er das wissen? fragte sie sich wieder. O Dad!

»Vielleicht nur zwei Sekunden, und er wäre nicht zu diesem Zeitpunkt an diesem Ort gewesen. Er wäre seinem Mörder nie begegnet«, sagte Fitz.

Dads Mörder war ein kleines, braunes Fläschchen mit Pillen, dachte Penhaligon. Ich hätte ihn nicht aufhalten können. Er wäre in jedem Fall gestorben. Seine Krankheit, die Chorea, hätte ihn getötet.

Sie betrachtete ihre Hände, dann Mrs. Lang. Sie sollte weinen, dachte Penhaligon. Es würde ihr helfen, wenn sie weinen könnte.

»Darf ich Ihnen etwas vorlesen?« fragte Fitz.

Mrs. Lang nickte.

»Ein Vater hat das gesagt. ›Sie war jung, verletzlich. Bilder tauchten in meiner Vorstellung auf: meine Tochter tot in einem Straßengraben. Ich sagte mir, daß alle Väter so denken, daß alle Väter solche Bilder sehen. Aber dann ist es passiert. Es war, als hätte ich die Katastrophe verursacht. Ich sah diese Bilder in meiner Vorstellung und habe es dadurch regelrecht angezogen.‹«

Es entstand ein Schweigen. Die Tränen, die sich von Mrs. Langs Augen lösten, glitzerten im Licht. Sie gab keinen Laut von sich. Penhaligon erinnerte sich daran, daß sie sich den Tod ihres Vaters gewünscht hatte. Nur damit es endlich vorbei war. Sie hatte ihre Mutter gehaßt, weil auch sie sich danach gesehnt hatte, daß er starb, aber sie selbst hegte in einem geheimen Winkel ihres Herzens denselben Wunsch. Und dann hatte er Paracetamol geschluckt, und sie hatten ihn zu spät gefunden – die Ärzte konnten nichts mehr für ihn tun.

»Sie verstehen, was ich meine, nicht wahr?« sagte Fitz zu Mrs. Lang, aber seine Worte schnitten tief in Penhaligons Herz und legten den geheimen Winkel frei.

Jetzt weinte Mrs. Lang hemmungslos und schluchzte leise. Fitz nahm ihre Hand. »Die Schuldgefühle vergehen rasch. Der Schmerz bleibt, aber er ist Ihr Freund. Er ermöglicht es Ihnen zu trauern, sich zu erinnern, zu weinen.«

Ich werde weinen, dachte Penhaligon. Nicht jetzt. Nicht bald, aber ich werde weinen.

Das Telefon klingelte. Endlich. Penhaligon stand auf, um den Hörer abzunehmen.

»Ich hatte ja keine Ahnung«, sagte Julie, nachdem Fitz und Penhaligon weggegangen waren. »Ich meinte, du hättest etwas sagen sollen ...«

Steve starrte sie verständnislos an.

Er ist *alt*, dachte sie. Der Altersunterschied zwischen ihnen betrug zehn Jahre, aber das hatte sie bis heute nie gestört. Tims Tod machte ihn alt: die Verzweiflung grub tiefe Linien in sein Gesicht, und die Bitterkeit in seinen Augen war nicht zu übersehen.

»Was?« fragte er nach so langem Schweigen, daß sie schon dachte, er hätte sie nicht verstanden.

»Ich habe nicht gemerkt, wie sehr du dir gewünscht hast, nach Hause zu kommen«, sagte sie. Die Sonne schien durch die Fenster – die Scheiben waren verschmiert. Sie mußte sie putzen. Später. Das hatte noch Zeit.

»Das kann dir unmöglich entgangen sein«, erwiderte Steve. Er stand auf und blieb reglos stehen, als wüßte er nicht, was er als nächstes tun sollte.

»Ich hab's nicht bemerkt«, sagte Julie. »Vielleicht wollte ich es nicht wissen.« Er möchte gehen, dachte sie. Aber sie wollte nicht allein sein, nicht in diesem Haus, in dem sie alles an Tim erinnerte. »Ich mache uns eine Tasse Tee, ja?« schlug sie vor.

Steve nickte.

Milch, zwei Stück Zucker – so hatte Tim seinen Tee getrunken. Als er noch in die Grundschule ging, kam er mittags immer als erster heim. Julie trank mit ihm Tee in der Küche, und sie unterhielten sich. Manchmal kaufte sie süße Brötchen – nur für sie beide. Es war ihre ganz besondere gemeinsame Stunde, ihre geheime Zeit. Sie hatte mit Tim geredet wie niemand sonst – ganz bestimmt niemand aus der Familie.

Plötzlich sah sie, daß Tränen über Steves Wangen liefen. Sie ging zu ihm.

»Ich habe ihn gern gehabt, weißt du?« sagte er.

»Ich weiß. Ich weiß.« Sie legte die Arme um ihn, und im nächsten Moment drückte er sie fest an sich und küßte sie. Sie riß sich los. »Das dürfen wir nicht«, sagte sie. »Nicht jetzt.« Aber es spielte keine Rolle, was sie durften und was nicht, solange sie nur in seinen Armen Trost fand.

»Ich warte hier auf dich«, sagte Fitz. Sie parkten neben dem Tor zum Krematorium.

»Nimm dir ein Taxi, Fitz«, entgegnete Penhaligon. »Vielleicht braucht dich der Boss im Revier.« Er sah sie wortlos an. »Setz es auf die Spesenrechnung«, empfahl sie, und als er sich immer noch nicht rührte, kramte sie in ihrer Tasche, bis sie einen Fünfpfundschein gefunden hatte. »Hier«, sagte sie und drückte ihm den Geldschein in die Hand.

»Oh, hör schon auf«, sagte er. »Es ist nicht das Geld. Du solltest mich besser kennen.«

Penhaligon lächelte, obwohl ihr ihm Grunde viel eher zum Heulen zumute war, seit sie das Haus der Langs verlassen hatten.

»Du wirst mich später hierhaben wollen.« Fitz blieb ganz ernst – er machte sich nicht über sie lustig. »Glaub mir.«

»Bin gleich wieder da«, sagte Penhaligon und stieg aus dem Wagen.

Sie ging durch das Tor und an der Kapelle vorbei in den zum Andenken der Verstorbenen angelegten Garten. Auf der einen Seite standen Bänke unter einem Wandelgang. In der Mitte war eine Anlage mit ordentlich gestutzten Rosenbüschen, und neben jedem Busch steckte eine Messingtafel. Kiespfade schlängelten sich durch die Pflanzen und führten zu einem Torbogen in der Hecke, durch den man in einen anderen Garten gelangte.

Hier mußte es irgendwo sein, dachte Penhaligon. Sie war seit der Trauerfeier nicht mehr hier gewesen. Erst schlenderte sie einen Pfad entlang, dann einen anderen. Gelegentlich blieb sie stehen, um die Messingtafeln zu studieren. *Valerie Montague, 1947–1991. Howard Nguema, 1982–1990.* Gott, nur acht Jahre! *Phyllis Thomson, 1914–1991.*

Es hatte keinen Sinn. Sie hatte keine Ahnung, an welche Stelle man den Rosenbusch ihres Vaters gepflanzt hatte, obwohl sie eine klarere Erinnerung an die Trauerfeier hatte, als ihr lieb war.

Bunte Blumen und Kränze waren in einer langen Reihe angeordnet. Sie betrachtete sie und sah die traurigen Gesichter der Anwesenden an, als stünde sie in der kitschigen Kulisse eines schlechten Films. Ihre Mutter weinte. Penhaligon nicht. Sie wartete nur darauf, daß alle anderen gingen, und dann stand sie lange vor dem frisch gepflanzten Rosenbusch, bis sie der Vikar fragte, ob mit ihr alles in Ordnung sei.

Und jetzt konnte sie sich nicht einmal mehr erinnern, wo dieser Busch stand. Sie schloß die Augen. Ihr Erinnerungsvermögen mochte versagen, aber sie war darauf trainiert, alles genau zu beobachten. Blütenblätter hatten auf dem Boden um den Busch gelegen, und ein gezackter Schatten war auf ihn gefallen – demzufolge mußte eine Hecke hinter ihr gewesen sein. Und der Vikar – er war von links gekommen, durch eine Lücke in der Hecke.

Sie war im falschen Garten! Sie ging in den nächsten. Ein Kirschbaum stand in einer Ecke, direkt neben einer Reihe Rosen. Sie lief in die Ecke. Die Büsche sahen alle gleich aus, und jeder hätte der ihres Vaters sein können. Damals war es nicht viel mehr als ein gegabelter Stock gewesen, aber in der Zwischenzeit war die Pflanze wahrscheinlich zu einem dieser Büsche herangewachsen.

Ich muß ihn finden, dachte sie. Ich muß. Aber sie wußte ja nicht einmal, ob sie an der richtigen Stelle stand. Vielleicht hatte sie sich alles nur eingebildet: die Trauerfeier, sein wachsgelbes Gesicht, das sie anstarrte, seine entblößten Zähne, die er im Schmerz zusammenbiß, und ihren Zorn auf ihn. Allein der Gedanke daran raubte ihr den Atem, als würden sie die Worte, die sie aussprechen mußte, ersticken. Sie hatte so viel zu sagen – und doch so wenig.

Ich habe mir das nicht eingebildet, dachte sie. Es war hier, irgendwo in diesen Gärten, und wenn ich gründlich suche, finde ich die Stelle auch.

Sie fühlte sich, als würde sich eine Hand auf ihre Brust pressen und ihr die Luft abdrücken.

Was würde Fitz sagen? Sie hörte förmlich seinen trägen, schottischen Tonfall: *Was hast du zu verlieren, wenn du dir den Rosenbusch anschaust, Penthesilea?* Nichts, dachte sie entschlossen, aber der Fitz in ihrem Kopf erklärte unerbittlich, daß sie sich nichts vormachen konnte, wenn sie die Stelle gesehen hatte. Vormachen? Was mache ich mir denn vor? fragte sie ihn stumm. Er hob die massigen Schultern. *Sag du es mir, Penthesilea,* forderte er sie auf. *Aber wenn du dich nicht erinnern kannst, dann hast du das Bedürfnis zu vergessen. Was möchtest du deinem Vater sagen?* erkundigte er sich unbarmherzig, wie es der echte Fitz auch tun würde. »Nichts«, flüsterte sie hörbar. *Irgend etwas muß es doch geben,* beharrte Fitz. *Sonst würdest du nicht an den unausgesprochenen Worten fast ersticken.* Er lächelte verschlagen und schwieg.

»Es tut mir leid«, murmelte sie trotzig wie ein Kind. »Es tut mir leid, daß ich so zornig war.« Sie war wütend gewesen, weil er sich umgebracht und diese Pillen geschluckt hatte. »So eine dumme Art, Schluß zu machen«, hatte sie gesagt. Paracetamol. Langsam. Schmerzhaft. Unwiderruflich. Sie hatte ihm noch mehr zu sagen, aber es war so viel unausgesprochen geblieben, daß sie gar nicht wußte, was am wichtigsten war.

Sie hatte sich geschworen zu weinen, aber die Tränen blieben aus. Sie wollte weinen. Sie müßte weinen. Fitz hatte das gesagt, und wann hatte er sich je geirrt?

Es ist zwecklos, dachte sie, ich schaue mir diesen Rosenbusch an und gehe wieder. Sie bückte sich, um die Schrift auf den Messingtafeln lesen zu können. *Kevin Andrews. Anne Sullivan. Richard Dennison.* Aber nicht Robert Penhaligon. Dies war die richtige Stelle, jetzt war sie sich dessen ganz sicher. Sie starrte die Tafeln an, als könnte sie durch reine Willenskraft den Namen ihres Vaters auf eines dieser Schilder zaubern.

Schließlich drehte sie sich um und ging. Ein Gärtner machte sich am Rand des Wandelgangs zu schaffen. Er lächelte, als sie näher kam.

»Ich habe den Rosenbusch meines Vaters gesucht«, erklärte sie ihm spontan, »aber ich kann ihn nicht finden.«

Er fragte sie, ob sie auch wirklich im richtigen Garten gesucht habe.

»Ja«, log sie.

»Ich möchte nicht unhöflich sein, aber sind Sie sicher, daß die Gebühr bezahlt wurde, Miss?«

»Ich weiß nicht«, sagte Penhaligon. »Was ist das für eine Gebühr?«

»Die Büsche werden ausgegraben, wenn die Familien nicht für ihre Pflege aufkommen. Wir müssen das tun, um Platz zu schaffen für, äh, neue.«

Penhaligon nickte. »Ich verstehe.«

Das machte Sinn. Sie glaubte sich sogar daran zu erinnern, daß ihre Mutter darüber gesprochen hatte. Verdammtes Miststück.

»Ist alles in Ordnung mit Ihnen, Miss?« fragte der Gärtner wie ein Echo des Vikars, der dieselben Worte vor vielen Jahren benutzt hatte.

»Mir geht's gut«, sagte Penhaligon. »Danke.«

Das stimmte nicht. Sie fühlte sich elend. Als sie sich von dem

Mann abwandte, kam es ihr vor, als wäre in ihrem Inneren etwas zerbrochen, und noch bevor sie den Schutz des Wandelgangs erreicht hatte, wußte sie, daß ihr gleich schlecht werden würde.

Sie setzte sich auf eine Bank. Scheiße, dachte sie. Es war, als hätte ihr Vater nie existiert. Einfach weg. Nichts wies darauf hin, daß er je auf dieser Welt gewesen war. Nichts – abgesehen von ihr selbst. Aber wenn sie starb, war gar nichts mehr von ihm da, nicht einmal mehr eine Erinnerung an ihn.

Sie weinte. Die Tränen schienen aus dem Nichts zu kommen. Sie wollte sie nicht. Wenn sie einmal zu schluchzen anfing, dann konnte sie vielleicht nie wieder aufhören. Dad! Sie wollte seine Hand berühren, sein Lachen an einem sonnigen Tag hören, ihn in den Armen halten und nie mehr loslassen. Sie wollte sicher sein, daß sie für ihn nie die starke, erfolgreiche Polizistin sein müßte, die besser als die Jungs war. Sie wollte, daß er sie liebte, weil er ihr Vater war.

Sie schluchzte so heftig, daß ihre Brust schmerzte und ihre Kehle brannte. Er war weg, gegangen für immer, und es hatte keinen Sinn, sich vorzumachen, daß er in ihrer Erinnerung weiterlebte. Sie wollte ihn bei sich haben, jetzt, und mit ihm reden. Und die Erinnerung an seinen Leichnam, der auf einem Labortisch auf die Autopsie wartete, aus ihrem Gedächtnis verbannen. Damals hatte sie vor ihm gestanden, ihn angesehen und gedacht: Gott, Paracetamol; ausgerechnet diese dumme... und sie hatte etwas geflüstert, ohne zu merken, daß ihre Mutter ihr so nahe war, daß sie jedes Wort verstehen konnte. Danach gab es Streit. Sie hatte etwas gesagt, und deswegen hatte sie mit ihrer Mutter gestritten.

»Du kleines doppelzüngiges Biest.« Sehr direkt. Gewöhnlich stellte ihre Mutter eisige Gleichgültigkeit zur Schau. Was hatte Jane gesagt, um in den Augen ihrer Mutter als doppelzüngiges Biest zu gelten? »Du bist ein kleines doppelzüngiges Biest, Jane, und um keinen Deut besser als ich.«

Jetzt fiel es ihr wieder ein. Großer Gott, jetzt wußte sie, was sie damals gesagt hatte. Sie wollte sich nicht daran erinnern, aber jetzt konnte sie es nicht mehr verdrängen. Sie wimmerte leise. Es war, als würde sie wieder dort stehen, ihn ansehen, seine wachsgelbe Haut – und sagen: »Warum hast du mich nicht gefragt, Dad? Ich hätte dir etwas Schnelleres nennen können.«

Nicht die Worte schmerzten, sondern das Wissen, daß sie sie ernst gemeint hatte.

Sie begrub ihr Gesicht in ihrer Armbeuge, und lange Zeit gab es nichts auf der Welt als Tränen. Als sie sich ausgeweint hatte, waren ihre Augen so wund, daß sie kaum etwas sehen konnte, aber das war gut so. Sie wollte nur noch eine Weile hier sitzen und so tun, als wäre nichts von Bedeutung.

»Hier«, sagte Fitz neben ihr. Sie drehte sich um. Er hielt ihr ein Taschentuch hin.

»Ich wollte meinen Vater töten«, sagte sie.

»Schuldgefühle, Penthesilea«, sagte Fitz. »Dieselbe Art von Schuld, die die Langs empfinden, die jeder empfindet, wenn jemand stirbt.«

»Nein«, widersprach Penhaligon. Sie hoffte, daß er ihr jetzt keinen Vortrag hielt oder Ratschläge erteilte wie den Langs. Sie hatte heute schon einmal eine solche, wenn auch sehr gute, Ansprache gehört. »Er hat versucht, mich anzurufen. Ich wollte nicht mit ihm sprechen.« Sie knetete das Taschentuch in den Händen. »Ich traute mich nicht. Er hätte mir gesagt … Später hab' ich das vergessen.« Und sie weinte wieder – es war ihr egal, daß Fitz sie so sah.

»Atmen, Penthesilea«, riet er. »Das ist wichtig. Immer weiter atmen. Versuch nicht, die Luft anzuhalten.«

Sie schluchzte so heftig, daß sie ihn kaum verstand, aber schließlich versiegten die Tränen. »Ich hatte vergessen, daß er versucht hat, mit mir zu telefonieren. Ich war wütend auf ihn, weil er mir nicht gesagt hat, was er vorhatte. Es war meine Schuld.« Sie sah Fitz an. Sein Blick enthielt nicht die Spur eines Vorwurfs. »Ich redete mir ein, daß ich ihn davon hätte abhalten können, wenn ich es gewußt hätte. Aber das stimmt nicht. Weißt du, was ich dachte, als es passiert ist? Ich dachte, ich hätte ihm helfen können, es zu tun. Ihm einen leichteren Tod verschaffen können. Später hab' ich verdrängt, daß ich das dachte.« Sie hatte es ausgesprochen. Es war zur Realität geworden – jetzt, da noch jemand davon wußte. Sie würde es nie mehr aus ihrem Gedächtnis verbannen. Doch da war noch etwas, und diesmal kämpfte sie um Worte, um sich richtig auszudrücken. »Die ganze Zeit habe ich meine Mutter beschuldigt, ihn vor seinem eigentlichen Tod aufgegeben zu haben. Ich haßte sie dafür, dabei war ich selbst viel schlimmer als sie.«

»Liebe, Penthesilea«, sagte Fitz. »Liebe ist wie Schuld. Sie kommt in vielen verschiedenen Gestalten. Verwechsle sie nicht mit Haß.«

Er nahm ihre Hand – an dieser Geste war nichts Zweideutiges. Sie saßen eine ganze Zeit schweigend nebeneinander, bis Penhaligon bereit war zu gehen.

12

Penhaligon setzte Fitz in der Stadt ab. Er hatte gesagt, daß es ihm nichts ausmache, allein ins Revier zu gehen, und sie hatte noch ein paar Dinge zu erledigen.

Sie ging in ein Schreibwarengeschäft und kaufte eine Postkarte für ihre Mutter. Sie entschied sich für etwas Geschmackvolles – einen pinkfarbenen Tulpenstrauß – und stellte sich an den Ladentisch, um zu schreiben.

Es war schwer, nach der langen Zeit die richtigen Worte zu finden – bei ihrem letzten Zusammentreffen hatten sie einen entsetzlichen Krach gehabt. Schließlich schrieb sie: »Mum, ich würde gern wieder von Dir hören, alles Liebe – Jane.«

Möglicherweise machte sich ihre Mutter nicht einmal die Mühe, darauf zu antworten. Aber sie mußte es zumindest versuchen.

Der nächste Gang führte sie in ein Reisebüro. Auf der Fahrt vom Krematorium in die Stadt war ihr klargeworden, daß sie schon zu viele Menschen verloren hatte. Ihr Vater war gestorben. Mit ihrer Mutter war sie zerstritten. Sie wollte Peter nicht auch noch verlieren. Vielleicht konnte sie bei einem gemeinsamen Urlaub die brüchige Basis reparieren und festigen. Falls es nicht klappen sollte, dann wußte sie wenigstens, daß sie ihr möglichstes gegeben hatte.

Sie nahm den Reisekatalog aus ihrer Handtasche und faßte einen schnellen Entschluß. Kos. Das Hotel Agra, und zum Teufel mit den hohen Ausgaben. In aller Eile füllte sie Formulare für zwei Buchungen aus und leistete mit Kreditkarte die nötige Anzahlung. Die Kosten für diese Ferien würden sie noch lange belasten.

Das Volk ist aufgewühlt, dachte Beck, als er zum Haupteingang des Reviers fuhr.

Auf dem Rücksitz saß der störrisch schweigende Andy Lang. Beck konnte es ihm nicht übelnehmen, daß er den Jungs, die seinem Bruder das Leben zur Hölle gemacht hatten, die Scheiße aus dem Leib prügeln wollte. Was blieb ihm sonst übrig?

Beck bremste ab und blieb stehen. Er mußte mit den Leuten reden, sonst war kein Durchkommen. Sie drängten sich um seinen Wagen. Tausend Fragen prasselten auf ihn ein. Er sah Notizblöcke und Kassettenrecorder. Reporter.

»Wenn Sie Autogramme von mir wollen, stellen Sie sich in einer Reihe an, ja?« sagte er grinsend und fuhr durch das Tor in den Hof.

Beck führte Andy ins Gebäude. Aus der Kantine kam ein feiner Geruch nach gebratenem Speck.

Ich bring' das so schnell wie möglich hinter mich, nahm sich Beck vor, dann genehmige ich mir eine Tasse Tee ...

Sie bogen um eine Ecke und gingen auf das Pult des wachhabenden Officers zu. Zwei uniformierte Polizisten und zwei Jungs standen davor.

»Tom Rope, Huntley Road 145, Hulme«, sagte einer der

Jungs – offenbar war er nach Namen und Adresse gefragt worden.

Andy rannte los.

Scheiße, fluchte Beck und setzte ihm nach. Zu spät. Andy hatte sich bereits den Jungen geschnappt.

»Ich will ein Wörtchen mit ihm reden«, brüllte Andy. »Mit diesem kleinen Mistkerl.«

Beck hätte gute Lust gehabt, ihm seinen Willen zu lassen, aber er sprang doch ein und versuchte Andy wegzureißen. Jemand schimpfte. Fäuste flogen. Beck stieß Andy gegen die Brust und schubste ihn zur Tür. Die beiden Uniformierten zerrten die Jungs aus der Schußlinie und führten Andy ab.

»Steckt ihn in eine Zelle«, rief Beck ihnen nach.

»Nummer drei«, setzte der wachhabende Officer hinzu, den der Aufruhr vollkommen kaltgelassen hatte.

Die beiden Halbstarken standen in Becks Nähe. Diese Hosenscheißer, dachte er.

Einer von ihnen – Rope – sprang zur Seite. »Arschloch!« schrie er Andy nach, der zwischen den zwei Polizisten den Korridor entlangging und schließlich außer Sicht war.

Jetzt reicht's, dachte Beck. Er wirbelte herum und baute sich vor dem Jungen auf.

»Ja«, bekräftigte Rope, als wäre Beck ein kleineres Kind auf dem Schulhof oder ein schwacher Lehrer, den kein Mensch ernst nahm. Seine Haltung drückte aus: ›Hast du Lust auf Schwierigkeiten mit mir? Kannst du haben, kein Problem.‹

Beck machte sich nicht die Mühe, etwas zu sagen. Er erwischte den Kerl am Hemd und riß ihm den Arm auf den Rücken – ein vorschriftsmäßiger Polizeigriff. Dann lief er mit ihm den Korridor hinunter. Nase und Mund des Jungen waren mit angetrocknetem Blut verschmiert, und Beck vermutete, daß Andy mindestens einmal kräftig zugelangt hatte – gut für Andy.

»Ich stecke dich zu Andy in die Zelle«, kündigte Beck an, »dann laß ich euch 'ne Weile allein.« Er kannte diese kleinen Schlägertypen. Er wußte, daß sie nur von der eigenen Angst angetrieben wurden und wie man mit ihnen fertig werden konnte.

»Ich hab's nicht so gemeint, klar?« sagte Rope. »Ich hab' das nur so gesagt.« Seine Stimme war schrill vor Schreck und vielleicht auch vor Schmerzen. Gut, dachte Beck.

Einer der Uniformierten, der Andy in die Zelle verfrachtet hatte, kam zurück und zwinkerte Beck zu.

»Du hast Tim jahrelang drangsaliert«, sagte Beck, als sie schon beinahe vor Zelle drei standen. »Jetzt kannst du seinem großen Bruder zeigen, wie man das macht.«

»Ich hab' Angst vor ihm, okay?« gestand Rope kleinlaut. »Ich bin...«

Die verbeulte Metalltür befand sich direkt vor ihnen. Beck ließ Ropes Hemd los, hielt aber seinen Arm weiterhin fest wie in einem Schraubstock. Er machte die kleine Klappe in der Tür auf und drängte Rope vorwärts. Andy stürzte sich auf Rope, sobald er ihn zu Gesicht bekam. Er brüllte etwas Unverständliches. Beck zog Rope im letzten Moment zurück, als Andy die Hand durch die Klappe streckte.

Beck stieß Rope gegen die Wand. »Sei bloß still«, sagte er. »Du bist bloß ein großer Maulheld, stimmt's?«

Es ging ihm darum, dem Bürschchen eine Lektion zu erteilen und ihn das Fürchten zu lehren. Wenn er Andy damit ein bißchen Trost verschaffen konnte, dann war es die Sache wert.

»Ja«, stimmte Rope zu.

Keine große Sache, dachte Beck. Wahrscheinlich hätte Rope behauptet, daß grün rot ist, nur um von Andy wegzukommen.

»Und ein Feigling.« Beck spürte beinahe, daß Andy ihn durch die Klappe beobachtete und ihn drängte, Rope fertigzumachen. Nur ein ordentlicher Hieb, damit er begriff, wie die Dinge wirklich liefen...

»Ja«, sagte Rope. Sein Stimmchen war nicht lauter als das Miauen einer kleinen Katze.

Beck ließ ihn los, schob ihn in eine Zelle und knallte die Tür zu. Eine Stunde da drin würde dem feigen Angeber ganz guttun.

Beck grinste, als er die Treppe hinaufging, um mit Bilborough zu sprechen. Genauso mußte man mit Großmäulern wie Rope und Mulligan umgehen. Wenn sie schon früher jemand etwas fester an die Kandare genommen hätte, wäre Timothy Lang vieles erspart geblieben. Möglicherweise würde er dann heute noch leben. Und vielleicht hätte es ein anderes Menschenleben gerettet, nämlich das des Kindes, das sich Rope und Mulligan als nächste Zielscheibe vornahmen. Aber im Augenblick hatten sie zuviel Schiß, um sich als die großen Macher aufzuspielen.

Bilborough war in seinem Büro und erledigte Schreibkram. Er wirkte ziemlich mitgenommen. Als Beck hereinkam, schaute er auf.

»Boss, ist dir klar, daß sich vor dem Haus eine Menge Menschen versammelt haben?« fragte er. Er wußte, wie Bilborough war, wenn er unter Druck stand. Es hatte keinen Zweck, lange um den heißen Brei herumzureden, wenn es auch auf direktem Weg ging.

»Ich wußte, daß ein paar Leute da draußen rumstehen, ja«, erwiderte Bilborough.

»Es sind ein bißchen mehr als nur ein paar – ich hatte Schwierigkeiten, durchzukommen.«

»Aber du hast es geschafft, oder?« Bilborough klopfte mit dem Kugelschreiber auf den Notizblock.

»Ja, aber darum geht's nicht.«

»Was willst du, Jimmy? Was soll ich tun? Die starken Jungs in Kampfanzügen runterschicken? Tränengas sprühen lassen?«

Das war ziemlich übertrieben, wenn auch eine geringere Maßnahme reichen würde. »Ich dachte nur, du solltest es wissen, Boss.«

»Ja, vielen Dank für die Mitteilung. Ich schicke zwei Männer raus.«

»Ich würde mehr unternehmen, wenn du meine Meinung hören willst.«

»Wenn ich sie wissen will, werde ich daran denken, dich zu fragen«, gab Bilborough zurück und begann zu schreiben.

Lieber Gott, dachte Beck. Ich wußte ja, daß er kaputt und beunruhigt ist. Aber es gibt Grenzen.

Als Beck die Tür aufmachte, sagte Bilborough: »Jimmy?« Beck drehte sich zu ihm um. »Vielleicht hast du recht.« Das kam bei Bilborough einer Entschuldigung gleich. Beck kannte ihn gut genug, um das zu wissen. »Aber nach dieser neuen Initiative, die Polizeiarbeit transparenter zu machen … Wenn ich zu früh einschreite, könnte es zu einem Aufruhr kommen.«

»Ja.« Beck nickte. Das stimmte, trotzdem war er anderer Meinung als Bilborough. Je länger die Leute da draußen standen und sich gegenseitig aufwiegelten, um so eher kam es zu unliebsamen Zwischenfällen. Er erinnerte sich an etwas, was Mr. Allen einmal gesagt hatte: Wenn Sie vorhaben, etwas zu tun, dann schieben Sie es nicht auf die lange Bank, sondern nehmen Sie es gleich in Angriff. »Der Chief Superintendent sagte …«

»Scheiß auf den Chef«, fiel ihm Bilborough schroff ins Wort und knallte den Kugelschreiber auf den Schreibtisch. Er holte tief Luft. »Nein, vergiß, daß ich das gesagt hab'. Gleichgültig, was immer Mr. Allen auch zu sagen hat, dies ist meine Sache, verstanden? Und ich sage, wir behalten die Lage im Auge, aber wir unternehmen noch nichts.« Er funkelte Beck zornig an. »Wenn Fitz und Penhaligon zurückkommen, möchte ich euch drei hier sehen, okay?«

»Du bist der Boss«, sagte Beck und ging. Deine Sache? dachte er. Du riskierst dabei deinen verdammten Hals, mein Junge.

Es ist erstaunlich, wie viele Leute sich Möbel in der Mittagspause ansehen, dachte Penhaligon, als sie in das Corn-Lee-Möbelhaus ging. Sie schlängelte sich durch Polstermöbel auf der einen und Eßzimmervitrinen auf der anderen Seite hindurch und sah sich um, aber sie konnte Peter nirgendwo entdecken. Einige Pärchen testeten dreiteilige Sitzgarnituren, und eine Frau schaute sich bei den Teppichen um.

Hatte Peter neulich nicht erzählt, in welche Abteilung man

ihn diese Woche stecken wollte? Erst nach angestrengtem Nachdenken fiel ihr ein, daß er von der Kinderabteilung gesprochen hatte. Vielleicht hatte er doch recht, und sie sollte sich tatsächlich mehr für das interessieren, was er tat.

Sie fand ihn schließlich. Er zeigte einem jungen Pärchen Möbel für ein Kinderzimmer. Die Frau war hochschwanger. Ihr Mann ließ sich ausgiebig über die Vorzüge einer Einbauwand aus Kiefernholz aus.

Penhaligon hielt sich im Hintergrund, postierte sich jedoch so, daß Peter sie nicht übersehen konnte. Er schaute sie eine ganze Weile an, dann widmete er sich wieder seinen Kunden. Das war verständlich. Penhaligon setzte sich auf einen Bürostuhl vor einen Schreibtisch, der in der Nähe stand.

Zehn Minuten später saß sie immer noch an dem Schreibtisch und wartete. Der werdende Vater diskutierte jetzt über abwaschbare Möbel. Sogar seine Frau machte einen gelangweilten Eindruck. Penhaligon warf einen Blick auf ihre Uhr. Guter Gott, im Revier wird der Teufel los sein! dachte sie und stand auf. Peter sah in ihre Richtung. Sie tippte mit dem Finger auf ihre Uhr, und er sah sie achselzuckend an.

Sie ging langsam auf ihn zu. Peter ignorierte sie. »... mit einer Anzahlung von nur dreiundzwanzig Prozent«, sagte er zu dem Paar und breitete ein paar Zettel vor ihnen aus.

»Bei diesen Bedingungen wird das Kind in die höhere Schule kommen, bevor wir das Bettchen und den Rest abbezahlt haben«, sagte die Frau.

»Solche Möbel halten ein Leben lang«, behauptete der Mann. Er strich anerkennend mit der flachen Hand über die Schranktür.

»*Wie viele* Kinder willst du haben?« fragte die junge Frau.

»Verzeihung«, sagte Penhaligon. Wie dumm von mir, dachte sie, ich könnte Peter ja auch heute abend alles erzählen – nicht jetzt, solange er zu tun hatte.

Peter blitzte sie böse an. Er entschuldigte sich bei seinen Kunden und drängte Penhaligon zur Seite. »Was willst du?« flüsterte er.

»Ich bin hier, um dir zu sagen, daß es mir wegen gestern abend leid tut«, sagte sie. »Ich wußte gar nicht, wie es hier zugeht.«

»Ja, im Gegensatz zur allgemein vorherrschenden Ansicht arbeite ich tatsächlich für meinen Lebensunterhalt. Ich mache nur kein großes Theater deswegen.«

»Hör mal, es tut mir wirklich leid. Bedeutet das denn gar nichts?«

Peter warf einen Blick auf seine Kunden. Sie unterhielten sich mit einem anderen Verkäufer. »Verdammt«, knurrte er und ging auf sie zu.

Penhaligon verzog das Gesicht. Er und seine verdammte Verkäuferprovision! »Peter ...«, begann sie.

Er sah sie über die Schulter an. »Wir reden heute abend darüber«, sagte er.

Penhaligon nickte. Wahrscheinlich würden sie das tun. Aber sie bedauerte bereits, daß sie die Anzahlung für den Urlaub geleistet hatte.

Penhaligon bremste den Wagen ab, als sie in die Nähe des Polizeigebäudes kam. Inzwischen hatten sich noch mehr Menschen vor dem Eingang versammelt. Ein paar Gesichter kamen ihr bekannt vor – Nachbarn der Langs, vermutete sie.

»Was geht da drin vor, Constable?« rief eine weibliche Stimme aus der Menge.

Penhaligon kurbelte ihr Fenster herunter, und jemand hielt ihr ein Mikrophon vor die Nase – die Journalistin, die schon vor dem Haus der Langs herumgelungert hatte, stand neben ihrem Auto.

»Für Sie immer noch Detective Sergeant«, entgegnete Penhaligon. »Und: kein Kommentar.«

»Wie hat es die Familie des Jungen aufgenommen?« wieder die Journalistin.

Verdammte Sensationslust, dachte Penhaligon. Sie schob das Mikrophon weg und machte das Fenster zu, dann ließ sie den Wagen langsam anrollen. Die Menge teilte sich widerwillig.

Im Gebäude traf sie Beck, als sie ihre Sachen in ihrem Schrank verstaute. »Wo warst du?« wollte er wissen. »Der Boss wollte uns alle schon vor einer halben Stunde sprechen.«

Mist. »'tschuldigung«, sagte sie. »Ich bin in einer Minute da.«

»Beweg dich ein bißchen, ja?«, sagte Beck. »Ich hole Fitz inzwischen.«

Sie warteten gute zehn Minuten in Bilboroughs Büro, ehe Penhaligon schließlich auftauchte. Beck trank Tee, beobachtete aber Fitz die ganze Zeit aus den Augenwinkeln. Der machte sich Notizen, als wäre für ihn alles ganz normal. Wußte er nicht, daß alle Welt sehen konnte, was vor sich ging? Penhaligon und er – beide waren zu spät zum Revier zurückgekommen und achteten peinlich darauf, nicht zusammen in Erscheinung zu treten. Beck hätte wirklich gern gewußt, wie Fitz das schaffte: erst diese Klassefrau Judith, und jetzt Penhaligon. Sie war viel zu gut für einen fetten, arroganten Bastard wie Fitz. Beide Frauen waren zu gut für ihn.

»Verzeihung«, sagte Penhaligon, sobald sie die Tür aufgerissen hatte.

»Schön, daß Sie es doch noch geschafft haben«, gab Bilborough zurück, und Beck grinste.

»Verzeihung«, wiederholte sie. »Ich mußte ...«

»Ich habe Penthesilea gebeten, zu den Langs zurückzufahren und mein Diktiergerät zu holen«, warf Fitz ein. »Ich hab's dort vergessen. Gute Arbeit, übrigens, du hast sie bestens abgerichtet«, fügte er an Bilborough gewandt hinzu.

»Ich ...«, begann Penhaligon.

»Du kannst es mir später geben, Penthesilea«, sagte Fitz.

Ich wette, daß sie das kann, dachte Beck.

»Schon gut, schon gut«, meinte Bilborough. »Ich will nur sichergehen, daß wir alle auf dem laufenden sind, und noch einmal durchsprechen, was wir bis jetzt haben. Jimmy?«

»Andy Lang sitzt in der Zelle. Genau wie die beiden Hosenscheißer, die er vermöbelt hat.«

»Okay. Fitz und ich reden mit ihm, wenn wir hier fertig sind. Laß die beiden anderen laufen. Jane?«

»Ich hab' nicht viel – nur, daß sich vor dem Gebäude Leute versammelt haben.«

Bilborough verzog das Gesicht. »Das hab' ich schon mit Jimmy durchgekaut. Ich lasse euch wissen, wenn ich etwas dagegen unternehme, okay?«

»Ja, Boss. Noch etwas. Heute morgen bei den Langs... Ich habe zugehört, als Mr. Lang mit Fitz gesprochen hat.« Sie warf einen kurzen Blick auf Fitz. Zwischen den beiden läuft eindeutig was, dachte Beck. »Er sagte etwas davon, daß Tim ein Mädchen war.« Sie runzelte die Stirn. »Es kam mir eigenartig vor, daß er das sagte.«

»Der Junge war ein Schwuler«, stellte Beck fest. Sie brauchten Fitz nicht, um das zu erklären. »Das Bürschchen, dem Andy einen Denkzettel verpassen wollte, hat mir dasselbe erzählt.«

»Ahh, ich sehe, du trägst heute die Krone der Erleuchtung«, sagte Fitz.

»Ich nehme an...«

»Halt die Klappe«, sagte Bilborough. »Hört auf mit den albernen Mätzchen. Ich möchte hören, was Fitz dazu zu sagen hat. Fitz?«

»Tim könnte homosexuell gewesen sein. In diesem Fall hat er seinen Mörder beispielsweise gekannt – vielleicht hatte er sich mit ihm verabredet. Aber er konnte auch ein Transsexueller gewesen sein...«

»Du meinst, er hat Mums Höschen getragen?« warf Beck bissig ein.

»Nein, großer Erleuchteter, genau das meine ich nicht.« Fitz machte eine Pause und trank einen Schluck von seinem Kaffee. »Viele Heteros tragen Frauenkleider. Da gibt ihnen einen Kick, und das ist auch schon alles. Sie wollen keine Frauen sein oder mit Männern ins Bett gehen.« Er sah Beck direkt in die Augen. »Ich bin überrascht, daß ich dir das erklären muß«, sagte er.

»Anders als gewisse andere Personen macht es mich nicht an, wenn ich dreckige Geschichten höre.«

Fitz lächelte.

»Was hat Mr. Lang gemeint?« fragte Penhaligon mit einem Blick auf Fitz.

Liebe Güte, dachte Beck angewidert. Na ja, vielleicht ist es gar nicht so erstaunlich, daß sie es genau wissen will. Wahrscheinlich mag sie es, wenn er ihr dreckige Sachen erzählt.

»Wenn Tim transsexuell war, hat er wie ein Mädchen gefühlt.«

»Tun wir das nicht alle?« fragte Beck. Als er merkte, daß Fitz das falsch auffassen könnte, setzte er hastig hinzu: »Im Sommer. Die Hitze bringt die guten alten Hormone durcheinander.«

»Schnauze, Jimmy. Ich will hören, was Fitz zu sagen hat«, schrie Bilborough ungeduldig.

»Er hätte gern Frauenkleider getragen...«

»Hab' ich's nicht gesagt?«

»Aber nicht, um sich davon antörnen zu lassen, sondern weil er sich darin wohl fühlte. Er hätte alle Dinge tun wollen, die Mädchen machen, was auch immer er sich darunter vorgestellt haben mag. Aber das heißt nicht notwendigerweise, daß er auf Männer fixiert war.«

»Oh, komm schon«, maulte Beck. Er hatte Fitz' schmutzige Phantasie satt.

»Einige Männer fühlen sich von vornherein dem falschen Geschlecht zugehörig und machen eine Geschlechtsumwandlung durch...«

»Dem falschen Geschlecht zugehörig, Geschlechtsumwandlung«, mokierte sich Beck. Gib dem Kind einen phantasievollen Namen, und schon ist alles in Ordnung, wie? »Guter Gott, das ist krank.«

»... und enden mit einer weiblichen Partnerin.« Fitz zündete sich eine Zigarette an. »Und umgekehrt natürlich – einigen Frauen geht's genauso. Manche von diesen Transsexuellen sind auch *schwul*, aber nicht alle. Sie sind erst männlich mit einem männlichen Partner, dann weiblich mit einem männlichen Partner.« Er deutete sein geheimnisvolles Lächeln an, das Beck so sehr haßte. »Das gibt dir sicher Stoff zum Nachdenken, hab' ich recht?«

»Ich sag' dir was, Fitz.« Du bist ein überhebliches Arschloch, dachte Beck und setzte laut hinzu: »Einige von uns brauchen über so was nicht nachzudenken. Einige von uns wissen genau, wo sie stehen.«

»Ich sagte, du sollst damit aufhören, Jimmy«, warnte Bilborough.

»Und wohin führt uns das alles, Fitz?« wollte Penhaligon wissen.

»Ich weiß nicht genug über Tim, um zu sagen, ob er wirklich transsexuell war oder nicht.«

Verdammte Hölle, dachte Beck. Ich sollte das auf Band aufnehmen. *Doktor* Fitzgerald gibt zu, daß er etwas nicht weiß!

»Für eine Familie wie die Langs«, fuhr Fitz fort, »ist möglicherweise schon jemand, der ein Deodorant benutzt, ein Schwuler. Die Männer jedenfalls...«

»Könntest du mir mehr darüber sagen, wenn wir mit Andy gesprochen haben?« fragte Bilborough. »Wenn Tim schwul war, können wir Glück haben. Dann hat er seinen Mörder vielleicht gekannt.«

»Mhm«, machte Fitz nachdenklich. »Aber ein dreizehnjähriger Junge? Ich wette, er war eher vollkommen verwirrt als sonst etwas.«

Er sah Beck an und grinste wieder.

Was, zum Teufel, soll das schon wieder bedeuten? überlegte Beck.

13

Cassidy stand vor seiner Klasse und las etwas vor. Niemand schwätzte. Niemand piesackte seinen Nachbarn oder starrte verträumt aus dem Fenster. Der Raum knisterte vor Spannung.

»Ich nehme diese schwere Last von meinem Kopf. Und gebe

das unhandliche Zepter aus der Hand.« Cassidys Blick wanderte zu einem leeren Pult. Zu Timothys Pult. »Reiße den königlichen Eid aus meinem Herzen; mit meinen eigenen Tränen wasche ich den Balsam weg.« Er hielt inne und sah wieder zu Tims Pult. »Mit meinen eigenen Händen lege ich die Krone ab, mit meiner eigenen Zunge …«

Er brach ab, legte das Buch behutsam auf seinen Stuhl, nahm sein Jackett und verließ ohne ein weiteres Wort das Klassenzimmer.

Später saß Cassidy in seiner Wohnung. Der Preßluftbohrer von der Straßenbaustelle konkurrierte mit dem Verkehrslärm.

Eine halbleere Whiskyflasche stand vor Cassidy auf dem Schreibtisch. Er starrte auf den Stapel Hefte daneben. Nur eines war aufgeschlagen. Sein Blick wanderte zu dem Stift in seiner Hand. Er legte ihn auf die aufgeschlagene Seite, trank einen großen Schluck Whisky und lockerte seine Krawatte.

Der Krach von draußen war unerträglich. Ein ersticktes Schluchzen drang aus Cassidys Kehle. Er ging zum Fenster und machte es zu, dann drehte er den Gashahn auf, ohne den Ofen anzuzünden.

Er ging in die Küche und drehte alle Platten des Gasherds auf. Er lauschte auf das Geräusch, das das strömende Gas verursachte und schluchzte erneut. Er nahm ein Handtuch, tauchte es in das Wasser im Spülbecken, dann wrang er es aus und stopfte es in den Schlitz unter der Tür. Einen Augenblick blieb er in sich zusammengesunken auf dem Boden sitzen, ehe er die Bratröhre öffnete. Er zog die Knie an die Brust und rieb sich die Beine mit beiden Händen – auf und ab, auf und ab – dabei wimmerte er leise wie ein verängstigtes Kind.

Das Röhren des Gases verstummte.

Nach einer Weile hielt sich Cassidy am Herd fest, um sich auf die Füße zu ziehen. Er ging zum Schrank und öffnete ihn. Der Gaszähler war abgelaufen. Er suchte in seiner Tasche nach Münzen, fand aber keine.

Noch immer wimmernd verließ er die Wohnung.

14

Beck holte Rope und Mulligan aus ihren Zellen. Sie waren ziemlich schweigsam, als er sie, zusammen mit einem uniformierten Polizisten, in den Hof bugsierte.

Rope sah trotzig zu ihm auf. Unter seiner Nase hing ein großer angetrockneter Blutstropfen, und morgen würde er kaum noch aus dem linken Auge schauen können.

Die Menge vor dem Eingang war noch größer geworden. Ein paar der Leute waren Journalisten. Unruhestifter. Zehn zu eins, daß etwas im Gange war.

»In den Wagen«, befahl Beck. Was erwartete der Hosenscheißer? Mitleid?

Er legte die Hand auf Ropes Kopf, damit er sich nicht am Türrahmen anstieß – es wäre nicht gerade hilfreich, wenn er plötzlich überall herumschreien würde, daß die Polizei ihn fertiggemacht und verprügelt hätte – und schubste ihn auf den Rücksitz. Der Uniformierte ließ Mulligan auf der anderen Seite einsteigen.

Die Leute drängten vor, als das Auto anfuhr, aber sie wagten sich nicht zu weit.

Mulligan und Rope zeigten Beck den Mittelfinger durch die Heckscheibe, sobald der Wagen außer Reichweite war – jetzt hatten sie nichts mehr von ihm zu befürchten und fühlten sich stark.

Kleine Arschlöcher, dachte er. Er zweifelte keinen Augenblick, daß er dieses Pärchen wiedersehen würde, sobald sie mit der Schule fertig waren – wenn nicht schon früher.

Er sah ihnen eine Weile nach, um sicherzugehen, daß die Leute das Auto durchließen. Er mußte dem Boss davon berichten. Bestimmt war er jetzt bereit, etwas zu unternehmen.

Als Beck ins Gebäude zurückkam, erfuhr er, daß Bilborough Andy vernahm und strikte Anweisung gegeben hatte, ihn nicht zu stören, wenn kein absoluter Notfall vorlag. Na ja, dachte Beck, noch war es kein Notfall. Und er würde nicht über Bilboroughs Kopf hinweg handeln und die Vorgesetzten einschalten – schließlich hatte Bilborough selbst gesagt, es sei seine Sache zu entscheiden, wie sie mit dem Mob umgehen sollten.

Beck holte sich einen Kaffee, und während er ihn trank, gratulierte er sich selbst, daß er kein Uniformierter mehr war und sich nicht mit den Unruhestiftern abgeben mußte.

Der Verhörraum war nicht gerade einladend für einen gemütliche Plausch: weiß gekachelte Wände, grelles Licht, zerkratzte Tischplatte und abgetretenes Linoleum auf dem Boden.

Fitz hatte Lust auf eine Zigarette, aber er spielte statt dessen mit seinem Kugelschreiber. Hin und wieder vergaß er, daß es ein Kuli war, und seine andere Hand tastete nach dem Feuerzeug auf dem Tisch.

Bilborough lehnte an der Wand, und obwohl er ganz ruhig wirkte, wußte Fitz, daß er innerlich zum Zerreißen angespannt war. Ihn beschäftigte etwas, was Fitz immer noch nicht bis ins letzte ergründet hatte, aber das mußte warten. Er wäre schon zufrieden, wenn Bilborough ihm half, die Wahrheit aus Andy herauszubekommen.

Der Junge saß zurückgelehnt auf einem Stuhl und hielt die Arme locker an den Seiten. Laut Lehrbuch zeigte diese Haltung Offenheit und lud zu einer freundlichen Unterhaltung ein. Scheiß auf die Lehrbücher, dachte Fitz. Der Junge strahlte die blanke Feindseligkeit aus, und er lud zu nichts anderem ein als zu einer deftigen Auseinandersetzung: Komm doch, fordere mich heraus, wenn du dich traust.

Sein Vater hatte sich einen harten Jungen gewünscht, das war Andy auch. Aber die beiden hatten sich nie nahegestanden.

Was hatte Mr. Lang gesagt? »Egal, was ich wollte – Andy machte immer das Gegenteil.« Als sich seine Eltern trennten, war Andy in die Fußstapfen seines Vaters getreten. Das hätte er in jedem Fall getan, auch wenn ihn niemand darum gebeten hätte, aber Fitz konnte Mr. Lang beinahe hören: »Junge, paß gut auf deine Mutter auf, so wie ich es tun würde, wenn ich noch bei euch wäre. Du bist jetzt der Mann in der Familie.«

Welchen Druck hatte das auf Andy ausgeübt? Er mußte sich nicht nur um seine Mutter kümmern, sondern auch um Tim. Um Tim, den sein Lehrer als verweichlicht ansah und sein Vater als »Mädchen« bezeichnet hatte. Fitz fragte sich, ob diese Beurteilungen der Wahrheit entsprachen, oder ob nur Äußerlichkeiten einen solchen Schluß nahelegten. Diese großen blauen Augen, das weizenblonde Haar in Kombination mit einem stillen Wesen und der Liebe zu Büchern konnten die Gedanken eines Beobachters in eine gewisse Richtung lenken; ein Junge mit diesen Attributen galt schnell als verweichlicht oder – um das Wort zu benutzen, das Tims Vater vermieden hatte – als homosexuell, selbst wenn dieser Junge jede Woche eine andere Freundin nach Hause schleppen würde.

Aber im Augenblick spielte das keine Rolle. Wichtig waren die Wirkung auf Andy und die Frage, wieso er sich Vorwürfe machte. Er war ein kräftiger, gutaussehender Junge. Auch intelligent, obwohl er, wie Fitz bereits vermutet hatte, ziemlich schlecht in der Schule gewesen war. Andy Lang? Mit dem gab es immer Schwierigkeiten, hatten die Lehrer gesagt. Keinen großen Ärger – man mußte nie die Polizei einschalten oder ähnliches. Aber wenn es irgendwo eine Schlägerei gegeben hatte, dann war Andy nie weit weg. Rauchen auf dem Klo. Unterricht schwänzen. Und das alles nur, um sich von dem bücherliebenden, verweichlichten kleinen Bruder abzusetzen, darauf würde Fitz jede Wette eingehen. Andy würde alles tun, um stark und cool genug zu erscheinen, um in die tonangebende Clique aufgenommen zu werden. Fitz fragte sich, wann Andy seine ersten sexuellen Erfahrungen gemacht hatte. Zehn zu eins, daß er bei den anderen Jungs mit seinen Abenteuern geprahlt hatte, bevor er die Chance dazu hatte, sein erstes wirklich zu erleben.

Im Moment machte er einen störrischen, verschlossenen Eindruck. Fitz war nicht sicher, ob ein Gespräch mit ihm tiefere Einblicke gewährte. Aber Bilborough wollte mit ihm reden, und Bilborough war der Zahlmeister. Fitz' Gedanken schweiften ab zu Judith, zu dem verhängnisvollen Schreiben von der Bank und dem Streit, den es heraufbeschworen hatte.

»Warum hast du dir die beiden Jungs vorgeknöpft?« begann er, um sich auf das Wesentliche zu konzentrieren. Es war eine direkte, beinahe unschuldige Frage, Andy müßte darauf anspringen; er schien große Stücke auf Offenheit und Geradlinigkeit zu halten. Eine Reaktion, wie Fitz wußte, auf die Unaufrichtigkeiten, die immer aufkamen, wenn sich ein Ehepaar trennte. Wieder dachte er an zu Hause, diesmal an Mark und seine vorlauten, verletzenden Bemerkungen. Wenn Mark die entsprechende Frage ehrlich beantworten müßte, dann würde er sagen, daß er Fitz verabscheute, sogar haßte. Fitz redete sich ein, daß das nicht stimmte, aber die Bemerkungen verletzten ihn trotzdem. Konzentriere dich auf deine Aufgabe, ermahnte er sich. Es geht hier nur um Andy.

Andy deutete mit dem Kopf auf Bilborough. »Ich hab' ihm schon erklärt, warum«, sagte er.

»Erklär's mir noch mal«, gab Fitz zurück. Er langweilte sich, das war das Problem. Guter Gott, Timothy Lang lag tot auf dem Autopsietisch, und er, *Doktor* Fitzgerald, langweilte sich!

Unternimm etwas dagegen.

»Sie haben ihn ständig schikaniert«, sagte Andy. Sachlicher Tonfall, entspannte Körperhaltung – eine klare Aussage, aber sie brachte sie auch nicht sehr viel weiter, und soviel hatte sich Fitz schon vorher zusammenreimen können. Es wurde Zeit, die Dinge ein wenig voranzutreiben.

Fitz klopfte mit dem Stift auf die Tischplatte. Dies war vielleicht ein Ansatzpunkt. »Tim hat um Hilfe gebeten, hab' ich recht?«

Fitz bemerkte, daß Andy den Mund leicht verzog und die Schultern ein wenig straffte. Aber er mied nicht Fitz' Blick. Der Junge war wirklich nicht dumm.

»Du hast ihm aber nicht geholfen«, setzte Fitz nach.

Andy fuhr sich mit der Zunge über die Lippen.

»Jetzt ist er tot, und du fühlst dich schuldig.« Das tat weh.

Der Junge starrte an die Decke. Er kennt Schuldgefühle, dachte Fitz. Aber wieso machte er sich Vorwürfe? Die Eltern. Es mußte mit den Eltern in Zusammenhang stehen. Er hatte sich auf die Seite der Mutter gestellt und war seinem Dad aus dem Weg gegangen – anfangs vielleicht aus Mangel an Interesse, aber später wollte er deutlich machen, wem seine Loyalität galt.

»Hören Sie, das alles spielte sich in der Schule ab«, sagte Andy und funkelte Fitz herausfordernd an. Er gab sich noch lange nicht geschlagen. »Dort sind Lehrer. Sie hätten etwas dagegen tun müssen. Sie wissen, was ich meine.«

»Und sie haben nichts getan?« hakte Fitz nach.

»Nein.«

Andy plagte eindeutig das schlechte Gewissen. Fitz hatte nicht übertrieben, als er Mrs. Lang klargemacht hatte, daß sich alle Eltern schuldig fühlten, wenn ein Kind starb, besonders wenn es um Mord ging. Dasselbe galt auch für Geschwister. Aber Andy hatte wirklich etwas zu verbergen – er hatte einen ganz speziellen Grund, Bedauern und tiefe Reue zu empfinden. Hast du ihn getötet? überlegte Fitz. Ein Streit unter Brüdern, der da draußen im Wald eskalierte? Fitz verwarf diese Theorie augenblicklich. Andy hätte sich nicht mit Tim geprügelt. Das hätte er für unter seiner Würde angesehen – so etwas tat man genausowenig, wie man eine Schwester verdrosch.

»Du lügst«, behauptete Fitz nach kurzem Schweigen. Kleine Gesprächspausen konnten nicht schaden – sie verstärkten Andys Unbehagen.

»Sehen Sie«, begann Andy und lehnte sich über den Tisch. Plötzlich wurde er wütend und knurrte: »Angeblich hat Cassidy ein Wörtchen mit den Jungs geredet. Aber Schwachköpfe wie die verstehen keine Worte.« Andy blitzte erst Fitz, dann Bilborough an und ließ sich wieder zurücksinken.

Cassidy? Interessant. Warum ausgerechnet er? Wieso nicht Tims Klassenlehrer oder der Vertrauenslehrer der Schüler? Aus den Augenwinkeln beobachtete er, wie Bilboroughs Miene härter wurde. Was immer ihm zu schaffen machte, er ließ nicht zu, daß es seinen Job beeinflußte. Aber Bilborough konnte warten, genau wie Cassidy. Im Moment hatte Fitz mehr Interesse an Andys Reaktion. Er hatte sich darauf verlassen, daß die Lehrer etwas taten, wozu er selbst nicht imstande war. Nein, dachte Fitz, er hätte es selbst tun können, aber er wollte nicht. Die Frage war: Weshalb wollte er nicht?

»Wieso hast du nichts unternommen?« erkundigte er sich eindringlich, während er sich ein Stück näher zu Andy beugte. Dem Jungen war vielleicht nicht bewußt, wie er eine solche Haltung interpretieren sollte, aber sein Unterbewußtsein würde mit Unbehagen reagieren. Andy war daran gewöhnt, der große Macker in seiner Umgebung zu sein und den Ton anzugeben. Jetzt saß er vor einem noch stärkeren, dominanteren Mann, der sich ihm gegenüber aggressiv verhielt. Etwas Ähnliches hatte Andy nicht mehr erlebt, seit sein Vater von zu Hause weggezogen war.

Fitz' Methode hatte Erfolg: Andy rutschte unsicher auf seinem Stuhl hin und her. Das war der Moment, den Einsatz zu erhöhen. Fitz zog eine Augenbraue hoch und sah Andy unverwandt an.

»Das hab' ich doch schon gesagt – die Sachen sind in der Schule passiert.« Er warf einen wütenden Blick auf Bilborough. »Die Lehrer hätten das regeln müssen.«

»Bzzz«, machte Fitz. Er wollte Andy überrumpeln. Normalerweise hatte er Erfolg, wenn er den Lügendetektor nachahmte. »Gelogen«, setzte er für den Fall hinzu, daß Andy nicht begriffen hatte.

»Es ist ihre …«

»Bzzz.«

»… Schuld. Sie hätten …«

»Gelogen.«

»… das regeln müssen. Ich bin nicht dafür verantwortlich.«

Andy regt sich wirklich auf, dachte Fitz. »Bzzz. Gelogen. Bzzz. Gelogen«, sagte er, um ihn noch mehr aus der Reserve zu locken.

»Halten Sie den Mund!« brüllte Andy und sah Bilborough hifesuchend an. Er fuhr sich mit der Hand durch das mausbraune Haar. Es war nicht übermäßig warm im Raum, aber auf Andys Oberlippe hatten sich Schweißperlen gebildet.

Die Tür ging auf. Fitz bekam am Rande mit, daß Bilborough sich umdrehte, behielt dabei aber Andy eisern im Auge. Er hatte nicht vor, den Jungen jetzt vom Haken zu lassen.

Wahrscheinlich würden sie von ihm nicht viel erfahren, was ihnen bei der Morduntersuchung helfen konnte, es sei denn Andy wußte mehr über Tims Freunde. Doch selbst dann blieb es fraglich, ob sie das weiterbrachte. In jedem Fall mußte Fitz den Jungen dazu bringen, sich selbst und ihm einzugestehen, wobei er Tim im Stich gelassen hatte, sonst würden sich die Schuldgefühle in seinem Bewußtsein festsetzen und ihm jahrelang das Leben schwermachen. Fitz hatte aus Erfahrung gesprochen, als er Tims Eltern gesagt hatte, daß das Gefühl, sich schuldig gemacht zu haben, bald verschwinden würde, das traf jedoch nur zu, wenn tatsächlich kein erkennbares Versagen vorlag. Andy machte den Eindruck, als würde ein Zentnergewicht auf seinem Gewissen lasten und immer schwerer und schwerer werden. Ihm jetzt dieses Gewicht zu entreißen wäre äußerst schmerzhaft für den Jungen, aber wenn er es weiterhin mit sich herumtrug, würde es sein Leben vergiften und all seine späteren Taten und Beziehungen negativ beeinflussen. Zum Schluß mußte er professionelle Hilfe in Anspruch nehmen und würde zu guter Letzt vielleicht bei einem aufgeblasenen, nur halbqualifizierten Idioten wie Graham landen.

Fitz mochte Andy nicht besonders – er spielte für seinen Geschmack zu sehr den überheblichen Macho –, aber er würde nicht zulassen, daß ihm so etwas zustieß.

Bilborough verließ den Raum.

»Ich komme gerade von deiner Mutter«, erklärte Fitz mit ärgerlichem Unterton. Andy grinste – ohne Freude, vielleicht ein bißchen verlegen. »Wenn du Tim geholfen hättest, dann hättest du ihr möglicherweise diesen Schmerz und die Trauer ersparen können.«

Andys Grinsen wurde breiter, aber seine Knöchel wurden weiß, als er die Hände zu Fäusten ballte. Er stand kurz vor einem Ausbruch.

Alles oder nichts, sagte sich Fitz. Plötzlich kümmerte ihn

Andys Seelenheil kein bißchen mehr – er hatte den ganzen Morgen mit den Langs verbracht und miterlebt, welche Höllenqualen die Mutter durchlitt.

»Erzähl mir nicht, daß du kein schlechtes Gewissen deswegen hast.« Er schrie jetzt beinahe.

Andy sah aus, als hätte er gute Lust, jemandem auf der Stelle das Lebenslicht auszublasen. Entweder das, oder er würde gleich anfangen zu heulen.

»Das Herz deiner Mutter ist gebrochen. Sie hält diesen entsetzlichen Kummer kaum aus.«

»Ich habe Freunde. Sie haben Tim die ganze Zeit verarscht«, erwiderte er heiser und mit wutbebender Stimme. »Er war ein Schwuler.«

War, dachte Fitz, nicht *ist*. Offenbar versuchte er nicht, Tim im Geiste am Leben zu erhalten.

»Und du meinst, du hättest Tim vor deinen Freunden verteidigen sollen?«

Ja, überlegte Fitz, und du hättest dich auch für deinen Vater stark machen sollen, als deine Mutter ihn fallenließ. In Gedanken stellte er die Frage: *Und, Doktor Fitzgerald, wieso ist es Ihnen so wichtig, diesem Jungen, den Sie kaum kennen, zu helfen.* Und antwortete: *Weil ich meinem eigenen Sohn nicht mehr nahekommen kann. Das beste, was ich noch leisten kann, ist, den Ersatzvater zu spielen.*

Er hörte, daß Bilborough zurückkam. Plötzlich hatte er einen Geistesblitz. Bilborough. Vater. Schuldgefühle. Er prägte sich diese Assoziation ein und verschob eine genauere Analyse auf später.

»Na ja, das ist ziemlicher Quatsch, stimmt's?« gab Andy streitlustig zurück.

Bilborough deutete mit dem Kopf zur Tür. Fitz runzelte die Stirn und erhob sich. Er wollte Andy zulächeln, um ihm zu zeigen, daß er, egal welchen Eindruck er auch haben mochte, auf seiner Seite war, aber er tat es nicht.

Wenn er dem Jungen wirklich helfen wollte, durfte er jetzt nicht lockerlassen.

Bilborough setzte sich, als Fitz zur Tür ging und Andy sagen hörte: »Ja?« Er war aggressiv und ganz auf seinen Gegner konzentriert, der jetzt von der Bildfläche verschwand.

»Erzähl mir alles, was du über Mr. Cassidy weißt«, forderte Bilborough ihn auf.

Andy glaubte schon, er würde erst als Rentner das Tageslicht wiedersehen, aber dann ließen sie ihn doch frei. Sobald Bilborough Fragen über Cassidy stellte, lief alles leichter. Zum einen war Fitz nicht mehr da und rührte nicht mehr mit jedem Wort in Andys Wunden. Und außerdem war Cassidy ein solcher Wichser, daß Andy keine Probleme hatte, Bilborough zu erzählen, was er von seinem ehemaligen Englischlehrer hielt.

Danach hatte Bilborough große Reden geschwungen, daß man Recht und Gesetz nicht in die eigenen Hände nehmen durfte, und ihn gewarnt, daß er bei den nächsten Dummheiten in ernsthafte Schwierigkeiten kommen würde.

Am Ende des Gesprächs stand er Andy gegenüber und stützte sich auf die Stuhllehne. »Wenn man die Umstände in Betracht zieht«, sagte er, »und wenn du versprichst, daß so was nicht wieder passiert, bin ich bereit, dir eine Verwarnung zu erteilen und dich ...«

»Sie meinen, ich kann gehen?« Andy lümmelte auf seinem Stuhl – auf gar keinen Fall wollte er dem Bastard zeigen, daß er echte Angst gehabt hatte.

»Du mußt unterschreiben, daß ich dich verwarnt habe.«

Andy nickte. Er hätte alles bis hin zu seinem eigenen Todesurteil unterschrieben, nur um endlich von hier wegzukommen.

»Also schön«, sagte Bilborough. »Andy Lang, ich erteile dir eine offizielle Verwarnung ...«

Andy schaltete ab. Solche Gardinenpredigen hatte er schon öfter von anderen gehört. Sie schoben ihm ein Stück Papier vors Gesicht, er schrieb seinen Namen unter das Formular. Dann gaben sie ihm seine Sachen zurück, und er konnte gehen.

Melanie saß auf einer Bank in der Nähe des Eingangs und

wartete auf ihn. Damit hätte er nie und nimmer gerechnet. Als sie ihn entdeckte, stand sie auf. Er bemühte sich erfolglos um ein Lächeln. Dann merkte er, daß ihn Bilborough vom Flur aus beobachtete, und riß sich zusammen.

»Hi«, begrüßte Melanie ihn schüchtern.

Mein Gott, dachte er, als ich sie das letzte Mal sah, hab' ich mich beschissen benommen. Sie legte den Arm um ihn, und um ein Haar hätte er zu heulen angefangen. Er wischte sich über die Augen.

»Hat Mike dir erzählt, was passiert ist?«

»Ja«, antwortete sie.

»Klar, was sonst?« Er lachte, obwohl an dieser Situation nichts lustig war. »Er hat eben eine ziemlich große Klappe.«

»Ja«, sagte sie wieder. »Komm, draußen stehen die andern. Sie warten und wollen wissen, was los ist.«

Vor dem Tor drängten sich eine Menge Menschen. Bevor sie zu ihnen kamen, sagte Andy: »Wegen gestern abend …«

»Zerbrich dir deswegen nicht mehr den Kopf«, unterbrach ihn Melanie und drückte seine Hand. Sie sprachen das Thema nie wieder an.

Mike empfing sie lautstark. »Hey«, brüllte er. »Wer ist jetzt der strahlende Held?« Er schlug Andy auf den Rücken, und Andy schubste ihn weg. Nach der kurzen Begrüßung prasselten die Fragen auf ihn ein. Manche stammten von Journalisten, andere von Nachbarn und von Leuten, die er noch nie im Leben gesehen hatte.

Als sich die Aufregung gelegt hatte, wurde ihm bewußt, daß er nicht mehr an Tim gedacht hatte, seit Fitz aus dem Verhörraum verschwunden war.

15

Fitz fühlte sich nie wohl in seiner Haut, wenn er in Penthesileas Kleinwagen saß. Der Griff der Handbremse bohrte sich in seinen Oberschenkel, und er war überzeugt, daß bei einer gewissen Geschwindigkeit – zum Beispiel, wenn Penthesilea so raste wie jetzt – eines Tages die Beifahrertür auffliegen und er auf die Straße knallen würde. Diese verdammten modernen, billigen Autos. Er würde alles geben für einen Morris Minor.

Scheiße.

Das war's nicht. Es war ihre Nähe – sie war ihm so nah, daß er beinahe die Hitze ihres Körpers spüren und sich einbilden konnte, der Handbremsengriff an seinem Schenkel wäre ihre Hand. Er sah sie an. Der Morgenregen hatte nachgelassen und fahlem Sonnenschein, der ihr Haar in Kupfer verwandelte, Platz gemacht. Ihr Parfum roch frisch – nach Zitrone.

Er wollte sie, verdammt. Los, drängte er sich selbst, sag es, Fitz. Sag: Penthesilea, würdest du mir erlauben, dich in absehbarer Zeit in Grund und Boden zu vögeln?

Er hatte ein reines Motiv. Die schiere Lust, weiter nichts.

Nicht, daß er sie nicht lieben könnte. Diese Möglichkeit bestand ... in der Zukunft. Aber er konnte nicht sie und Judith zur gleichen Zeit lieben, und mit Judith war keineswegs Schluß. Noch nicht. Wahrscheinlich würde er sich nie von ihr lossagen können.

Also wäre die Sachlage ganz klar, wenn er Penthesilea bitten würde, mit ihm ins Bett zu gehen: Liebe gehörte nicht dazu, und er würde sie ihr weder stillschweigend noch ausdrücklich anbieten. Demnach hatte er ein reines Motiv, es sei denn ...

Es sei denn, daß er sich selbst etwas vormachte. Daß er es tat, um Judith den Verrat an ihrer Ehe heimzuzahlen. Du hast dich in fremden Betten herumgetrieben, also treibe ich mich auch in fremden Betten herum. Verstehst du jetzt, wie ich mich fühle? Spürst du, wie sich das Messer immer tiefer bohrt, wenn dich irgendeine Kleinigkeit daran erinnert, daß ich mit der anderen im Bett gelegen habe? Kennst du den Moment der Angst, in dem du begreifst, daß sie jünger ist als du, vielleicht festere Titten und schönere Beine hat? Stellst du dir auch die nagende, zerstörerische Frage: Ist sie besser als ich? Möchtest du auch wissen, ob es nur ein einziges Mal gab oder ob ich die ganze Nacht gevögelt habe, bis ich mich vor Erschöpfung nicht mehr rühren und nur noch über die weichen kupferfarbenen Flaumhärchen auf ihrem Arm streichen konnte, um sie wissen zu lassen, daß ich noch wach war?

O nein, Fitz, sagte er sich. Das ist beileibe kein reines Motiv, und wenn du auch nur einen Funken Verstand hast, dann sorge dafür, daß du nie mehr allein mit Penthesilea bist. Nicht in einem Auto, nicht in einem Zimmer – nirgendwo.

Er sah aus dem Fenster auf den Sportplatz und die Gebäude dahinter. Schon im nächsten Augenblick flitzten sie an Mietshäusern vorbei. Penthesilea fuhr viel zu schnell, jedenfalls zu schnell für ihn. Er merkte, daß er so weit zur Tür gerutscht war, wie es ging.

Verdammter Cassidy, fluchte er im stillen, wenn er sich unbedingt umbringen wollte, sollte er wenigstens soviel Anstand haben …

»Heute morgen mit Mr. und Mrs. Lang …« unterbrach Penthesilea seine Gedanken. Sie schob ein Bonbon langsam in ihrem Mund herum. Oral, Penthesilea, dachte Fitz. Sehr, sehr oral.

»Ja?« Er brachte es nicht fertig, sie anzusehen.

»Ich fand dich großartig.«

O nein, stöhnte Fitz. Er starrte durch die Frontscheibe auf die weiße Mittellinie. Keine Komplimente. Nicht ausgerechnet jetzt.

Irgend etwas mußte er darauf erwidern. »Da solltest du erst mal mein Bettgeflüster hören«, sagte er.

Sie näherten sich der Stadtmitte. Große Bürohäuser und Einkaufspassagen drängten sich aneinander. Penthesilea bog um die Ecke. Ein Feuerwehrauto und zwei Streifenwagen standen vor dem Arnedale Centre. Uniformierte Polizisten hielten die Schaulustigen in Schach.

Die Sehnsucht, den Tod zu besiegen, dachte Fitz: Sieh ihm in die Augen und kehre ihm dann den Rücken zu. Als ob man Übung haben müßte, um im entscheidenden letzten Moment, wenn man selbst in den schwarzen Abgrund schaut, über den Grat zu tanzen, statt hinunterzufallen, den Tod fluchend und schimpfend zurückzulassen und wieder ins warme, angenehme Leben einzutreten. Aber man fällt, man stürzt in die Tiefe wie Billionen andere zuvor, egal wie viele Unfallopfer man auf der Straße genauestens begutachtet oder wie oft man in die Flammen eines Waldbrands gepinkelt hatte.

Fitz stieg aus und legte den Kopf so weit in den Nacken, bis ihm schwindlig vor Anstrengung wurde – es war gerade noch möglich, von hier aus das oberste Stockwerk des Gebäudes zu sehen. Da saß er. Aus dieser Entfernung nicht größer als eine Ameise. Seine Beine hingen über der Brüstung des Dachs.

Verdammter Cassidy.

»Bist du in Ordnung?« fragte Penhaligon.

»Nein.« Fitz konnte den Blick nicht von Cassidy wenden.

»Ich hab' Angst vor großen Höhen.« Widerstrebend senkte er den Kopf. Er lehnte sich ans Auto und sagte zu Penthesilea: »Das stimmt nicht. Kein Mensch hat Angst vor Höhe. In Wirklichkeit fürchtet man sich vor sich selbst, vor dem, was man tun könnte.«

Penthesilea lächelte.

Gott, es war schön, mit jemandem so offen zu reden. Er dachte an sie, an ihre Nähe im Auto, an ihren warmen, frischen Duft. Das grelle Tageslicht verlieh ihrem Haar die Farbe von Orangen. Sie blinzelte in der Morgensonne. Ihre Augen waren eisblau, aber ihr Blick war alles andere als eisig.

Sag's nicht, beschwor sich Fitz. Sag kein Wort, weil du sonst am Rand des Abgrunds balancierst, und dabei siehst du nicht dem Tod, sondern einer ganz anderen Katastrophe ins Auge: Du wirst Judith und alles andere, was dir etwas wert ist, verlieren.

Aber sein Mund öffnete sich wie von selbst, und die Worte,

die er nicht hören wollte, sprudelten heraus: »Hör mal, wenn ich das hier überlebe, wirst du dann zulassen, daß ich dich ausführe, dich betrunken mache und einen jämmerlichen Versuch unternehme, dich zu verführen?« Es war okay so. Sie würde es für einen seiner üblichen Scherze halten.

Ein Irrtum, erkannte Fitz. Sie sagte kein Wort, das brauchte sie auch gar nicht. Ihr intensiver Blick verriet alles.

Das Arnedale Centre war größer, als irgendein Gebäude sein sollte, aber das war in Ordnung. Fitz ging es gut, solange sie über die Rolltreppe ins Souterrain gingen und mit dem Lift an den Kaufhaus- und Büroetagen vorbei bis aufs Dach fuhren. Ihm fehlte nichts, solange ihn Beton und Metall umgaben. Nur der Gedanke an die glitschigen Simse und an die schwindelerregende Tiefe bereitete ihm Unbehagen.

Die Fahrt mit dem Lift dauerte zu lang. Fitz weigerte sich, die vielen Stockwerke mitzuzählen oder auszurechnen, wie viele Höhenmeter sie im Aufzug überwanden ... vier Meter fünfzig pro Stockwerk, vielleicht mehr, wenn man die dicken Decken über den Verkaufshallen mitrechnet – fünf Meter, fünffünfzig? Und dann noch die Büroetagen ... Gott, es mußten über hundertzwanzig Meter sein. Von außen hatte es sogar noch höher ausgesehen.

Und plötzlich war die Fahrt zu Ende – viel zu rasch –, und der Hausmeister, ein junger Bursche in erstaunlich adrettem grünen Overall, begleitete sie zur Tür, die zu dem flachen Dach führte. Und im nächsten Moment stand Fitz im Freien.

Mehr als hundertzwanzig Meter, dachte Fitz, ein Haus, das mehr als hundertzwanzig Meter hoch war, lächerlich!

Die Welt war größer, als sie sein sollte, so groß wie auf den Weizenfeldern in Mittelamerika, wo sich nichts zwischen einem selbst und dem Horizont befand. Fitz spürte, wie sein Mund trocken wurde. Sein Herz hämmerte.

Der alte Kampf, die Unterdrückung des Fluchtreflexes, dachte er. Aber hier gab es nichts zu bekämpfen, und an Flucht wollte er erst gar nicht denken.

Es ist okay, beruhigte er sich. Ich stehe auf festem Beton, und es sind noch ein paar Meter bis zum Rand, und dort befindet sich eine Brüstung. Unglücklicherweise hatte sich Cassidy gerade diese Brüstung als Sitzplatz ausgesucht.

Fitz warf einen Blick auf Penhaligon. Sie lächelte ihm ermutigend zu.

Er ging vorwärts, so vorsichtig, als bestünde die Gefahr, daß bei jedem Schritt der Boden unter seinen Füßen wegbrach.

Er zwang sich, nur an Cassidy zu denken. Er war überzeugt, daß sich der Typ wegen Tim das Leben nehmen wollte. Aber was verband ihn mit dem Jungen? Vielleicht hatte er Tim getötet und wurde mit der Schuld nicht fertig. Das war die einfachste Antwort, die Antwort, auf die sich Bilborough sicherlich versteifen würde. Aber möglicherweise traf sie nicht zu. Vielleicht hatte Tims Tod Cassidy dazu veranlaßt, die Ereignisse seines bisherigen Lebens Revue passieren zu lassen, den Blick in die Finsternis zu wagen, und es hatte ihm nicht gefallen, was er gesehen hatte.

Das zu klären war im Augenblick zweitrangig. Zuallererst mußte Fitz Cassidy da herunterholen, vorzugsweise ohne sich dabei selbst in die Tiefe zu stürzen.

Er erreichte die Brüstung. Sie war etwa einen Meter breit und reichte ihm fast bis zur Hüfte.

Du kannst nicht herunterfallen, sagte er sich. Du müßtest da hinaufklettern und springen. Cassidy hatte den ersten Teil dieser Übung bereits absolviert. Er saß auf der Brüstung und ließ die Beine über dem Abgrund baumeln. Er zeigte keinerlei Reaktion, als sich Fitz der Brüstung näherte.

Fitz schwieg. Er brauchte einen Moment, um seine Gedanken zu klären, allen Mut zu sammeln und das eigenartige Gefühl in der Magengegend zu bezwingen.

Wie oft hatte er behauptet, daß es ihm gefiel, ein Leben am Rand des Abgrunds zu führen? Wie oft hatte er andere ausgelacht, weil sie nicht denselben Wagemut aufbrachten? Er stand kerzengerade da und schielte vorsichtig über die Brüstung, ohne den Kopf zu senken. Er konnte nicht viel sehen, nur einen

Teil des Himmels und das Dach des gegenüberstehenden Hauses. Er riß sich zusammen und beugte sich ein Stück vor. Dann noch ein Stück.

All die Klischees trafen zu. Die Welt drehte sich, die Menschen krochen herum wie Ameisen, die Autos sahen aus wie Spielzeug.

Der Drang zu springen überwältigte ihn beinahe. Er wollte fliegen und sich von der Last, Fitz zu sein, befreien. Er dachte: Ich zähle bis tausend, dann springe ich.

Er kam nur bis fünfzehn, dann fiel ihm ein Gespräch ein, das er einmal mit einer Pathologin geführt hatte. Sie hatte ihm erzählt, daß es günstiger wäre, sich mit dem Kopf voran herunterzustürzen. Auf diese Weise stirbt man beim Aufprall, wenn nicht schon vorher. Wenn man hingegen mit den Füßen aufkommt, bohren sich die Oberschenkel in den Brustkorb und weiter. Eine Riesensauerei, besonders wenn man zu diesem Zeitpunkt noch bei Bewußtsein ist.

»Bleiben Sie mir vom Leib«, sagte Cassidy.

»Das tue ich«, versprach Fitz. Er hatte nicht die Absicht, noch mehr den Helden zu spielen. Er hatte seine Regeln gebrochen, als er Sean – dem Jungen, der Giggs umgebracht hatte – ausreden wollte, sich selbst in die Luft zu jagen. Damals war Fitz verdammt nah dran gewesen, zusammen mit dem Jungen ins Gras zu beißen, und dieses Erlebnis hatte seine Ansichten über Helden und ihre Taten bestätigt. Helden starben früher oder später – das war alles, was sie vollbrachten.

»Wenn Sie näher kommen, springe ich. Es wäre mir lieber, wenn ich den Zeitpunkt selbst bestimmen könnte, also bleiben Sie weg von mir«, sagte Cassidy und sah dabei starr geradeaus.

Seine Stimme war vollkommen tonlos, aber Fitz bezweifelte, daß er es ernst meinte. Je länger sie zögerten, um so mehr Zeit hatten sie, darüber nachzudenken, wie schmerzhaft es sein würde. Wenn sie wirklich entschlossen sind, springen sie sofort. Oder sie hängen sich auf. Das war Fitz' Theorie, aber er kannte keine Untersuchungen, die diese Theorie bestätigten.

»Okay«, sagte Fitz.

Hier stand er, der Mann, der sich so oft gerühmt hatte, den Abgründen furchtlos ins Auge zu sehen; der so oft deutlich gemacht hatte, daß er nicht war wie die kleinmütigen Menschen mit ihren kleinen Leben, ihren mittelmäßigen Hoffnungen und ihren Ängsten vor zu hohen Hypotheken, vor dem Alter und dem Tod. Nein, zu dieser Kategorie gehörte er nicht. Er lebte in vollen Zügen, und wenn er seine Mitmenschen vor den Kopf stieß, dann nur, um ihnen ihre Kleinbürgerlichkeit vor Augen zu halten – das war Teil des Spiels.

Aber erst als Judith ihn verlassen hatte, war ihm bewußt geworden, was es hieß, tatsächlich in einen Abgrund zu schauen. Er hatte die Angst und den Mißerfolg kennengelernt und begriffen, warum er so und nicht anders lebte. Weil all die Alltagsprobleme keine wirklichen Risiken in sich bargen. Er spielte, aber er bestimmte die Einsätze und suchte sich die Wetten selbst aus. Er trank, aber er wurde mit den Nachwirkungen fertig. Er brachte die Menschen aus der Fassung, aber er hielt seine schützende Hand über die, an denen ihm etwas lag.

Bis Judith genug von allem hatte und ging. Das Schlimmste war das Wissen, daß er die Situation nicht mehr kontrollierte. Sie forderte das Versprechen von ihm, daß er aufhörte. Er hatte es ihr verweigert, nicht um sie zu verletzen oder zu provozieren, sondern weil er wußte, daß er ein solches Versprechen nicht einhalten konnte. Er wollte sie nicht belügen.

Er starrte in die Tiefe. Die Welt drehte sich um ihn herum. Wieder überkam ihn das schier unwiderstehliche Bedürfnis zu springen. Es war kein plötzlicher Entschluß zum Selbstmord. Er wollte nicht sterben, er wollte nur fühlen, wie die Luft ihn trug und der Wind ihm ins Gesicht blies.

Es wäre, überlegte er, ein Moment der Anmut in einem Leben, das jeder Anmut entbehrte. Aber das hieß nicht, daß der Zwang bestand, es zu tun. Wenn er diesen Trieb beherrschen könnte, während er in die Tiefe schaute, könnte er möglicherweise auch die Alkohol- und Spielsucht beherrschen. Vielleicht war er dann imstande, Judith tatsächlich zurückzugewinnen.

Außerdem war er hier, um Cassidy von seinem Vorhaben abzubringen, und das konnte er nicht, wenn er selbst mit dem Gedanken spielte, zu springen.

Vorsichtig, um nicht auf dem immer feuchten und glitschigen Dach auszurutschen, plazierte er seine massige Gestalt auf der Brüstung, lehnte sich quer darüber und schaute auf den Bürgersteig ganz tief unten.

Er konnte die nach oben gewandten Gesichter gerade noch ausmachen. Ein Sturz aus dieser Höhe würde nicht nur verrenkte und gebrochene Glieder bedeuten, man würde platzen wie eine reife Tomate.

»Zwölf, fünfzehn Meter würden auch reichen«, sagte er beiläufig, um mit Cassidy ins Gespräch zu kommen. »Warum aus dieser Höhe?«

Er kannte den Grund. Ein Mann wie Cassidy, der sein Leben in aller Stille und in Angst geführt hatte – von der Schule ins College und wieder zurück zur Schule –, wollte wenigstens zum Schluß die Gelegenheit haben, etwas Aufsehenerregendes zu vollbringen. Er sehnte sich nach diesem Adrenalinstoß und fürchtete ihn gleichzeitig, und an einem gewissen Punkt hatte es keinen Sinn mehr, davor davonzulaufen. Im schlimmsten Fall hatte er den Tod zur Folge.

»Zuviel Zeit zum Nachdenken«, setzte Fitz hinzu.

Keine Reaktion von Cassidy. Vielleicht glaubte er, das Nachdenken hinter sich gebracht zu haben. Was konnte im schlimmsten Fall passieren? Was würde Cassidy einen solchen Schock versetzen, daß ihm richtig bewußt wurde, was er sich vorgenommen hatte?

»Vielleicht ändern Sie auf dem Weg nach unten Ihre Meinung«, sagte Fitz mit leicht belustigtem Unterton.

Nach wie vor keine Reaktion. Fitz hatte noch eine Karte, die er ausspielen konnte: Timothy Lang. Aber um eine Wirkung zu erzielen, mußte er Cassidy erst aus der Reserve locken. Er gestattete sich einen Moment der freien Assoziation. »Lemminge«, sagte er. »Wir lachen über die Lemminge, weil sie sich von den Klippen stürzen.« Er sah auf. Er konnte es nicht, er konnte einfach nicht in diese enorme Tiefe schauen und an etwas denken, was durch die Luft sprang. Nicht, bleib vernünftig! »Aber ich glaube, daß die Lemminge zuletzt lachen, weil sie eines Tages … übrigens, wie ist Ihr Vorname?«

Cassidy antwortete nicht.

Fitz sah ihn an. Der Mann hatte keinen Muskel gerührt, seit Fitz auf dem Dach war. Wie er so ruhig dasitzen, in die Tiefe starren und sich das Geschwätz über Lemminge anhören konnte, war Fitz ein Rätsel.

»Nigel«, sagte Cassidy schließlich.

»Nigel.« Es gab wohl schlimmere Schicksale, aber Fitz konnte sich keines vorstellen. »Eines Tages wird ein Lemming fliegen, Nigel.«

Aus dem Augenwinkel beobachtete Fitz, daß Cassidy sich ein wenig vorbeugte und direkt auf die Straße schaute. Er dachte an etwas – an den Lemming, ans Fliegen, an die grausige Landung? Oder an ein qualverzerrtes Jungengesicht und an Beine, die langsam hin und her schwangen?

»Übrigens, Tim Lang hat sich nicht selbst umgebracht. Er wurde ermordet«, sagte Fitz schnell.

Cassidy wandte sich ihm zu und starrte ihn an. Ah, dachte Fitz. Das ist zu ihm durchgedrungen. In diesem Augenblick durchschaute Fitz, was geschehen war: Cassidy war der Täter. Die Frage war nur, ob er den Mord vorsätzlich oder aus Versehen begangen hatte.

»Tauben haben es gemacht«, fuhr Fitz fort. Laß ihn im Ungewissen! »Millionen Tauben stürzten sich in Tausenden von Jahren zu Tode.«

Fitz' Gehirn arbeitete, und er registrierte mit gnadenloser Präzision, daß Cassidy ein Stück zurückrutschte, sah den gequälten Gesichtsausdruck und das kaum merkliche Zucken unter Cassidys rechtem Auge.

»Und irgendwann«, fügte Fitz hinzu, »flatterte eine Taube zum erstenmal und schlug nicht so hart wie die anderen auf dem Boden auf. Und am Tag danach folgte eine anderen ihren Instinkten und flog.«

Cassidy musterte Fitz, als hätte er einen Verrückten vor sich.

Aber immer wieder wanderte sein Blick über die Kante der Brüstung, als könnte er dort Heil und Erlösung finden.

Fitz überlegte einen Moment. Es wurde Zeit, Cassidy davon zu überzeugen, daß er das Falsche vorhatte. Und es gab nur eine einzige Methode, ihm das vor Augen zu führen: Man mußte den Einsatz erhöhen, und alles, was man besaß, in die Waagschale zu werfen.

Cassidy, jetzt heißt es, das Spiel aufgeben oder die Karten zeigen.

»Kommen Sie«, sagte Fitz. Er zog sich auf die Füße und stellte sich aufrecht auf die Brüstung. »Lassen Sie es uns tun. Folgen wir unseren Instinkten. Lassen Sie uns fliegen.« Es war ihm ernst. Einen wunderbaren, verrückten Moment lang meinte er es absolut ernst. Er spürte, daß seine Zehen über den Rand der Brüstung ragten, und es war ihm egal. »Fliegen wir zum Dach der Welt, Mann!« schrie er allen zu.

Er hörte, daß sich Cassidy auf die Füße kämpfte.

»Kommen Sie mit mir«, forderte er ihn noch einmal eindringlich auf.

Cassidy packte ihn. »Um Himmels willen«, kreischte er. Für den Bruchteil einer Sekunde taumelte Fitz und zog ihn mit, so daß Cassidy ihn zurückreißen mußte. »Um Himmels willen!«

Plötzlich drehte sich Fitz zu ihm, und jetzt war er es, der Cassidy vor einem Sturz bewahrte. Der Mann zitterte am ganzen Leib, starrte auf die Straße und war den Tränen nahe.

Nach einer Weile sprang er von der Brüstung auf das Dach. Fitz sah ihm nach. Cassidy drückte sich in eine Ecke, würgte und übergab sich.

Fitz betrachtete noch einmal die Straße und all die kleinen Menschen, die da unten herumkrochen. Er salutierte nach amerikanischer Art und ging.

16

Penhaligon beobachtete Fitz, als er auf sie zukam. Es hatte einen Augenblick gegeben, in dem sie gedacht hatte, er würde ernst machen, einen anderen, in dem sie befürchtet hatte, er könnte ausrutschen. Sie vergrub ihre Hände tief in den Jackentaschen. Idiot, dachte sie, dabei war sie nicht einmal sicher, ob sie auf Fitz und sein Benehmen oder auf sich selbst sauer war, weil sie Angst um ihn gehabt hatte.

Cassidy zögerte noch. Bilborough würde ihn nach dieser Sache verhören wollen. Penhaligon glaubte nicht, daß Cassidy so dumm war, sich aus dem Staub zu machen. Es waren zu viele Leute in dem Shopping-Center, aber eine Versuchung bestand doch. Sie nahm ihr Funkgerät aus der Tasche und bat um eine uniformierte Eskorte.

Fitz kam zu ihr.

»Was für ein Spielchen soll das gewesen sein?« fragte sie. »Du hättest umkommen können.«

»Im Film ist alles anders gelaufen«, sagte er, und Penhaligon runzelte verständnislos die Stirn. »Butch Cassidy und Sundance Kid. Wenn sie von den Klippen springen. Aber ich muß sagen, Nigel Cassidy und Doktor Fitz – das klingt irgendwie nicht gut.«

Penhaligon stieß mit dem Zeigefinger gegen seine Brust. »Ja, genau – er ist nicht Paul Newman, und du bist bestimmt nicht Robert Redford.«

»Tatsächlich?« sagte Fitz und riß ungläubig die Augen auf. »Erinnere mich daran, daß ich das meinen unzähligen Bewunderinnen sage.«

Cassidy schloß zu ihnen auf. Neben Fitz wirkte er schwächlich und unscheinbar und noch kleiner als sonst, weil er sich vornüber beugte, als würde er durch strömenden Regen gehen. Er schien etwas sagen zu wollen, machte aber lange den Mund nicht auf.

»Ich ... ich möchte Ihnen danken«, stammelte er schließlich, ohne Fitz direkt anzusehen.

»Keine Ursache«, erwiderte Fitz. »Katzen aus Bäumen retten, schwachen alten Ladies über die Straße helfen...«, er legte eine wirkungsvolle Pause ein, »...Verbrecher fangen, das sind Jobs für SuperFitz«, setzte er mit übertriebenem amerikanischem Akzent hinzu.

»Komm«, forderte ihn Penhaligon auf und ging voran.

Im Lift war es eng. Cassidys Atem stank nach Alkohol. Penhaligon ekelte sich und versuchte weiter von ihm abzurücken, hatte aber nicht genug Platz. Komisch, bei Fitz, der wirklich viel trank, hatte sie der Geruch noch nie gestört.

Sie war sich bewußt, daß Fitz sie musterte, doch jedesmal schaute er rasch weg, kurz bevor ein Blickkontakt zustande kommen konnte. Falls Cassidy die Spannung zwischen den beiden auffiel – wie hätte ihm das entgehen können –, ließ er es sich nicht anmerken.

Niemand sagte etwas, bis der Aufzug das Untergeschoß erreichte. Sie kamen in eine elegante Lobby mit Marmorwänden. Penhaligon hielt sich widerwillig dicht an Cassidys Seite, ihre Schulter berührte fast die seine. Sie wollte kein Risiko eingehen. Fitz war nur ein paar Schritte hinter ihnen – Cassidy wußte das natürlich, konnte ihn aber nicht sehen. Das mußte ihn verunsichern. Penhaligon fragte sich, ob Fitz diese Position absichtlich eingenommen hatte oder ob es einfach seinem Naturell entsprach, die Leute in Unruhe zu versetzen. Sie vermutete, daß das letztere zutraf.

Das hellbeleuchtete und geschäftige Einkaufszentrum lag vor ihnen. Zwei Constables erwarteten sie am Eingang. Sie zogen ihre Helme auf und setzten sich wenige Meter hinter Penhaligon, Cassidy und Fitz in Trab.

»Sie haben sich nach seiner Mutter erkundigt«, wandte sich Fitz an Cassidy.

Penhaligon nahm den Faden auf. »›Wie wird seine Mutter damit fertig?‹ fragten Sie.«

»Ja«, bestätigte Cassidy. Sein Ton verriet nichts mehr von der Dankbarkeit, die er Fitz gegenüber empfunden haben mochte.

»Seine Mutter. Nicht seine Eltern«, sagte Fitz.

Sie verließen das Einkaufszentrum. Die hellen Reklameleuchten der Läden blinkten: Fast Food, Mode, Möbel. Die Menschen hasteten vorbei – Mütter mit Kindern, Männer, ältere Frauen. Einige blieben stehen und schauten ihnen unverhohlen nach. Die uniformierten Polizisten erregten natürlich Aufmerksamkeit. Ohne sie wäre die kleine Gruppe niemandem aufgefallen.

»Seine Eltern leben getrennt«, entgegnete Cassidy beinahe ungeduldig, als müßte er einem Begriffsstutzigen die offensichtlichen Tatsachen erklären. Vielleicht waren sie für ihn offensichtlich, oder er wollte sie das glauben machen.

»Woher wissen Sie das?« fragte Fitz.

Cassidy und Penhaligon traten exakt gleichzeitig auf die Rolltreppe.

»Ich habe ihn unterrichtet.« Cassidy blieb ganz sachlich, als wäre er daran gewöhnt, derartige Fragen zu beantworten. Penhaligon brauchte einen Moment, um zu begreifen, daß er redete, als würde in einer Konferenz von Sozialarbeitern ein Bericht vorgetragen. So etwas wurde von Lehrern höherer Schulen wie der in der Sydney Road öfter verlangt.

Fitz folgte ihnen ein paar Schritte auf die Rolltreppe. »Ja, aber Sie haben Hunderte von Kindern unterrichtet. Wissen Sie über die Familienverhältnisse all Ihrer Schüler Bescheid?«

Die Rolltreppe brachte sie nach oben. Penhaligon spähte über das Geländer auf die Menschenansammlung. Sie war froh, daß Fitz das Reden übernommen hatte. Cassidy würde wahrscheinlich mehr erzählen, wenn er dachte, daß er eine zwanglose Unterhaltung führte.

»Nein«, sagte Cassidy. Plötzlich schien er sich nicht mehr wohl in seiner Haut zu fühlen. Er rieb sich den Nacken und versuchte, sich von Fitz zu entfernen, die Seitenwand der Rolltreppe behinderte ihn.

»Aber Sie wußten, was bei Tim zu Hause los war?« hakte Fitz nach.

»Ja.«

Penhaligon fiel ein Dutzend Fragen ein, auf die sie gern eine Antwort gehabt hätte, doch sie geduldete sich. Später würde sie noch Gelegenheit genug haben, Cassidy in die Mangel zu nehmen, und im Augenblick schien Fitz eine ganz bestimmte Fährte zu verfolgen.

»Also kannten Sie Tim besonders gut.« Das war eine Feststellung, keine Frage.

»Ja.« Cassidy fühlte sich eindeutig in die Defensive gedrängt.

»Ja? Wieso haben Sie mich dann neulich angelogen?« wollte Fitz wissen.

Penhaligon drehte den Kopf, um Cassidy anzuschauen. Zur Hölle mit allen Finessen. Sie wollte seine Reaktion beobachten. Er wandte sich von Fitz ab, er konnte ihm nicht in die Augen sehen.

»Ich hab' ein Exemplar von Wilfred Owen in Tims Zimmer gefunden«, fuhr Fitz fort und betonte jedes Wort mit übertriebener Sorgfalt. »Haben Sie dem Jungen das Buch gegeben?«

»Kann sein.« Offensichtlich kam er sich sehr gerissen vor.

Später wurde Penhaligon klar, daß dies der Augenblick war, in dem sie zum erstenmal von seiner Schuld vollkommen überzeugt war.

»Oh, kommen Sie«, gab Fitz ungehalten zurück. »Sie haben einem dreizehnjährigen Jungen einen Gedichtband geschenkt – das ist eine sehr persönliche Geste.« Er lächelte.

Penhaligon kannte dieses Lächeln. Es bedeutete höchste Gefahr. Sie waren oben angekommen und verließen die Rolltreppe.

»Sicher würden Sie sich daran erinnern«, setzte Fitz hinzu.

Cassidy blieb abrupt vor einem Biokostladen stehen. Penhaligon tat es ihm gleich, und Fitz postierte sich auf der anderen Seite, so daß sie Cassidy zwischen sich hatten.

»Hören Sie«, sagte Cassidy. »Das war dumm von mir. Es tut mir leid.« Penhaligon fixierte ihn. »Ich bin deprimiert und ein bißchen betrunken.« Sein beinahe herausfordernder Blick wanderte von ihr zu Fitz und wieder zurück. »Wenn Sie mir irgend etwas vorzuwerfen haben, dann tun Sie es meinetwegen. Aber ich werde keine Fragen über Tim mehr beantworten.«

»Was sollen wir Ihnen denn vorwerfen?« wollte Penhaligon wissen. Es wird Zeit, daß ich die Initiative ergreife, entschied sie.

Hier oben auf der Straße herrschte mehr Betrieb. Irgendwo vergnügte sich eine Horde Kinder. Sie lachten und grölten.

Cassidy ging weiter, aber er versuchte nicht, sich von ihnen abzusetzen. Penhaligon und Fitz hielten mit ihm Schritt, ohne von seiner Seite zu weichen. Die beiden Polizisten folgten ihnen.

»Ich weiß nicht«, sagte Cassidy. »Irgendwas. Ein Vergehen. Verschwendung von Polizeikräften oder so. Ich weiß es nicht.« Seine Stimme ging im allgemeinen Lärm unter. Er machte einen verzweifelten Eindruck, fast so, als würde er darum flehen, in Gewahrsam genommen zu werden. Weil er sich selbst daran hindern wollte, es wieder zu tun? überlegte Penhaligon. Es wäre nicht das erste Mal, daß ein Mörder so viel Einsicht zeigte.

Cassidy beschleunigte seine Schritte. Penhaligon unternahm nichts. Er hatte kaum Chancen, ihnen zu entkommen, und vielleicht taute er ein wenig mehr auf, wenn sie ihm mehr Spielraum ließen.

»Mord?« fragte Fitz.

Cassidy wurde langsamer, drehte sich zu ihm und sah ihn scharf an.

Das hat gesessen, dachte Penhaligon. Das grelle elektrische Licht unterstrich seine Blässe und die tiefen schwarzen Schatten unter seinen Augen.

»Sie achten sehr auf Ihre Fitneß«, schaltete sich Penhaligon ein – im Augenblick allerdings wirkte er alles andere als fit.

»Ja.«

Penhaligon sah ihn wieder vor sich, wie er den Punchingball bearbeitete. Wie viele solcher Schläge reichten aus, um einen dreizehnjährigen Jungen zu töten? Aber er hatte Tim nicht zu Tode geprügelt. Er hatte ihn erwürgt. *Falls* er es war, korrigierte sie sich, es besteht immer noch die Möglichkeit, daß er unschuldig ist. »Sie reagieren Ihre Wut ab, um sie nicht an den Kindern auszulassen. ›Das bewahrt mich davor, den Kids so was anzutun‹, sagten Sie.« Damit spielte sie erneut auf das Gespräch in der Turnhalle an.

»Das sollte ein Scherz gewesen sein«, verteidigte sich Cassidy.

Penhaligon wechselte das Thema. »Joggen Sie?« erkundigte sie sich beiläufig.

»Ja«, gab er gereizt zu.

»Waren Sie vor drei Tagen abends joggen?« fragte Penhaligon.

Cassidy murmelte etwas Unverständliches, als wollte er Zeit gewinnen, um sich eine geeignete Antwort auszudenken.

»Waren Sie vor drei Tagen abends joggen?« wiederholte sie rasch, um eine spontane Reaktion zu erzwingen.

Sie war sich bewußt, daß Fitz jedes Wort mitbekam und sich für später einprägte, obwohl er so tat, als würde er sich mehr für die Geschäftsauslagen interessieren. Sie hätte zu gern gewußt, was er von ihrer Verhörtechnik hielt.

»Nein«, versetzte Cassidy schneidend.

»Wo waren Sie?« bohrte Penhaligon weiter.

»Zu Hause.«

»Allein?« fragte sie unbeabsichtigt kokett. Sie schielte zu Fitz. Er schien nichts bemerkt zu haben.

»Meine Freundin. Sie war bei mir«, erwiderte Cassidy unsicher und sah Penhaligon an.

Wie passend, dachte sie.

»Glaubst du ihm?« fragte Fitz und bewies damit, daß er ein aufmerksamer Zuhörer gewesen war.

»Nein«, bekannte Penhaligon. Sie liebte es, wenn sie und Fitz sich die Bälle zuwarfen. Sie waren gut, wenn sie zusammenarbeiteten, und das wußten sie beide.

»Sie denkt, Sie haben Tim getötet.«

»Das habe ich nicht getan«, versetzte Cassidy entschieden, als könnte er sie durch bloße Willenskraft dazu bringen, an seine Unschuld zu glauben.

»Ich habe Sie einmal gefragt, ob Sie allein leben«, sagte Fitz. »Erinnern Sie sich?«

»Ja.«

»›Ich denke daran, zu heiraten‹«, griff Penhaligon seine Antwort von damals auf. Es wurde nötig, ein wenig mehr Druck auszuüben.

»Das stimmt. Ich denke wirklich daran, mich zu verheiraten«, bestätigte Cassidy trotzig. Möglicherweise argwöhnte er, daß sie ihn der Lüge bezichtigen wollten.

Penhaligon war nicht klar, was Fitz vorhatte, aber sie war bereit, bei allem mitzuhalten.

»Ja, aber wieso erwähnten Sie das überhaupt?« wollte Fitz wissen. Er wedelte geziert mit der Hand durch die Luft. »Ein schlichtes Ja oder Nein hätte genügt, es sei denn Sie meinen, es hätte etwas zu bedeuten, wenn man allein lebt.«

»Was zum Beispiel?« fragte Cassidy.

»Sie sagten gerade: ›Ich war zu Hause mit meiner Freundin.‹ Nicht, ich war zu Hause mit Jo oder Lesley oder Sammy.« Fitz zeigte eins seiner Kabinettstückchen – zog Schlußfolgerungen, die Penhaligon immer aufs neue verblüfften. Es war lächerlich, aber sie war tatsächlich ein bißchen stolz auf ihn.

»Nein, Sie sagten: ›Ich war zu Hause mit meiner Freundin‹«, wiederholte Fitz. »Übrigens, wie heißt Ihre Freundin?«

Cassidy richtete den Blick auf ein Schaufenster, dann auf den Asphalt, nur um Penhaligon und Fitz nicht anschauen zu müssen. »Lesley«, sagte er schließlich.

»Lesley«, rief Fitz wie ein Zauberer, der gerade ein Kaninchen aus seinem Hut gezogen hatte. »Wie hab' ich das erraten?«

»Keine Ahnung«, erwiderte Cassidy wie ein Zuschauer, der fest entschlossen war, sich nicht von dem Trick beeindrucken zu lassen.

»Sie haben nicht gesagt: ›Ich war mit Lesley zu Hause‹, weil...« Fitz legte eine dramatische Pause ein, »... weil Lesley auch ein Mann sein könnte, und Sie wollen auf jeden Fall vermeiden, daß die Leute so etwas von Ihnen glauben.«

»Sie denken, ich bin schwul«, parierte Cassidy diese Andeutung mit beleidigtem Unterton.

Penhaligon entdeckte Beck und hoffte, daß Fitz dieses Thema rasch abhakte. Sie wußte, wie Beck über Schwuchteln dachte – für ihn waren es keine Schwulen oder Homosexuelle, sondern nur Schwuchteln und Tunten.

»Nein«, widersprach Fitz ernst. »*Sie* denken, daß Sie schwul sind.« Jetzt hatte er Beck auch gesehen. »Ah, der Superspürhund«, sagte er, um Beck vorzustellen. »Wissen Sie, daß dieser Mann das Kreuzworträtsel in der *Sun* in nur drei Tagen lösen kann?« Die uniformierten Polizisten hinter Beck drehten sich weg. Ob ihnen die Situation peinlich war oder ob sie sich schlicht langweilten, konnte Penhaligon nicht sagen.

Einen Augenblick sah es so aus, als suchte Beck nach einer schlagfertigen Antwort. Er holte tief und vernehmlich Luft und schaute auf den Boden, aber dann schien er sich eines anderen zu besinnen und sagte zu Cassidy: »Ich möchte Sie ins Präsidium begleiten, bitte.«

Nicht dieses Mal, dachte Penhaligon. Er würde Cassidy auf dem ganzen Weg drangsalieren und anschließend die Lorbeeren einheimsen, weil er den Verdächtigen dingfest gemacht hatte. »Wir bringen ihn hin«, sagte sie.

Er funkelte sie böse an. »Der Boss hat gesagt …«

Der Boss hat gesagt, der Boss hat gesagt. Er könnte genausogut damit herausrücken und ›Mein bester Kumpel hat gesagt‹ daraus machen. Ihre Augen blitzten ebenso wie seine. »Nein, wir bringen ihn aufs Präsidium.«

Er hielt ihrem Blick einen Moment stand. Los, dachte sie, spiel dich doch auf. Hier, in aller Öffentlichkeit. Trau dich.

Aber Beck wandte sich ab. »Sie werden sich noch wünschen, daß Sie gesprungen wären«, prophezeite er Cassidy und ging.

17

Julie wollte nicht aufwachen, aber jemand hämmerte an die Tür. Sie versuchte, das Geräusch zu ignorieren und wieder einzuschlafen. Sie wollte sich auf die andere Seite drehen, aber etwas Schweres lag auf ihr.

Sie öffnete die Augen. Die späte Nachmittagssonne fiel aufs Bett. Steve lag neben ihr und hatte die Arme um sie geschlungen. Sie hatten sich zum erstenmal seit über einem Jahr geliebt. Tim? dachte sie – sie war so durcheinander, daß sie nicht begriff, warum ihr sein Name gerade jetzt in den Sinn kam.

Das Klopfen hörte nicht auf. Tim, dachte sie wieder. Vielleicht haben sie herausgefunden, was mit ihm passiert ist. Sie befreite sich aus Steves Umarmung und zog ihr Nachthemd an, erst dann erinnerte sie sich, daß Tim tot war.

»Was ist?« brummte Steve verschlafen.

»Ich weiß nicht«, sagte Julie. Das Klopfen kam aus der Küche, nicht von der Vordertür.

Sie lief die Treppe hinunter, und Steve machte Anstalten, ihr zu folgen. Als sie in die Küche kam, hielt sie inne. Eine Gestalt war durch die Milchglasscheibe der Hintertür zu erkennen.

»Moment«, rief Julie. Sie öffnete die Tür einen Spalt. Eine Frau, Ende Zwanzig, stand auf der Schwelle. Ihr Gesicht war eigenartig nichtssagend: perfekt geschminkt, aber es war kein Gesicht, das sich dem Gedächtnis einprägte. Dasselbe galt für die Kleidung – elegant, aber nicht übertrieben exklusiv. Möglicherweise hatte sie am Morgen noch ganz adrett ausgesehen, aber sie hatte offenbar zu viel Zeit im Regen verbracht.

»Mrs. Lang?« fragte sie und streckte Julie die Hand entgegen. In der anderen Hand hielt sie etwas Viereckiges, aber sie drückte diesen Gegenstand so an sich, daß Julie nicht erkennen konnte, was es war. »Victoria Kingsley. Ich bin Journalistin, Mrs. Lang. Kann ich mit Ihnen sprechen – nur ganz kurz?«

Julie starrte sie an. Victoria Kingsley zog ihre Hand zurück, als ihr klar wurde, daß Julie sie nicht ergreifen würde.

»Was, zum Teufel, ist hier los?« meldete sich Steve, der hinter Julie aufgetaucht war, barsch zu Wort. »Haben wir nicht schon genug Probleme, auch ohne solche Leute wie Sie?«

»Ich weiß, daß Sie beide eine schwere Zeit durchmachen«, sagte die Kingsley, »aber den meisten Menschen hilft es, wenn sie über das, was passiert ist, reden können, wissen Sie ...«

»Sie ...« Sie war so außer sich, daß sie kein vernünftiges Wort mehr herausbrachte. In den letzten Stunden und Tagen hatte sie mit so vielen Fremden sprechen müssen, und jetzt schlich sich auch noch diese dreiste Göre in ihr Haus!

»... sonst wird womöglich jede Menge Unsinn gedruckt.« Die Journalistin legte eine kurze Kunstpause ein. »Dinge, die nicht Ihre wahren Gefühle zum Ausdruck bringen. Ich bin überzeugt, Sie haben so etwas in den Zeitungen gelesen.«

»Von welcher Zeitung kommen Sie?« wollte Steve wissen. »Hören Sie, ich will sofort den Namen Ihres Chefredakteurs ...«

»Beispielsweise wären meine Leser ganz bestimmt daran interessiert zu erfahren, wie Sie über diesen Mr. Cassidy denken.«

»Was?« fragte Julie verständnislos. Plötzlich begriff sie, daß das Ding, das die Kingsley mit sich herumtrug, ein Kassettenrecorder war, und daß er schon die ganze Zeit eingeschaltet war.

»Was soll das heißen? Cassidy?« fragte Steve.

Julie drehte sich zu ihm um, weil sie ihn auf den Recorder aufmerksam machen wollte, aber sie wollte es ohne Worte tun. Sein Gesicht war rot angelaufen vor Zorn, und sie erkannte, daß sie keine Chance mehr hatte, ihn zum Schweigen zu bringen.

»Na ja, Cassidy ist offenbar irgendwie in die Sache verwickelt«, sagte die Kingsley. Sie lächelte.

Julie hatte ein solches Lächeln schon von Kindern gesehen, die das letzte Bonbon aus der Tüte stibitzt hatten. Auf dem Gesicht einer erwachsenen Frau wirkte es ausgesprochen abstoßend.

»Wieso hätte er sonst Selbstmord begehen wollen?« fügte die Person hinzu.

»Selbstmord?« wiederholte Julie. Für einen Moment der Verwirrung glaubte sie, die Kingsley wollte ihr weismachen, daß sich Tim trotz allem selbst das Leben genommen hatte. »Er hat nicht...« Plötzlich begriff sie. »Wollen Sie damit sagen, daß dieser Mann unseren Tim umgebracht hat?« fragte sie. »Wollen Sie das? Ja?« Sie bebte vor Wut und trat ein, zwei Schritte vor. Die Kingsley wich zurück.

»Ich bin sicher, Sie können sich eine eigene Meinung bilden, Mrs. Lang«, sagte die Journalistin. »Aber...«

»Aber nichts. Sie kommen hierher, schnüffeln herum, sprechen Beschuldigungen aus. Lügen...« Sie hatte endgültig genug. Sie wollte nichts anderes, als in Ruhe gelassen zu werden, damit sie um Tim trauern konnte, und diese Person wagte es, bei ihr einzudringen und Geld aus ihrem Elend zu schlagen! »Ich dulde das nicht«, erklärte sie. »Ich lasse das nicht zu.«

»Reg dich nicht auf, Julie«, versuchte Steve sie zu beschwichtigen. Er legte die Hand auf ihre Schulter. »Sie besitzen die verdammte Frechheit, sich...«

»Sie verstehen das ganz falsch«, verteidigte sich die Kingsley. Sie kam wieder ein Stück näher und stellte den Fuß in die Tür.

»Vor der Haustür steht ein Polizist...«, sagte Steve.

»Wagen Sie es nicht«, warnte Julie im selben Moment.

»...aber das wußten Sie natürlich. Deshalb wollten Sie sich zur Hintertür hereinstehlen.«

»Hören Sie«, sagte die Kingsley. »Ich versuche nur, uns allen die Sache zu erleichtern. Sie werden früher oder später mit jemandem von der Presse sprechen müssen. Dieser Jemand kann genausogut ich sein.« Sie zog sich erneut ein wenig zurück.

»Lieber beiße ich mir die Zunge ab«, erwiderte Julie. »Ich habe Ihnen nichts zu sagen.«

Die Kingsley schwieg und schaute eine Weile auf den Boden. Als sie den Kopf hob, war ihre Miene weniger angespannt als zuvor. »Es tut mir leid«, sagte sie. »Ich habe es falsch angefangen. Sie müssen verstehen, ich bin neu in diesem Job, und mein Boss, na ja, er ist ein Scheusal. Ich wollte Sie nicht belästigen, aber wenn ich ohne Story in die Redaktion komme…«

»Das ist Ihr Problem, nicht unseres«, versetzte Julie. Plötzlich fiel ihr das laufende Tonbandgerät wieder ein. Was hatte sie gesagt? Sie erinnerte sich nicht mehr genau, aber sie war sicher, daß ihr diese Kingsley jedes Wort im Mund umdrehen würde. Mit einemmal hatte sie es satt, ruhig und tapfer zu sein, sie war es leid, zu weinen und sich für alles, was sie in den dreizehn Jahren von Tims Leben getan und unterlassen hatte, schuldig zu fühlen. »Ich verrate Ihnen, was jetzt geschieht«, sagte sie. »Sie übergeben mir dieses Tonband und verschwinden von hier. Und wenn Sie sich mir je wieder auf zehn Meter nähern, bekommen Sie eine Ohrfeige von mir, daß Ihnen Hören und Sehen vergeht.« Die Worte sprudelten nur so aus ihr heraus. Jetzt hielt sie inne, um Luft zu holen. »Haben Sie das kapiert?«

»Verstehen Sie doch«, sagte die Kingsley. »Ich versuche nur, meinen Job zu machen. Ich habe keine Gesetze gebrochen und…«

»Keine Gesetze? Ich zeige Ihnen die Gesetze«, sagte Julie. Sie schnappte sich den Recorder, ehe sich die Kingsley zur Wehr setzen konnte.

»Julie!« rief Steve.

Sie ignorierte ihn, und bevor die Kingsley begriff, was ihr geschah, nahm sie die Kassette heraus. Sie zog das Band heraus – Meter um Meter – und warf die Kassette über den Gartenzaun. Es war großartig, etwas zu tun, statt nur herumzusitzen und zu heulen.

»Hier«, sagte sie und drückte der Journalistin den Recorder in die Hand. Die Kingsley starrte sie mit offenem Mund an, ein Piepsen löste ihre Erstarrung. Sie zog ein Handy aus der Tasche, sagte etwas und hörte dem, was der Anrufer zu sagen hatte, zu.

»Tut mir leid, ich kann nicht bleiben«, sagte sie schließlich zu den Langs. »Es ist erstaunlich, was man alles über den Polizeifunk zu hören bekommt. Es gibt Ärger in der Anson Road.« Sie bedachte Julie mit einem Lächeln – die erste aufrichtige

Geste, die sie für sie übrig hatte. »Ich dachte, das würde Sie interessieren. Sehen Sie, ich bin gar nicht das Biest, für das Sie mich halten.« Sie drehte sich um und steuerte auf das Gartentor zu.

»Ich gehe«, verkündete Steve.

»Was?« fragte Julie. All ihre Energie hatte sie verlassen, und sie war ebenso verwirrt über den plötzlichen Rückzug der Journalistin wie über ihr Auftauchen.

»Du hast es gehört. Anson Road. Irgend etwas geht dort vor sich. Ich möchte wissen, was.«

Julie sah ihm nach. Vielleicht hätte sie ihn begleiten sollen, aber sie wollte nur noch schlafen.

Während Beck weg gewesen war, hatte sich die Menschenmenge vor dem Eingang des Reviers enorm vergrößert. Die Leute drängten sich von allen Seiten um seinen Wagen. Sie nahmen ihm die Sicht, und selbst bei geschlossenen Fenstern konnte er ihr Geschrei hören.

Wenn er Chief Superintendent wäre, hätte er die Ansammlung längst aufgelöst, egal ober das in Bilboroughs Zuständigkeitsbereich fiel oder nicht.

Das Problem war nur, daß sie ihm den Weg versperrten. Er ließ das Auto ganz langsam anrollen und hupte, aber es war zwecklos. Nach einiger Zeit wurde ihm klar, daß sie glaubten, er würde jemanden aufs Revier bringen.

Allmählich hatte er wirklich die Nase voll – erst Penhaligon, die ihn auf der Straße anblaffte, als wäre sie, während er weggeschaut hatte, zum Chief Superintendent befördert worden, und jetzt das... Na schön, dachte er. Er schlug mit den Handflächen aufs Lenkrad und öffnete die Tür.

Er stieg aus.

Sofort verwandelte sich das bis dahin gedämpfte Stimmengewirr in lautes Gebrüll. Er sah in die wütenden Gesichter. Fäuste wurden durch die Luft geschwungen. Ein Baby heulte. Wie eine Schockwelle rollte der Aufruhr auf ihn zu.

Er konnte nicht verstehen, was gebrüllt wurde.

Lieber Himmel, dachte er, das wird brenzlig. Du mußt ihnen deine Stärke zeigen; sie dürfen nicht merken, daß sie dich einschüchtern. Er schloß die Wagentür, bevor er etwas zu sagen versuchte.

Such dir den Rädelsführer aus, jemanden, mit dem du klarkommen kannst. So stand es in den Lehrbüchern. Noch ehe er seine Wahl treffen konnte, entdeckte er Timothys Vater. Gleich neben ihm stand der stiernackige, rotgesichtige Nachbar der Langs, Mr. Lindsay. Während der Suchaktion im Wald hatte sich Lindsay hilfsbereit und zahm gezeigt, aber jetzt war sein Gesicht wutverzerrt.

Beck bemühte sich, die Menge anzusprechen und irgend etwas zu sagen, was die Gemüter beruhigen könnte. Doch er verstand sein eigenes Wort nicht bei dem Radau.

»Später wird ein offizielles Statement abgegeben«, sagte er, wurde aber übertönt. Er hob die Hand, um die Leute zum Schweigen zu bringen. »Seien Sie doch einen Moment still«, donnerte er, und wie durch ein Wunder wurde es leiser, zumindest so ruhig, daß er sich einigermaßen verständlich machen konnte. »Ich verstehe, daß Sie alle aufgebracht sind, aber ich möchte, daß Sie jetzt nach Hause gehen, ist das klar?«

Beck machte Anstalten, wieder in den Wagen zu steigen. Lindsay hielt ihn zurück. Beck erstarrte. Jeden Augenblick konnte es zu Tätlichkeiten kommen, wenn es ihm nicht gelang, sie zu beschwichtigen.

Ich müßte einen verdammten Orden hierfür bekommen, dachte er ärgerlich, als er sich zu Mr. Lindsay umdrehte. Der Mann hatte Kaugummi im Mund, sein Atem roch nach grüner Minze.

»Wir bezahlen Ihre Gehälter, richtig?« Er deutete mit dem Finger auf Beck. »Wir haben Kinder, sie spielen im Wald.« Er veranstaltete eine Show für die Leute und achtete darauf, daß alle hörten, was er zu sagen hatte. »Wir wollen erfahren, was, zum Teufel, Sie unternehmen.« Er machte eine Pause. »Ein paar Informationen, verstehen Sie, was ich meine?« Er versetzte Beck einen Stoß gegen die Schulter, nicht so sehr, daß es weh tat, aber doch genug, um Beck zum Schwanken zu bringen.

Die Menge grölte. Beck revanchierte sich und drückte Lindsay die flache Hand ins Gesicht – einen Moment lang wünschte er, er könnte mit der Faust zuschlagen. »Noch einmal so was, und ich nehme Sie fest, ist das klar?«

Der Mob wurde ungehalten. In den hinteren Reihen wurden Sprechchöre laut.

»O ja«, erwiderte Lindsay. Es war eine offene Herausforderung, daran konnte kein Zweifel bestehen.

Sei nicht dumm, flüsterte eine Stimme in Becks Kopf. Nimm das Funkgerät und fordere Unterstützung an. Das ist keine Schande. Bevor Beck einen Entschluß fassen konnte, schob sich Mr. Lang zwischen ihn und Lindsay.

»Mein Sohn ist tot«, schrie er. Der Lärm ließ nach. »Und ich erfahre von der verfluchten Presse, was hier vor sich geht.«

»Sein Sohn...«, mischte sich Lindsay wieder ein. Die Leute brüllten erneut. »Ich halte das wirklich nicht für richtig, Sie etwa?« endete Lindsay lautstark.

Nein, das hab' ich auch nie gesagt, dachte Beck. Plötzlich hatte er das ganze Theater satt. »Lassen Sie mich durch, ja?« Er zog die Wagentür auf. Aufstand oder nicht, ihm reichte es.

Der Krawall war ohrenbetäubend. Er hörte nicht mehr, was Lindsay oder Lang sagten, obwohl sie dicht neben ihm standen. Es hatte gar keinen Sinn, hier mit ihnen zu reden.

Beck hatte keine Chance durchzukommen, es sei denn, er gab ihnen Informationen. Sie würden ohnehin bald erfahren, was los war. »Also schön, ich sag' Ihnen, was inzwischen geschehen ist«, schrie er. Er verstand sein eigenes Wort nicht, aber die Leute verstummten. »Wir haben einen Fummler aufgegriffen.« Anerkennende Rufe wurden laut. »Wir bringen ihn her. Okay?«

»Na, großartig.« Das kam vermutlich von Lindsay. Lang stand stocksteif da und sah Beck bestürzt an.

»Wer ist er?« wollte jemand wissen.

»Wo wohnt er?« rief eine andere Stimme.

O nein, dachte Beck. Ihr bekommt kein Wort mehr aus mir heraus. Er stieg ins Auto und startete den Motor. Die Leute ließen ihn weiterfahren.

»Ich bin nicht schwul«, wiederholte Cassidy zum hundertstenmal.

»Wir reden im Präsidium darüber«, sagte Penhaligon.

»Dann bin ich also verhaftet?« fragte er. Das war das längste Gespräch, das zustande gekommen war, seit er sich in das Auto gesetzt hatte.

»Sie kennen die Formulierung, die öfter in der Zeitung steht – ›ein Mann hilft der Polizei bei den Ermittlungen‹«, sagte Fitz. Er drehte sich nach hinten, um Cassidy anzusehen. Cassidy nickte matt. »Gut, Sie sind dieser Mann.«

Cassidy schien eine Weile zu brauchen, bis er das verdaut hatte. »Ich möchte einen Anwalt«, sagte er.

»Sie werden einen bekommen, wenn Sie einen brauchen«, versicherte Penhaligon, während sie rechts in die Anson Road einbog. Sofort stürmte einen Menschenmenge auf den Wagen zu.

Guter Gott! Penhaligon erschrak. Vorhin waren nicht halb so viele Leute hier gestanden, und sie waren auch nicht so aufgebracht gewesen. Sie fragte sich, woher sie wissen konnten, daß Cassidy ins Revier gebracht wurde.

Jemand spuckte das Auto an, und plötzlich waren sie umringt. Im nächsten Augenblick prasselte von allen Seiten Speichel an die Scheiben. Die Leute schlugen mit den Fäusten auf Dach und die Türen ein.

Penhaligon fuhr schneller. Vielleicht konnte sie die Meute abschütteln... Aber sie hielt mit ihnen Schritt. Jemand klammerte sich an die Motorhaube, die Menschen hinter dem Mann drängten vorwärts.

Noch mehr Fäuste bearbeiteten die Karosserie.

Sprechchöre forderten donnernd: »Tod dem Bastard, Tod dem Bastard!«

Penhaligon würde noch jemanden überfahren, wenn das so

weiterging. Sie bremste ab und nahm den Hörer des Funkgeräts. Sie mußte laut schreien, um sich verständlich zu machen: »... an Zentrale ... dringend Verstärkung erforderlich ... hier ist eine feindselige Menschenmasse ...«, lieber Himmel, sie müssen doch wissen, daß sich Leute vor dem Eingang versammelt haben, oder nicht? »... wir befinden uns vor dem Präsidium.«

Das Auto schaukelte im Rhythmus der Sprechchöre, immer heftiger. »Tod dem Bastard, Tod dem Bastard!«

»Gütiger Gott«, murmelte Cassidy.

Penhaligon drückte auf die Hupe. Sie konnte nicht viel tun ...

Fitz fummelte am Türgriff herum. »Die großartige britische Öffentlichkeit bei einem Anfall moralischer Entrüstung«, sagte er. Er bekam die Tür fast auf. »Die großartige britische Öffentlichkeit riecht Blut.«

Er will wirklich aussteigen, schoß es Penhaligon durch den Kopf. Bildet er sich ein, er könnte dem Mob ausreden, Cassidy in Stücke zu zerreißen? Verdammter überheblicher Idiot! »Hör auf mit dem Unsinn«, schrie sie. »Liebe Güte!«

»Wo sind wir hier eigentlich?« rief Cassidy ungehalten. Er beugte sich vor. »Wir stehen direkt vor einem verdammten Polizeigebäude!«

Penhaligon beachtete ihn nicht. »Wir bleiben hier drin sitzen«, brüllte sie Fitz an.

»Sie werden mich aufhängen«, jammerte Cassidy.

Die Fenster waren so mit Spucke verschmiert, daß Penhaligon alles nur noch verschwommen sah. Das Auto schwankte hin und her. Leute schlugen gegen den Kofferraum und die Motorhaube und verbeulten das Dach. Ein Gesicht preßte sich an die Frontscheibe. Der Wagen wurde hochgehoben und landete mit einem Knall auf dem Boden. Wir überschlagen uns, dachte Penhaligon, und ...

Ein Hammer zertrümmerte das Fenster auf der Fahrerseite, Glasscherben spritzten ins Wageninnere. Penhaligon riß den Arm hoch, um ihr Gesicht zu schützen. Eine Hand ergriff sie.

Sie warf sich auf Fitz, aber die Menge wollte nicht ihr Blut, sie war hinter Cassidy her.

»Mein Gott«, brüllte Cassidy.

Die Rückscheibe zerbarst mit einem Knall. Penhaligon hörte Cassidy wimmern und sah im Rückspiegel, daß Hände versuchten, ihn durch das zerbrochene Fenster zu zerren.

»Wiederhole, dringend Verstärkung erforderlich«, rief sie ins das Funkgerät. Sie spürte, daß ihr Sitz aus der Verankerung gerissen wurde, als Cassidy sich daran festklammerte. Fitz drehte sich um und hielt ihn am Arm fest. Einen Moment sah es so aus, als würde die aufgebrachte Meute gewinnen.

»Jesus«, heulte Cassidy. »Jesus.«

Polizisten stürmten aus dem Gebäude und liefen auf den Wagen zu. Penhaligon sah, wie ein Schlagstock hochgehoben wurde und niederging. Ein Mann wurde von der Motorhaube gezogen und auf den Asphalt geschleudert. Plötzlich entstand eine Lücke vor dem Auto. Penhaligon trat aufs Gaspedal.

Sie sah im Rückspiegel, daß die Leute versuchten, an den Polizisten vorbeizukommen, aber sie hatten eine Reihe gebildet und hielten dem Ansturm stand – nein, sie wichen zu den Toren zurück...

Penhaligon hielt an. Sie starrte auf ihre Hände. Sie waren bleich und zitterten. Verdammt, fluchte sie im stillen, dafür muß jemand bezahlen.

Sie hörte, wie die Tore zufielen. Empörte Schreie wurden laut.

»Gehen wir«, sagte sie und stieg aus.

Penhaligon übergab Cassidy sofort dem diensthabenden Sergeant.

»Verhörraum eins«, sagte er, und sie drehte sich wortlos um. »Vielen Dank, Joe.« »Keine Ursache, Penhaligon«, fügte er frustriert an ihren Rücken gewandt hinzu.

Sie ignorierte ihn. Sie wollte zu Beck, zu Bilborough, zu irgend jemandem, um sich darüber zu beschweren, was da draußen vor sich ging.

Sie ging hinauf in den Dienstraum. Sogar bei geschlossenen Fenstern war hier oben das Gebrüll der Meute zu hören.

Beck betrat kurz vor ihr das Büro. »Alles klar?« fragte er über die Schulter, als wäre die Welt in schönster Ordnung.

Es war unmöglich, daß er nicht mitbekommen hatte, was sich vor dem Gebäude abspielte.

Penhaligon blieb auf der Schwelle stehen und breitete die Arme aus. »Wie konnte das passieren?« fragte sie. »Wieso konnte sich da draußen eine solche Menschenmasse ansammeln?«

Beck schien sie nicht gehört zu haben. Penhaligon funkelte ihn wütend an, aber er stand mit dem Rücken zu ihr und blätterte ungerührt in seinem Notizbuch.

Also gut, dachte Penhaligon und stürmte in Bilboroughs Büro, um ihrem Ärger Luft zu machen. Aber sobald sie die Tür aufgerissen hatte, sah sie, daß Bilborough an seinem Schreibtisch eingeschlafen war.

Na, großartig! Sie machte kehrt und schlug die Tür hinter sich zu. Dann baute sie sich vor Beck auf und stemmte eine Hand in die Hüfte. »Du hast ihnen erzählt, daß er schwul ist.«

»Schwul?« wiederholte Beck bedächtig und zog amüsiert seine dichten, schwarzen Augenbrauen hoch. »Ein jämmerliches Stück Scheiße wie der?« Er sah ihr unverfroren ins Gesicht. »Ich hab' ihnen nur gesagt, daß er ein Fummler ist.«

»Was ist hier los?« fragte Bilborough, der inzwischen hinter Penhaligon aufgetaucht war.

Klar, so läuft das immer, dachte sie. Jedesmal, wenn es zu einem Wortwechsel zwischen ihr und Beck kam, gab ihr Bilborough irgendwie das Gefühl, daß sie etwas falsch gemacht hatte. Aber diesmal ließ sie das nicht auf ihr sitzen. Diesmal nicht.

»Ich wollte gerade zu Ihnen und Ihnen Bericht erstatten, Sir«, sagte sie laut und fügte in Gedanken hinzu: Aber du bist ja im Dienst eingepennt, aber es würde mir wohl schlecht bekommen, wenn ich darüber eine Bemerkung fallenließe. »Vor dem Gebäude steht eine aufgebrachte Menschenmenge.«

Bilborough wandte sich verlegen ab. »Lieber Himmel«, murmelte er.

»Setz dich mit dem Revier in der Brighton Road in Verbindung«, ordnete er an. Penhaligon fragte sich einen Augenblick lang, ob er mit ihr sprach, er deutete jedoch auf Beck. »Wir brauchen Verstärkung – Diskretion, wenn ich bitten darf.«

»Diskretion? Das ist mein zweiter Vorname«, behauptete Beck.

Das wüßte ich aber, dachte Penhaligon.

Beck ging zu einem Schreibtisch, um zu telefonieren, und Bilborough wandte sich an Penhaligon: »Ich werde mit Ihnen beiden sprechen. Da drin.« Er deutete auf seine Bürotür. »Sobald ich Zeit habe.«

Du meinst, wenn du wach genug dafür bist, dachte Penhaligon, aber sie sagte nichts.

Kurz bevor Bilborough sein Büro betrat, fügte er hinzu: »Nehmt den, der die Klappe am weitesten aufreißt, fest.« In der Tür blieb er stehen, um mit einer Polizistin im Rang eines Detective Constable zu sprechen. »Wieso hat mir niemand Meldung über die Vorgänge da draußen gemacht?« wollte er wissen.

Penhaligon schüttelte den Kopf. Er wußte verdammt genau, daß sich da draußen etwas zusammenbraute. Sie selbst hatte es ihm gesagt, Beck auch, wie er behauptete; und jetzt, da die Situation eskalierte, wollte er von nichts eine Ahnung gehabt haben. Wenn sie ihn darauf ansprechen würde, würde er behaupten, daß ihn niemand auf dem laufenden gehalten hätte – selbstverständlich hätte er längst etwas unternommen, wenn ihm klar gewesen wäre, wie groß die Menschenmenge war und welche Stimmung unter den Leuten herrschte.

Es war die Mühe nicht wert.

Los, sag etwas, beschwor Penhaligon die Polizistin im stillen. Sag, daß du ihm keinen Bericht erstatten konntest, weil er tief und fest geschlafen hat, und daß du Angst vor einem Anschiß hattest, wenn du ihn aufweckst. Sag es!

Aber die Frau schwieg.

18

Bilborough brachte Lindsay und Mr. Lang ins untere Stockwerk und an dem hektischen Treiben am Empfang vorbei. Die ruhige, vernünftige Unterhaltung, die er mit ihnen führen wollte, hatte sich rasch zu einer lautstarken Auseinandersetzung entwickelt. Lang selbst war nicht sehr gesprächig, dafür redete Lindsay für zwei, und konnte den Mund nicht halten.

»Hören Sie, Sir!« schrie Bilborough, als sie in die Nähe des Eingangs kamen.

»Ich höre«, erwiderte Lindsay, wirbelte herum und baute sich vor Bilborough auf.

»Halten Sie die Gesetze ein, sonst enden Sie in einer Zelle mit ihm«, warnte Bilborough. Himmel, es war ja nicht so, daß er kein Verständnis für sie hätte; er konnte ihnen sogar sehr gut nachfühlen, was sie bewegte. Wenn irgend jemand seinem Kind das angetan hätte, was Cassidy Timothy Lang angetan hatte... Was Cassidy Tim möglicherweise angetan hatte, korrigierte er sich.

»Hat es Cassidy getan?« wollte Lindsay wissen.

Am liebsten hätte Bilborough geantwortet: Ja, ich verwette meine Karriere darauf, aber er sagte: »Wir führen unsere Ermittlungen mit Nachdruck durch. Wir sind optimistisch ...«

»Hat es Cassidy getan?«

»... ist das klar?«

»Ja, es ist klar«, brüllte Lindsay.

Dann halt die Klappe und laß mich weitermachen, dachte Bilborough.

Aber Lindsay ließ einfach nicht locker. »Ich will das wissen.«

»Wir sind optimistisch ...«

Eine Polizistin kam durch die Eingangstür herein, eine Frau Mitte oder Ende Zwanzig folgte ihr auf den Fersen. Sie war hellblond und machte einen äußerst beunruhigten Eindruck.

»Werden Sie Anklage gegen ihn erheben?« erkundigte sich Lindsay mit donnernder Stimme.

Die Frau blieb stehen und sah ihn entgeistert an. Die Polizistin drängte sie weiter.

»Wir vernehmen den Mann gründlich, und wir sind optimistisch…«

»Ach ja, sind Sie das?« Lindsay fuchtelte mit dem Finger vor Bilboroughs Gesicht herum.

»Ich habe nicht vor, Ihnen mehr Auskünfte zu geben«, erklärte Bilborough. »Dafür werde ich Sie wieder hinaufbringen und einsperren lassen, haben Sie mich verstanden?« Er winkte zwei Constables heran. »Führt die beiden Männer hinauf und haltet sie fest, bis sie sich abgekühlt haben«, ordnete er an.

Die Constables gingen auf Lindsay und Lang zu und ergriffen sie. Lindsay schüttelte die Hand ab, die ihn festhielt.

»Machen Sie die Sache nicht schlimmer, als sie sein muß«, warnte der Uniformierte entschieden, aber ohne Aggression.

Guter Mann, dachte Bilborough.

»Ist ja schon gut«, rief Lindsay. »Ich kann allein gehen.«

Bilborough machte sich auf den Weg nach unten. Er war erst ein paar Schritte weit gekommen, als ihm etwas einfiel. Er machte kehrt. »Moment noch!« rief er. Die Constables blieben stehen. »Laßt die beiden erst frei, wenn ich es euch sage. Nur auf meine persönliche Anordnung, verstanden?«

Das dürfte fürs erste genügen. Er wollte verhindern, daß sich die Stimmung des Mobs da draußen noch mehr aufheizte.

Beck lehnte im Türrahmen des Verhörraums und beobachtete Cassidy. Der Kerl war ein Versager durch und durch, das verriet schon seine zusammengesunkene Haltung und die Art, wie er die Hände verschränkte.

Ein pseudointellektueller kleiner Englischlehrer, der sofort umfiel, wenn der Wind ein bißchen schärfer wehte, der vollkommen aufgeschmissen war, wenn er es mit echten Männern zu tun hatte. Vielleicht hatte er deswegen eine Vorliebe für kleine Jungs entwickelt.

Bilborough hatte Beck nicht aufgetragen, vor der Vernehmung des Mädchens mit Cassidy zu sprechen, aber das war schon okay. Der Boss würde ihn verstehen. Man mußte dem Scheißkerl Feuer unter dem Hintern machen, darauf kam's an. Er mußte kapieren, daß sie hinter ihm her waren und daß die Freundin ihn fallen lassen würde wie eine heiße Kartoffel. Ihr blieb gar nichts anderes übrig, wenn Beck in dieser Sache auch nur ein Wörtchen mitzusprechen hatte.

Außerdem konnte er sich auf Mitchell, den Polizisten, der hier unten Dienst hatte, verlassen. Er stand vor der Wand und rauchte gemächlich eine Zigarette – er würde sicher nicht überall herumposaunen, daß Beck Cassidy ein bißchen Dampf gemacht hatte.

»Ihre Freundin wird gerade hergebracht«, verkündete Beck, »sie mag Sie in Handschellen, oder?«

Cassidys Finger verkrampften sich. Er sagte kein Wort, dafür zuckte ein Nerv an seiner Schläfe.

Leide, du armseliger Bastard, dachte Beck und drehte sich um. Doch bevor er ging, mußte er noch eine Spitze loswerden. »Dreh dem Kerl bloß nicht den Rücken zu«, sagte er zu Mitchell.

Fitz hatte sich neben Beck und Penhaligon niedergelassen, Lesley Anderson saß ihnen gegenüber auf der anderen Seite des Tisches. Ihre Frisur und das Make-up waren makellos. Silberschmuck glitzerte an ihren Ohren und ihrem Hals. Sie war auf klassische englische Art sehr hübsch. Bestimmt ist die Hälfte der Jungs in der Schule echt scharf auf sie, dachte Fitz, und wahrscheinlich werden ihretwegen mehr Bettücher naß als wegen der Fotos im *Playboy*. Und dann noch die Lehrer!

Er zog an seiner Zigarette, und der Rauch kräuselte sich in der Luft.

»Er behauptet, er war mit Ihnen zusammen«, sagte Penhaligon.

»Ja.« Lesley beugte sich ein wenig vor und runzelte die Stirn. »Das stimmt.« Sie machte einen aufrichtigen Eindruck. Einen zu aufrichtigen, nach Fitz' Geschmack.

»Sie haben sich sofort erinnert«, sagte Penhaligon.

Gott, dachte Fitz, sie kann so … streng sein. Sein Blick fiel auf Beck. Seinem Ausdruck nach zu schließen hatte er bemerkt, daß Fitz Penhaligon beobachtete. Fitz schnippte umständlich die Asche von seiner Zigarette. Es bestand kein Grund, dem kleinen Arschloch noch mehr Befriedigung zu bieten.

»Ja«, sagte Lesley. Ihr Tonfall beinhaltete nicht die Spur eines Zweifels.

»Er sagt, Sie waren im Theater«, behauptete Penhaligon ausdruckslos. Auch ihre Körpersprache verriet nicht das geringste.

Sie ist eine gute Lügnerin, stellte Fitz fest.

Lesley riß die Augen auf – offenbar fand sie etwas in der linken Ecke des Raumes äußerst interessant. »Sie lügen«, sagte sie schließlich. »Er haßt das Theater«, setzte sie in eigenartig nasalem Ton hinzu.

»Er sagt, er hätte Ihnen etwas gekocht«, versuchte es Penhaligon noch einmal.

»Ja, er hat gekocht.« Lesley konnte nach wie vor Penhaligons Blick nicht begegnen.

»Was?« wollte Penhaligon wissen.

Beck rutschte auf seinem Stuhl hin und her. Er würde nicht mehr lange stillhalten können, urteilte Fitz. Wenn Lesley zusammenbrach, wollte er sagen können, er habe einen Beitrag dazu geleistet.

»Das weiß ich nicht mehr«, gab Lesley zurück, als wäre das eine ziemlich dumme Frage. Sie legte die Hand an den Hals.

»Was gab es zu essen?« schaltete sich Beck ein, genau wie Fitz es vorausgesehen hatte.

Unfair, alter Junge, tadelte sich Fitz. Als Penhaligon das Verhör von Cassidy im Arnedale Centre begonnen hatte, war er auch auf dem Sprung gewesen, und sie hatten sich, wie er fand, gut ergänzt. Wir könnten uns jetzt doch auch die Bälle zuspielen, vielleicht sogar zu dritt, oder nicht? rief er sich streng zur Ordnung und gab sich selbst die Antwort: Ja, wenn ich Lust dazu habe. Aber im Augenblick versuchte Beck, sich in den Vordergrund zu spielen. Und Beck war ein Idiot, folglich war auch alles, was er sagte, idiotisch. *Quod erat demonstrandum.*

Lesley schwieg lange. Ihr hübsches Gesicht offenbarte Verwirrung. »Hühnchen.« Sie zuckte unsicher mit den Schultern.

»Einfach nur Hühnchen?« Penhaligon hatte das Heft wieder übernommen.

»Und Gemüse... Broccoli, Kartoffeln, Erbsen.«

»Wein?« Penhaligon hatte nicht die Absicht, sich mit halben Sachen zufriedenzugeben.

»Ja.«

»Was für Wein?«

»Trockenen weißen.« Die Antwort kam schnell. Sie hatte sich keine Zeit gelassen, darüber nachzudenken.

»Was dann?« Penhaligon klang eher wie ein Maschinengewehr als wie ein menschliches Wesen.

»Wir haben Musik gehört.« Es schien fast, als wollte Lesley hinzufügen: Hab' ich diesmal das Richtige gesagt? Wollten Sie das von mir hören? Sie war im Gegensatz zu Penhaligon eine ausgesprochen schlechte Lügnerin.

»Klassische Musik?«

»Nein, Jazz.« Lesley hatte eine seltsam präzise Aussprache und achtete besonders darauf, die Schlußkonsonanten nicht zu verschlucken.

Sie hat gelernt, so deutlich zu sprechen, überlegte Fitz. Hatte sie als Kind Unterricht in Sprechtechnik? Nein, das wäre inzwischen verblaßt. Eine gescheiterte Schauspielerin vielleicht? Obwohl Cassidy das Theater haßte. Er fragte sich, was sie sonst noch *nicht* gemeinsam hatten.

»Sex?« fragte Beck ohne Übergang.

Na, großartig, dachte Fitz – ein Holzhammer, um eine Nuß zu knacken.

Lesley sah ihn geringschätzig an. »Nein, danke«, sagte sie.

Natürlich, spann Fitz den Faden weiter, ist noch nicht geklärt, wessen Nuß auf dem Block liegt. Er grinste.

Beck schien weder den Seitenhieb noch Fitz' Reaktion zur Kenntnis zu nehmen. »Hatten Sie Sex?« wiederholte er ungehalten, als hätte er es mit einer störrischen Siebenjährigen zu tun.

Lesley wurde rot. »Ja.«

»Wie war's?« wollte Beck wissen.

Penhaligon blitzte ihn böse an.

»Das geht Sie nichts an«, versetzte Lesley eisig.

»Was würden Sie sagen, wenn ich Ihnen eröffne, daß er ein Schwuler ist?« sagte Beck. Er schien sich köstlich zu amüsieren.

Lesley musterte ihn wie etwas Verfaultes, was sie ganz hinten im Kühlschrank gefunden hatte. »Ich würde sagen, daß Sie derjenige mit dem Schnauzbart sind.«

Beck wandte den Blick ab. Sein Gesichtsausdruck war kaum zu entschlüsseln. Bei jedem anderen hätte Fitz gesagt, er wäre verlegen oder beschämt, aber solche Reaktionen paßten nicht zu Beck.

»Müssen wir all Ihre Angaben überprüfen, Lesley?« Penhaligon klang beinahe gelangweilt.

»Nein, das müssen Sie nicht«, erwiderte Lesley. Sie blinzelte ein paarmal. »Es ist die Wahrheit.«

»Sie lügen. Das ist okay«, sagte Penhaligon mit erhobener Stimme. »Aber wenn wir erst beweisen müssen, daß Sie lügen, fallen wir über Sie her wie eine Tonne Ziegelsteine.«

Lesley wirkte wie ein gefangenes Tier, das seine Fluchtchancen abschätzte.

Noch ein kleiner Stoß, und wir haben sie, dachte Fitz. Genug mit den Holzhammermethoden; es wird Zeit, das Skalpell auszupacken.

»Sie sind schon seit Jahren sein Alibi, hab' ich recht, Lesley?« fragte er in sanftem, mitfühlendem Ton.

»Nein.« Sie war nervös, und sie wußte ganz genau, was Fitz meinte.

»Er ist homosexuell, aber er will sich nicht outen.« Fitz beobachtete sie durch eine Rauchwolke. Ihre Augen waren leicht zusammengekniffen und wachsam. Sie war in Schwierigkeiten und wußte es. Bis zu einem gewissen Grad tat sie ihm leid. »Das ist verständlich – immerhin ist er Lehrer. Da gibt es Gesetze und Vorschriften ...« Mitgefühl war eine Sache, sie ungeschoren davonkommen zu lassen, wenn sie einen Mörder deckte, eine ganz andere. »Er braucht eine Frau, eine Kollegin, um der ganzen Schule zu zeigen, daß er hetero ist.«

Lesley drehte den Kopf weg, sie ließ sich auf nichts ein. Fitz fuhr gnadenlos fort – er wußte, daß sie hellhörig geworden war, ob sie wollte oder nicht. »Er spricht von Hochzeit und stellt sicher, daß jeder mitbekommt, daß er vorhat zu heiraten. Aber es ist nur Gerede. Das Hochzeitsdatum hat er nie genannt.«

Fitz starrte Lesley unverwandt an; sie hielt seinem Blick einen Moment stand, dann wandte sie sich ab.

»Wie lange kennen Sie ihn schon?« fragte Fitz.

»Drei Jahre.«

Jetzt ist sie in Panik, erkannte Fitz. Sie hat Angst, als komplette Idiotin dazustehen, die nicht gemerkt hatte, was mit ihrem Freund los war. Sie war schön. Fitz konnte sich gut vorstellen, wie das war: Die Mädchen nahmen ihr übel, daß sie so hübsch ist; die Jungs meinten, daß sie außer ihrem Aussehen nichts zu bieten hatte. Sobald sie herausfanden, daß sie nicht nur schön, sondern auch intelligent war, waren sie eingeschüchtert. Aber sie war zu spät geboren, um ihre Intelligenz zu verstecken, wie es ihre Mutter möglicherweise getan hatte, also tat sie das einzige, was sie konnte: Sie stellte ihr Wissen zur Schau und rieb es den Halbstarken unter die Nase, bis sie still und zahm waren. Diese Gewohnheit würde sie wohl nie mehr ablegen. Nein, Lesley wollte nicht, daß sie jemand für gutgläubig und naiv hielt.

»Drei Jahre, und die ganze Zeit hegten Sie nicht den Hauch eines Verdachts?« Fitz gelang es, den Überraschten zu spielen. Er gönnte sich einen ausgiebigen Zug an seiner Zigarette und atmete den Rauch langsam aus, dabei ließ er Lesley nicht aus den Augen. Das hat gesessen, dachte er. Vielleicht war sie ja doch argwöhnisch gewesen. Vielleicht auch nicht, aber wenn sie sich das jetzt eingestehen würde, käme sie sich dumm vor, und das konnte sie nicht zulassen. »Er hat versucht, sich das Leben zu nehmen«, setzte Fitz nach.

Lesleys Kopf zuckte in die Höhe. Sie war ehrlich erschrocken, und die Art, wie sie das zeigte, strafte jede andere Reaktion, die sie bis jetzt an den Tag gelegt hatte, Lügen.

»Ich weiß, was Sie jetzt denken«, sagte Fitz voller Anteilnahme. »Sie werden die Schule verlassen müssen.« Offensichtlich war ihr dieser Gedanke noch nicht in den Sinn gekommen. »›Arme Lesley‹, werden einige sagen, ›sie hat doch so an Cassidy gehangen, und er hat sie die ganze Zeit an der Nase herumgeführt.‹« Er ließ ihr Zeit, sich vorzustellen, wie die Kollegen im Lehrerzimmer die Köpfe zusammenstecken, tuscheln und verstummen, sobald sie auftaucht; die mitleidigen Blicke; sogar die Zehn- und Elfjährigen kichern hinter vorgehaltenen Händen. »Manche werden Sie auslachen – das ist okay.« Ihre Miene verriet ihm, daß es alles andere als okay wäre; diese Reaktion hatte er natürlich vorausgesehen. Es war an der Zeit, die Watteverpackung wegzureißen und härtere Bandagen zu benutzen. »Und andere werden sie bemitleiden.« Seine Stimme wurde lauter. »Und wenn Sie uns belügen, werden sie Sie verachten.«

»Waren Sie mit ihm am Abend des Mordes zusammen, Lesley?« fragte Penhaligon leise.

Lesleys Blick huschte von Penhaligon zu Fitz und wieder zurück. Sie leckte sich über die Lippen. »Nein«, flüsterte sie.

Beck verließ den Verhörraum ziemlich früh. Er ging, um mit dem Boss ein Sandwich zu essen – er hatte Catriona versprochen, darauf zu achten, daß Bilborough regelmäßig aß. Käse und Pickles auf Weißbrot, nichts von dem gesunden Vollkornmist, auch wenn Catriona das wesentlich lieber wäre.

Bilborough saß an seinem Schreibtisch und kämpfte sich durch einen Stapel Formulare – die meisten davon betrafen den Aufruhr und die Zwischenfälle vor dem Präsidium. Beck überredete ihn, den Papierkram auf später zu verschieben, und machte ihm klar, daß er sich die Vernehmungen ansehen mußte. Den Vorwand: »Ich seh' mir nachher die Videobänder an«, ließ er nicht gelten.

Sie hockten sich vor den Monitor, gerade als Lesley Anderson aus dem Verhörraum geführt wurde.

Fitz schaute aus dem Fenster. Alles, was er sah, war grau: grauer Himmel, graue Mauern, grauer Asphalt. »Wie kommst du in letzter Zeit mit Peter zurecht?«

»So lala«, sagte Penhaligon. »Derselbe alte Peter, dieselben alten Streitigkeiten. Und Judith?«

Fitz drehte sich um und warf einen Blick auf die Kamera. Wenn Beck auch nur eine Spur weniger dumm wäre, würde Fitz annehmen, daß er ihn mit Penhaligon allein gelassen hatte, um sie über das Kamerasystem zu belauschen. »Wie immer«, sagte er.

Bevor Penhaligon etwas darauf erwidern konnte, wurde Cassidy hereingebracht. Er schien wütend und aufgebracht zu sein. Eine tiefe vertikale Falte hatte sich zwischen seine Augenbrauen eingegraben, und sein Mund war verzerrt.

»Lesley«, sagte er, als er den Raum betrat. »Was haben Sie ihr erzählt?«

»Bitte, setzen Sie sich, Mr. Cassidy«, sagte Penhaligon geschäftsmäßig.

Cassidy nahm widerstrebend Platz. »Ich weiß, daß Sie ihr irgendwas erzählt haben. Ich bin ihr gerade begegnet... so wie sie mich angesehen hat...«

Fitz legte die Handspitzen aneinander. »Sie haben ihr gesagt, daß Sie schwul sind.«

»Das bin ich nicht!« Cassidy gelang es immer noch, entrüstet auf eine solche Bemerkung zu reagieren, obwohl er diese Anschuldigung an diesem Morgen mindestens schon ein dutzendmal abgestritten hatte.

Fitz ächzte. »Lesley hat ihnen geglaubt.« Er machte eine Pause, um diese Eröffnung wirken zu lassen. Plötzlich war er sich Penhaligons Nähe deutlich bewußt – er sah ihre langen Schenkel unter dem kurzen Rock. »Ich denke, wenn man meiner Frau erzählen würde, daß ich schwul bin, würde sie es nicht glauben. Zuerst muß immer ein Verdacht bestehen.«

Cassidy beugte sich über den Tisch und sah Penhaligon an. »Soll ich Ihnen beweisen, daß ich es nicht bin? An irgendeinem verschwiegenen Ort?«

Im Dienstzimmer sahen sich Beck und Bilborough an und kicherten.

Penhaligon bedachte Cassidy mit einem eisigen Blick. Für seine schmutzigen Vorschläge hatte er sich die Falsche ausgesucht. Sie hatte nicht vor, ihm aus dieser Bredouille zu helfen.

»Was haben Sie vor drei Tagen abends gemacht?« fragte Fitz.

»Ahh …« Cassidy suchte nach einer Antwort. »Ich war zu Hause.«

»Mit Lesley?«

»Ja.« Cassidy faltete die Hände auf dem Tisch. Sein Zeigefinger rieb fast krampfartig über den Knöchel der anderen Hand. Seine Armbanduhr war ungewöhnlich groß mit riesigem Ziffernblatt und einem Armband aus schweren Silbergliedern. Die Manschette seines Hemdes bedeckte die Uhr nicht. Penhaligon hätte nicht erwartet, daß jemand wie Cassidy so etwas trug, und abgesehen von dieser Tatsache war da noch etwas mit dieser Uhr … Es würde ihr gleich einfallen, dessen war sie sich sicher. Sie konzentrierte sich wieder auf das Gespräch, das Fitz mit Cassidy führte.

»Ich habe Hefte korrigiert«, sagte Cassidy. Er starrte blicklos vor sich hin und hielt mit einemmal seine Hände ganz still. »Ich war joggen. Danach habe ich wieder Hefte korrigiert.«

Bilborough wandte sich an Beck. »Der phantasievolle Liebhaber«, sagte er mit vollem Mund.

»Bates«, rief Beck und lief zur Tür.

Bilborough sah den Monitor eindringlich an. »Was hatte er an?« murmelte er vor sich hin.

Er hörte kaum zu, als Fitz fragte: »Sie sind also durch den Wald gejoggt?«

»Auf der Straße«, widersprach Cassidy. Seine Stimme war über den Lautsprecher kaum zu hören.

»Was hatte er an?« flüsterte Bilborough erneut. Er stand auf und ging rückwärts, um nichts vom Verhör zu verpassen, zur Tür. Er öffnete die Tür einen Spalt und schrie: »Bob!«

»Sie wohnen nur eine halbe Meile vom Wald entfernt?« erkundigte sich Fitz.

»Ja«, bestätigte Cassidy.

Bob, der Officer, kam ins Dienstzimmer.

»Geh da rein und sag Penhaligon, daß sie ihn fragen soll, was er an dem Abend beim Joggen anhatte«, befahl Bilborough.

Wir kriegen dich, Cassidy, dachte Bilborough. Wir kriegen dich, du mordlustiges Schwein.

»Aber Sie sind früher auf dem Waldweg gelaufen?« fragte Fitz. Penhaligon beobachtete Cassidys Reaktion. Eines Tages würde sie genausoviel aus Kleinigkeiten erkennen wie Fitz. Bis dahin mußte sie ihr Bestes versuchen.

Cassidy wurde offensichtlich noch nervöser. »Vor langer Zeit... eine Menge Kinder treiben sich im Wald herum...« Seine Hände verkrampften sich ineinander. Seine Uhr rieb an der Manschette. »Als Lehrer ist man für die Freiwild«, setzte er hastig hinzu. »Sie rufen einem Beschimpfungen nach, und das kann einen ganz schön aus der Fassung bringen. Ich jogge, um mich zu entspannen. Deshalb laufe ich nicht mehr im Wald, klar?« Jetzt winselte er so jämmerlich, daß Penhaligon unruhig wurde. Er und seine Freundin geben ein gutes Paar ab, entschied sie.

»Warum haben Sie versucht, sich umzubringen?« fragte Fitz so beiläufig, als würde er sich erkundigen, ob Cassidy seinen Kaffee schwarz oder mit Milch trank.

Penhaligon verpaßte seine Antwort, weil gerade in diesem Moment Bob Henderson, einer der Uniformierten, hereinkam. Bilborough wollte wissen, welche Kleidung Cassidy beim Joggen angehabt hatte.

»...ich war ziemlich deprimiert«, endete Cassidy.

»Weshalb?« erkundigte sich Fitz.

Cassidys Miene verfinsterte sich. »Wegen des schlechten Wechselkurses für unsere Währung.«

Fitz lächelte, obwohl Penhaligon bezweifelte, daß dieser Witz seinem Niveau entsprach.

»Was für Kleider trugen Sie?« warf sie ein. Cassidy sah an sich herunter. »Beim Joggen«, präzisierte sie.

»Trainingsanzug. Turnschuhe.« Cassidy klang müde, als hätte er schon bis zum Überdruß Fragen beantwortet. Vielleicht kamen sie jetzt weiter.

»Macht es Ihnen etwas aus, wenn wir die Sachen herholen?« fragte sie.

»Ja, es macht mir etwas aus«, erwiderte Cassidy trotzig. Er strich mit der Hand über die Tischfläche. »Ja, es macht mir etwas aus.«

Die Uhr rieb an seiner Manschette. Plötzlich fiel es ihr ein. Das Bild von ihm und Timothy blitzte vor ihr auf – sie waren sich sehr nahe. Die Uhr, das grobgliedrige Armband rieb über Tims Kleidung, vielleicht verfing sich ein Haar…

»Okay«, sagte sie. »Hatten Sie die am Handgelenk?« Sie schaute auf die Uhr.

Cassidy warf Fitz einen Blick zu. *Was soll das?* schien er zu fragen. Fitz reagierte nicht. »Ja«, sagte Cassidy und fingerte an dem Armband.

»Kann ich sie mir für ein oder zwei Stunden ausleihen?« Penhaligon hatte Mühe, ruhig zu bleiben.

Wieder wandte sich Cassidy an Fitz. Es schien fast, als wollte er von ihm wissen, ob ihm auch nichts passieren würde, wenn er Penhaligon die Uhr überließ. Vielleicht vertraut er Fitz, weil er ihm das Leben gerettet hat, überlegte Penhaligon. Was auch immer Cassidy dazu bewog, Fitz enttäuschte ihn, indem er schwieg. Cassidy nahm die Uhr ab und gab sie Penhaligon.

»Danke«, sagte sie. Scheiß auf Beck und sein Superman-Gehabe. Mit ein bißchen Glück konnte sie Cassidy mit der Uhr festnageln, und Beck hatte nicht die geringste Chance, den Erfolg für sich zu verbuchen.

19

»Ja, ich weiß, Sie haben viel zu tun«, sagte Bilborough in den Telefonhörer. Die Leute aus dem Labor hatten sich bereits beschwert, als er sie um eine dringende Untersuchung von Cassidys Uhr gebeten hatte. »Ja, ich bleibe am Apparat, solange Sie den Bericht suchen.«

Penhaligon stand an der verglasten Wand und sah ins Dienstzimmer. Sie lächelte.

Bilborough ahnte, woran sie dachte. Die Frage war viel eher, wann sie in Gedanken einmal nicht bei Fitz war. Er bedeckte die Sprechmuschel mit der Hand. »Sie haben erst einen vorläufigen Bericht angefertigt. Gehen Sie in die Verwaltung und sagen Sie denen, sie sollen einen Anwalt für Cassidy herschaffen. Dann bitten Sie Jimmy Beck, diesen Bates zu holen.«

»Eine Gegenüberstellung, Sir?« fragte Penhaligon. »Soll ich noch ein paar Männer dafür organisieren?«

Also schön, dachte er, du hast es mal wieder bewiesen. Du bist auf Draht. »Gut mitgedacht«, lobte er. »Oh, und rufen Sie Harrington an. Sagen Sie ihm, ich brauche den Autopsiebericht sofort.«

Der Trick bei widerspenstigen Zeugen ist, sie so einzuschüchtern, daß sie sich wie brave Bürger benehmen, dachte Beck. Wenn es nicht zu lästig ist, kann man ihnen eine Chance geben, aber richtige Arschlöcher wie dieser Bates verdienen keine Gnade. Die müssen in Verlegenheit gebracht werden, wann immer es möglich ist – vor den Nachbarn, vor der Frau, vor den Kindern –, und wenn ich fertig mit ihm bin, fleht er mich an, seine Aussage machen zu dürfen, nur damit ich ihn in Ruhe lasse.

Beck wußte, daß es funktionierte. Er hatte diese Methode schon oft genug erprobt.

Er klopfte an Bates' Tür. Das Haus war hübsch – Spitzengardinen an den Fenstern, Blumenampeln auf beiden Seiten des Eingangs, ein Kinderrad lag neben dem Weg durch den Vorgarten. Man hätte nie vermutet, daß Bates in fremden Revieren wilderte.

Die Tür ging auf. Bates stand vor Beck. Schade, dachte Beck, es wäre wirklich nett gewesen, seine Frau kennenzulernen.

Beck lächelte. »Darf ich reinkommen?« fragte er laut und vernehmlich.

Bates trat einen Schritt näher zu ihm und zog die Tür zu, achtete aber darauf, daß das Schloß nicht zuschnappte. »Meine Frau ist zu Hause«, sagte er leise.

Becks Stimme wurde um eine Nuance lauter, damit Bates nicht auf den Gedanken kam, er könnte mit seiner Diskretion rechnen. »Es geht um Ihre Aussage.« Er zog sein Notizbuch aus der Tasche und blätterte darin. »Sie waren mit Ihrer Freundin im Wald und begegneten einem Jogger ...«

»Ja.« Bates war unbehaglich zumute.

Gleich wird ihm klar, daß er die Sache am schnellsten hinter sich bringt, wenn er keine Zicken macht, prophezeite Beck im stillen.

»Wer ist da?« kreischte eine barsche Frauenstimme im Haus.

Himmel, dachte Beck. Wenn die meine Frau wäre, würde ich nicht nur mit anderen herumspielen, sondern sofort die Beine in die Hand nehmen und weglaufen, so schnell ich kann.

Bates sah sich erschrocken um. »Christliches Hilfswerk«, rief er.

Beck grinste. Bates erkannte eindeutig, daß er in Schwierigkeiten war. Trotzdem war es sicherer, ihn noch mehr mit der Nase darauf zu stoßen. »Ist er schnell oder langsam gelaufen?«

»Ziemlich schnell.«

»Also, verstehen Sie ...«

»Reicht Ihnen das nicht?«

Du hast es immer noch nicht kapiert, was, mein Junge? »Bei ›joggen‹ denken die Leute immer an ›langsam laufen‹«, sagte Beck. »Aber er rannte schnell.« Du wirst auch noch schnell rennen, das verspreche ich dir.

»Ja.«

»›Wegrennen‹ wäre also genauer?«

»›Vom Tatort wegrennen‹?« Endlich hatte Bates begriffen. Er spähte über die Schulter zur Tür. Dorthin konnte er sich nicht flüchten. Er sah Beck wieder an.

»Ich möchte es nur ganz genau wissen.« Und jetzt kommt's noch dicker, dachte Beck. »Wie auch immer – wir brauchen Sie im Präsidium für eine Gegenüberstellung. Danach können Sie Ihre Aussage richtigstellen.«

»Aber«, protestierte Bates und verstummte. »Was soll ich meiner Frau sagen?« flüsterte er nach einer Weile.

Beck grinste, als wollte er sagen: *Wir sind doch beide Männer von Welt.* »Ihnen wird schon was einfallen«, sagte er.

Cassidy schlug mit der flachen Hand gegen die Wand im Verhörraum.

»Der Junge war mein Schüler«, schrie er. Er drehte sich um. Schon am Anfang des Verhörs hatte er einen verhärmten, niedergeschlagenen Eindruck gemacht, aber jetzt – zwei Stunden später, nachdem die Spurensicherung Stoffasern an seiner Uhr gefunden hatte – sah er furchtbar aus. Seine Haut war aschgrau und tiefe Linien der Erschöpfung zeichneten sein Gesicht.

»Wenn man Kinder unterrichtet, kommt man ihnen ziemlich nahe.« Er schien hauptsächlich mit Fitz zu reden.

Interessant, dachte Penhaligon, warum mit Fitz und nicht mit mir oder Bilborough? Weil Fitz es darauf anlegte und so etwas wie eine persönliche Beziehung mit Verdächtigen und Zeugen aufbaute – gerade das machte ihn so effizient. Sie selbst konnte aber auch effizient sein. Sie warf einen Seitenblick zu Bilborough, der mit verschränkten Armen neben der Tür stand. Er sollte nur den Versuch unternehmen, irgend jemandem weiszumachen, daß dieser Durchbruch nicht auf ihr Konto ging, dann würde er sie erst richtig kennenlernen.

Cassidy setzte sich an den Tisch. »Ich muß mich mit Schwachköpfen und Schlägern abgeben.« Er flehte um Mitleid.

Er bekam es nicht. Fitz sah ihn teilnahmslos an. Nach einem Moment sagte er: »Tatsache ist, daß Tim zur Konzertprobe in der

Schule ein Hemd mit Krawatte trug. Er hat das T-Shirt erst ungefähr um...«, er schaute auf seinen Notizblock, »...fünf Uhr nachmittags angezogen. Das heißt, daß Sie ihn zwischen fünf Uhr und dem Zeitpunkt seines Todes berührt haben müssen.«

Cassidy ließ den Kopf ein wenig sinken und rieb sich den Nacken.

Wir haben dich, dachte Penhaligon. Ich hab' dich festgenagelt.

»Apropos T-Shirt«, fuhr Fitz leicht belustigt fort, »ich habe einen halbwüchsigen Sohn, deshalb kenne ich mich auf diesem Gebiet aus – man zieht nicht sein bestes T-Shirt an, wenn man seinen Vater besucht. Das hebt man sich für andere Gelegenheiten auf. Man trägt es, wenn man jemanden beeindrucken will, den man toll findet.«

Plötzlich herrschte Totenstille in dem Raum – es war, als hätte sich die ganze Welt auf Fitz und Cassidy reduziert. Der einzige Laut in dieser Welt war Fitz' Stimme. »Er hat Sie verehrt, stimmt's? Sie waren sein Lehrer und haben der Versuchung widerstanden.« Fitz flüsterte beinahe. Er zog alle in seinen Bann. Cassidy schien wie hypnotisiert von ihm zu sein. »Aber an diesem Abend kam er zu Ihnen. Er hatte dieses T-Shirt an. Ein blonder, wunderschöner Junge. Diese Arme, dieses Lächeln! Ich werfe Ihnen nicht vor, daß Sie schwach geworden sind. Niemand macht Ihnen Vorwürfe.«

Cassidy lachte; der Bann war gebrochen. Einen Augenblick sah es so aus, als stünde Cassidy kurz vor einem hysterischen Ausbruch, sein Gesichtsausdruck war der eines Verrückten. »Ich habe Hefte korrigiert«, sagte er mit bebender Stimme. »Ich war joggen. Und ich habe noch mehr Hefte korrigiert, das ist alles.« Er starrte Fitz an. »Das ist alles.«

Die Anwältin, Shazia Begum, war ein Liberale durch und durch. Beck war schon vorher ein paarmal heftig mit ihr aneinandergeraten. Gewöhnlich machte sie sich stark für die Bewohnerinnen des örtlichen Frauenhauses, und es war für alle überraschend, daß sie einen Fall wie diesen übernahm.

»Er ist da drin«, sagte Beck und deutete mit dem Daumen auf die Zellentür. »Sie werden nicht viel Zeit für ihn brauchen – er ist schuldig wie die Sünde, das sag' ich Ihnen gleich.«

»Ich werde mir eine eigene Meinung bilden, danke, Detective Sergeant Beck«, entgegnete Shazia Begum.

Guter Gott, was war nur mit den Frauen heutzutage los? Beck hatte geglaubt, daß wenigstens die asiatischen Frauen wußten, wo ihr Platz war. Irgendeine Hoffnung mußte man ja haben.

»Schreien Sie, wenn er irgendwas versucht«, sagte Beck, solange die Tür noch offen war, und setzte rasch hinzu: »Wenn man genauer darüber nachdenkt, ist es eher unwahrscheinlich, daß er Interesse an Ihnen hat.«

Darauf zu warten, daß die Gegenüberstellung beginnt, ist mörderisch, dachte Bilborough. Er ging in dem kleinen Kabuff hinter dem Zweiwegespiegel, der die beobachtenden Polizisten vor den Blicken der Männer in der Reihe verbarg, auf und ab. Er war hundemüde – genaugenommen kostete es ihn die größte Anstrengung, sich wachzuhalten –, und das gedämpfte Licht in dem kahlen Zimmer machte alles noch viel schlimmer.

Penhaligon und Fitz saßen in einer Ecke und unterhielten sich angeregt. Er ging zu ihnen hin.

»Übrigens, das war gute Arbeit...«, begann er. Penhaligon lächelte überrascht. »...Fitz.«

»Mann, null Problemo, Boss«, erwiderte Fitz mit seinem nervtötenden amerikanischen Akzent.

Penhaligons Miene verdüsterte sich. Was, zum Teufel, paßt ihr jetzt schon wieder nicht? überlegte Bilborough. Vielleicht bildet sie sich ein, sie verdient einen Orden dafür, daß sie ihren Job macht.

Er musterte die Männer in der Reihe. Eine gute Auswahl, sie paßten perfekt zu dem mittelgroßen Cassidy mit seinem mausbraunen Haar, aber er atmete schwer und schnell, und es war kaum zu übersehen, daß er kurz davor war, in Panik zu geraten. Schweiß glänzte auf seiner Haut. Sie konnten nichts dagegen unternehmen, aber es könnte zum Problem werden. Sie konnten es nicht gebrauchen, wenn die Begum behauptete, Bates hätte ihn nur wegen solch deutlicher Anzeichen identifiziert... Bilborough wollte den Fall abschließen, Cassidy hinter Schloß und Riegel bringen und den Papierkram erledigen. Dann konnte er sich ein paar Tage freinehmen, dafür sorgen, daß es Catriona besserging und vielleicht das Kinderzimmer streichen.

Er lehnte sich an die Wand. Mein Gott, diese Müdigkeit! Er rieb sich mit Daumen und Zeigefinger die Augen. Sie brannten wie Feuer.

Ein leises Klicken war zu hören, als die Tür aufging. Licht flutete herein, während Beck und ein Officer Bates hereinführten und direkt auf die Reihe der Männer zugingen.

Bates ging langsam an den Männern vorbei.

Komm schon, du Mistkerl, dachte Bilborough. Zeig auf ihn. Zeig einfach mit dem Finger auf ihn.

Bates ging an Cassidy vorbei.

Nein, beschwor ihn Bilborough stumm. Tu uns das nicht an.

Bates machte kehrt. »Dieser Mann«, sagte er und deutete auf Cassidy.

»Ja«, sagte Fitz.

Danke, lieber Gott, betete Bilborough. Das war's – das Paket ist geschnürt, wir müssen nur noch die Schleife zubinden...

»Dieser Mann ist hier, weil er der Lehrer des Jungen war, hab' ich recht?« fuhr Bates fort.

Nein, wimmerte Bilborough im stillen. Das glaube ich nicht. Ich werde nicht...

»Ich kenne ihn. Er unterrichtet meinen Sohn.« Bates drehte sich um und sah in den Spiegel. »Es war nicht dieser Mann.« Er deutete noch einmal auf Cassidy. »Es war eindeutig nicht dieser Mann.«

Das darf nicht wahr sein, dachte Bilborough. Das darf einfach nicht wahr sein. Er sah Cassidy an. Der Kerl grinste beinahe. Es ist noch nicht vorbei, du Scheißkerl, dachte Bilborough.

Das kommt nicht in Frage«, sagte die Begum. Der Schal, mit dem sie ihr Haar bedeckt hatte, rutschte nach vorn. Sie zog ihn ungeduldig zurück. »Es sei denn natürlich, Sie erheben Anklage gegen meinen Mandanten.«

Bilborough hatte eine Blutprobe von Cassidy gefordert, damit das Labor ein DNS-Profil erstellen konnte. Das war abgesehen von einem Geständnis die beste Möglichkeit, ihn festzunageln. Wenn sie ihn unter Anklage stellten, verlor er das Recht, eine Blutabnahme zu verweigern. Aber er wußte genausogut wie die Anwältin, daß er nicht genügend Beweise hatte, um eine Anklage durchzusetzen. Noch nicht. Sie saßen in Bilboroughs Büro – Fitz, Penhaligon, Beck, Bilborough und Cassidys Anwältin. Als Bilborough der Begum zum erstenmal begegnet war, hatte sie eine Frau verteidigt, die ihrem gewalttätigen Mann Säure ins Gesicht geschüttet hatte. Die Begum war ihm schon damals auf die Nerven gegangen und hatte eine Gegendarstellung für jedes Beweisstück vorgebracht, mit dem er aufzeigen wollte, daß der Säureangriff kaltblütig geplant und keine Notwehr gewesen war. Er hatte den Fehler gemacht, die Frau zu unterschätzen. Das würde ihm nicht mehr passieren.

»Hören Sie«, sagte Bilborough, »wir wollen diesen Test durchführen, damit wir ihn aus unseren Ermittlungen ausschließen können. Wenn er unschuldig ist, hat er von einer DNS-Analyse nichts zu befürchten. Falls er sich weigert …«

»Falls er sich weigert, macht es einen wirklich schlechten Eindruck«, ergänzte Beck.

»Tatsächlich?« fragte die Begum gespielt naiv. Gold glitzerte an ihren Ohren, an den Handgelenken und an einem Nasenflügel, aber sie war im westlichen Stil gekleidet. »Chief Inspector, sind Sie sich im klaren, daß eine Menge Fehler bei einem DNS-Test passieren können?«

»Oh, da …« begann Bilborough.

»Sie hat recht«, fiel ihm Fitz ins Wort. »Eine geringe Temperaturschwankung, eine kleine Verzögerung, vielleicht eine winzige Abweichung des chemischen Substrats – und schon bekommt man ein anderes Resultat.«

Vielen Dank, Fitz, dachte Bilborough.

»Na und?« schaltete sich Beck wieder ein. »Wir sorgen einfach dafür, daß der Test ordentlich durchgeführt wird. Kein Problem.«

»Ah«, rief Begum, »aber stellen Sie sich folgende Situation doch mal vor: Mr. Cassidy ist unschuldig...«

»Daß ich nicht lache.« Das war wieder Beck.

»Angenommen, er ist unschuldig, Sergeant. Sicherlich reicht sogar Ihre Phantasie aus, sich das vorzustellen, oder?«

»Rechnen Sie nicht allzu fest damit«, sagte Fitz.

Beck durchbohrte ihn mit einem Blick.

»Wie auch immer – wenn ein Fehler bei der Analyse gemacht wird, und das Ergebnis positiv ist...«

»Oh, das ist höchst unwahrscheinlich«, sagte Fitz. »Ein falsches negatives Ergebnis, das kommt vor, aber die Chancen, daß eine Probe nach einer fehlerhaften Analyse hundertprozentig paßt, dürfte eins zu mehreren Millionen stehen.«

»Ich habe schon gehört, daß Sie gern Wetten abschließen, Doktor Fitzgerald.« Die Begum bedachte ihn mit einem strengen Blick. »Ich lasse mich selbstverständlich nicht auf solche Aktivitäten ein. Der Koran mißbilligt so etwas. Auch wenn die Chancen noch gering sind, würde ich zögern, das Leben eines unschuldigen Mannes aufs Spiel zu setzen. Wie sollten wir einen solchen Fall einer Jury vortragen, falls die Sache vor Gericht kommt?« Sie sah alle der Reihe nach an.

Anwältin? dachte Bilborough. Sie würde ein verdammt gute Schauspielerin abgeben.

»Man liest doch so viel in den Zeitungen – dieser Mörder überführt, jene Vaterschaft geklärt, der Vergewaltiger identifiziert. Wie sollten wir einer Laienjury klarmachen, daß eine DNS-Analyse alles andere als zuverlässig ist?«

»Das ist Ihr Problem, nicht unseres«, gab Bilborough zurück. »Wir haben die Pflicht, alle nur möglichen Beweise zusammenzutragen und der Staatsanwaltschaft vorzulegen. Kein Mensch verlangt von uns, zu beurteilen, welche Methoden zuverlässig sind und welche nicht.«

»Ich verstehe«, sagte die Begum. »Und das schließt das Verhör eines Verdächtigen ohne die Anwesenheit eines Rechtsbeistands und ohne eines Tondbandmitschnitts ein?« Sie erschien bemerkenswert ruhig, und ihr Tonfall verriet nicht die geringste Emotion. »Ist das so, Chief Inspector?«

»Cassidy wurde ursprünglich nicht als Verdächtiger vernommen. Wir haben versucht, ihn aus unseren Ermittlungen auszuschließen.«

Penhaligon, die nicht im Blickfeld der Anwältin saß, zog die Augenbrauen hoch.

Bilborough mußte zugeben, daß diese Ausrede ziemlich dünn war, aber sie war die beste, die er in dieser Situation vorbringen konnte. »Sobald wir einen echten Hinweis hatten, daß er der Mörder sein könnte, haben wir ihm einen Anwalt besorgt.«

Die Begum betrachtete ihn herausfordernd.

»Mehr ist bis jetzt noch nicht geschehen«, versicherte er. Schwach, urteilte er selbst. Die letzte Bemerkung war definitiv schwach.

»Entschuldigen Sie«, sagte die Begum, »aber ich habe den Eindruck, daß sehr viel geschehen ist. Zum Bespiel sind die Rechte meines Mandanten mißachtet worden. Sie werden verstehen, daß ich alle Anstrengungen unternehmen werde, daß das nicht wieder passiert.«

»Oh, kommen Sie schon«, mischte sich Fitz ein. »Ich weiß, daß Sie eine Menge zu beweisen haben – allen Männern, die in Machtpositionen sitzen, während Sie so hart arbeiten müssen …«

»Doktor Fitzgerald, ich glaube, diese Unterhaltung haben wir mindestens schon dreimal geführt. Vielleicht hatten Sie beim erstenmal mit dieser Methode Erfolg, aber inzwischen bin ich Ihnen, wie Sie es ausdrücken würden, auf die Schliche gekommen. Sie sollten sich etwas anderes einfallen lassen.«

»Touché«, gab Fitz mit einem liebenswürdigen Lächeln zurück.

»Würden Sie mich bitte entschuldigen, Miss Begum? Fitz?«

sagte Bilborough. Sein Kopf begann zu pochen. »Ich möchte mit meinen Officers sprechen.«

Fitz und die Begum gingen.

Verdammt, dachte Bilborough. Der Fall löste sich in Wohlgefallen auf, und er hatte vergessen, Catriona wie versprochen anzurufen. Na, wenigstens dieses Versäumnis konnte er wiedergutmachen. Jimmy und Penhaligon würden warten müssen.

Penhaligon hatte die Nase voll. Sie hockte in Bilboroughs Büro und sah ihm zu, wie er immer wieder seine Privatnummer wählte. Niemand nahm ab. Sie konnte das Freizeichen von ihrem Platz aus hören. Beck saß neben ihr und ließ die Beine vor und zurück schwingen, vor und zurück. Es störte sie, aber sie wußte, daß er erst recht weitermachen würde, wenn sie ihn bat, damit aufzuhören.

»Wir können nicht sicher davon ausgehen, daß Cassidy unser Mann ist«, sagte sie. »Wir wissen, daß sich mindestens ein Jogger an diesem Abend in der Nähe aufgehalten hat.«

»Ach komm!« protestierte Beck.

Bilborough gab seinen Versuch auf, er unterbrach die Verbindung und tippte eine andere Nummer ein. Es klingelte am anderen Ende der Leitung. Penhaligon hielt es für möglich, daß sie von klingelnden Telefonen träumte, wenn sie endlich schlafen konnte.

»Schau«, sagte sie, »wir haben einen Verdächtigen ausgeschlossen und einen Zeugen gefunden. Wir machen Fortschritte, also ...«

Bilborough hielt den Telefonhörer ein Stück weg. »Woher wissen Sie das?«

Penhaligon begriff die Frage nicht. »Wie bitte?«

»Woher wissen Sie, daß er nicht doch der Jogger war, den Bates gesehen hat?«

»Bates hat ausgesagt, daß er es nicht war«, erwiderte Penhaligon. Sie bemühte sich, nicht wie eine Kindergärtnerin zu klingen, die einem Fünfjährigen zum hundertstenmal erklärte, wie man eine Schleife bindet, versagte aber kläglich.

»Er hat gelogen«, gab Bilborough genauso herablassend zurück. »Der Hauptzeuge entlastet den Hauptverdächtigen. ›Es war eindeutig nicht dieser Mann.‹ Alles Quatsch.« Er schwieg einen Moment. »Er will sich nur aus einer Gerichtsverhandlung heraushalten. Er will nicht, daß ihn ein superkluger Anwalt fragt, was er im Wald getrieben hat.«

Penhaligon fragte sich, was ihn so besserwisserisch und selbstsicher machte. Am liebsten hätte sie ihm vorgehalten, daß er trotz seines höheren Ranges nur fünf Jahre älter als sie war. Sie verbiß sich den Einwand, hauptsächlich weil sie Becks spöttische Bemerkung fast hören konnte: »Du hättest dich wohl selbst gern als Höhenflieger gesehen, was?«

Bilborough redete in den Telefonhörer: »Hallo? Hier ist David Bilborough – könnten Sie – ich hab' versucht, meine Frau anzurufen ...«

Ja, dachte Penhaligon, in der letzten Zeit hat er nichts anderes getan. Er leitet die Ermittlungen in einem Mordfall – was ist da logischer, als den halben Tag herumzusitzen und Privatgespräche zu führen? Sie versuchte, ihren Unmut zu unterdrücken. Reine Energieverschwendung; sie schaffte es nicht. Sie trank einen Schluck Tee und hoffte, daß man ihr nichts anmerkte. Sie konnte es sich nicht leisten, daß Bilborough sie als zu emotional einstufte. Und Beck hätte ihr eine derart unprofessionelle Haltung bis in alle Ewigkeit vorgehalten.

»Könnten Sie aus dem Fenster schauen und nachsehen, ob unser Wagen dort steht? Danke«, sagte Bilborough, dann wandte er sich an Penhaligon. »Halten Sie sich fern von Fitz. Sie reden schon genau wie er.«

Penhaligon stellte ihre Tasse ein wenig heftiger als nötig auf den Schreibtisch. Tee schwappte auf ein unbeschriebenes Blatt Papier; sie achtete nicht darauf. »Was meinen Sie damit?«

»Sie wissen ganz genau, was ich meine.«

»Das weiß ich nicht«, gab sie zurück, obwohl sie es sich sehr gut denken konnte. Plötzlich wurde sie sich bewußt, daß sie nicht zögern würde, einen Streit anzufangen, wenn er es darauf anlegte. »Ich weiß nicht, was Sie meinen, und ich möchte, daß Sie es mir erklären. Okay, Sir? Ich möchte…«

»Jetzt kommt schon«, mischte sich Beck beschwichtigend ein. »Laßt uns…«

»Halt du dich da raus, okay?« fauchte Penhaligon. Sie wünschte, sie hätte den Nerv, ihn zum Teufel zu schicken. »Dich geht das überhaupt nichts an.«

Beck klopfte die Asche von seiner Zigarette. »Mir wäre es zuwider, in einer flauen Woche zu dir nach Hause zu kommen.« Er stand auf und studierte eingehend die Aushänge am Schwarzen Brett.

»Danke«, murmelte Bilborough ins Telefon, dann legte er auf. »Sie ist im Garten«, erzählte er Penhaligon, als wäre alles in bester Ordnung.

Verflucht noch mal, wütete Penhaligon innerlich. Er versuchte wahrscheinlich nur, das Thema zu wechseln, aber da machte sie nicht mit. Diesmal ließ sie sich nicht unterkriegen. »Würden Sie es mir bitte erklären, Sir?«

Bilborough gab keine Antwort und drehte sich zu Beck um. »Glaubst du, daß er der Täter ist?«

»Ja«, sagte Beck ohne Zögern.

Na, großartig, dachte Penhaligon. Vergiß den Grundsatz, daß jeder so lange als unschuldig gilt, bis seine Schuld bewiesen ist. Sperren wir einfach jemanden ein, dann können wir beruhigt nach Hause gehen und gemütlich Tee trinken.

»Und Sie?« Bilborough sah sie an. »Was sagt Ihnen Ihr Instinkt – ist er schuldig?«

Sie hatte gute Lust, eine Auseinandersetzung anzuzetteln und ihm klarzumachen, daß in derartigen Fällen nicht der Instinkt entscheidend war – es ging einzig und allein darum, Beweise zu sammeln und den wahren Täter zu entlarven. Sonst wären sie nicht nur Polizisten, sondern gleichzeitig auch Richter und Geschworene. Aber er würde ihr nur vorhalten, daß sie genauso naiv wie im Hennessy-Fall war, als sie meinte, eine Frau wäre der Serienmörder. Und außerdem war Bilborough nach wie vor derjenige, der mit seiner Unterschrift ihren Antrag zur Beförderung befürworten mußte, wenn die Zeit gekommen war. Und ihr Instinkt sagte ihr, daß Cassidy schuldig war – sie zweifelte nur die Methode an, nicht die Tatsache an sich.

»Ja«, sagte sie, als sie sich bewußt wurde, wie lange sie sich mit ihrer Antwort Zeit gelassen hatte.

»Ich weiß, daß er es war«, behauptete Bilborough. »Unsere Aufgabe ist es, alle Beweise gegen den Mann aufzustöbern und weiterzuleiten.«

Penhaligon schwieg – sie würde doch nichts bewirken, wenn sie etwas sagte.

»Das ist unser Job. Keine verdammte Philosophie, vielen Dank.« Bilborough nahm den Telefonhörer wieder in die Hand und tippte eine Nummer, während er weiterredete. »Was auch immer zwischen Ihnen und Fitz im Gange ist, es beeinflußt Ihre Arbeitsweise. Wir brauchen Resultate; die Anwältin drückt wahrscheinlich durch, daß er freikommt, und Sie reden von Fortschritten.« Mit einemmal klang er wirklich gereizt und aufgebracht. »Ich hab' schon genug mit ihm. Ich will nicht noch jemanden wie ihn in meinem Team.« Er beugte sich über den Schreibtisch zu ihr. Sie war sich im klaren, daß dies keine kontroverse Diskussion mehr war – er las ihr die Leviten. Und das im Beisein von Beck! »Und kommen Sie mir nicht mehr mit der Scheiße, daß ich mein Privatleben aus dem Job heraushalten soll, denn Ihnen gelingt das offensichtlich noch weniger … Hallo?« Er widmete sich wieder dem Telefon. »Ich bin's noch mal … Entschuldigung.« Er hörte eine Weile zu.

Penhaligon kritzelte etwas auf ihren Notizblock und versuchte im Kopf auszurechnen, wie oft Bilborough heute schon mit Catriona telefoniert hatte. Fünf- oder sechsmal mindestens. Vielleicht sogar zehnmal. Und er besaß die Frechheit …

»Hören Sie, ich weiß, daß ich Ihnen zur Last falle, aber könnten Sie ihr sagen, daß sie ins Haus gehen und sich ausruhen soll? Danke.« Er legte auf. »Eine Woche überfällig, und sie jätet Unkraut!«

Guter Gott, dachte Penhaligon, er begreift gar nicht, was er mit mir gemacht hat. »Ich kann mein Privatleben nicht raushalten?« Es war ein echter Kampf, ruhig zu bleiben, aber sie wußte, daß sie Ärger bekommen würde, wenn sie sich zu sehr aufregte. »Ich habe nicht die letzte halbe Stunde ein Riesentheater wegen meiner Frau veranstaltet, oder?«

»Ich denke, das geht ein bißchen unter die Gürtellinie«, sagte Beck.

Penhaligon funkelte ihn böse an. Klar, was los war: Sie war eine Frau und konnte Gefühle und Arbeit nicht auseinanderhalten wie die Männer; aber wenn die Männer sich doch zu etwas hinreißen ließen, dann hatte es immer einen logischen Grund.

Sie stand auf und ging. Sie hatte keine Chance, wenn sie so argumentierte – nicht die geringste.

Sie zog behutsam die Tür in Schloß, damit sie nicht zuknallte, und setzte sich an ihren Schreibtisch. Zur Hölle mit Bilborough, dachte sie und warf ihren Notizblock auf die Tischplatte.

Beck war ihr gefolgt. Er stützte eine Hand auf ihren Schreibtisch und beugte sich zu ihr. »Sie war schon einmal schwanger«, sagte er. »Damals haben sie das Baby verloren.«

Er machte sich davon, ehe sie etwas darauf sagen konnte. Scheiße, dachte sie. Scheiße, Scheiße, Scheiße.

Das Büro des Chief Superintendent sah genauso aus wie das von Bilborough – nur hatte es Fenster. Der große Unterschied war, daß Bilborough hier nicht das Sagen hatte. Er stand da wie ein begossener Pudel und mußte hinnehmen, was immer ihm Mr. Allen an den Kopf werfen wollte. Zum Beispiel: »Ich weiß wirklich nicht, was Sie sich dabei gedacht haben« oder »Die Polizeiarbeit transparenter zu machen heißt noch lange nicht, gar nichts mehr zu unternehmen, wenn sie uns auf den Leib rücken« oder »Wenn Sie früher eingeschritten wären, hätte man all das vermeiden können.«

Es gab nicht viel, was Bilborough darauf erwidern konnte. Es war wohl kaum eine passende Entschuldigung, daß er an seinem Schreibtisch eingeschlafen war, und er konnte auch nicht gut anbringen, daß Allen selbst ihn anfangs davon abgehalten hatte, die Leute vor dem Eingang zu verscheuchen. Er schob seine Hände in die Taschen, ging ein paar Schritte und kehrte seinem Vorgesetzten mit den kalten blauen Augen für einen Moment den Rücken zu. Er wollte lieber erst gar nicht daran denken, was passierte, wenn er sich nicht aus dieser Sache herausreden konnte.

»Ich habe mit den Rädelsführern gesprochen«, erklärte Bilborough mit so viel Selbstsicherheit, wie er in dieser Situation aufbringen konnte. »Und ich habe Männer unten postiert.« Er ging zurück zu Allens Schreibtisch. Trag nicht zu dick auf, ermahnte er sich, du mußt angemessen nervös erscheinen. »Die Lage ist unter Kontrolle.«

Allens Gesichtsausdruck verrriet nichts. »Können Sie Cassidy unter Anklage stellen?«

»Noch nicht.«

»Ist Ihnen klar, was mit ihm passiert, wenn Sie ihn freilassen?«

Natürlich, das weiß ich verdammt gut, dachte Bilborough: Brixton, Bristol, Coventry, hier wird es genauso zugehen: Aufruhr auf den Straßen, und mein Foto in allen Zeitungen – ich wäre der Bulle, der für den Schlamassel verantwortlich gemacht wird. »Ich bekomme das in den Griff«, behauptete er und wünschte, er wäre überzeugt davon.

»Wie geht's Ihrer Frau?« erkundigte sich Allen.

Gott sei Dank, es ist vorbei. Bilborough atmete erleichtert auf. »Unverändert.«

»Sie sollten bei ihr sein, David«, sagte der Chief Superintendent.

»Vielleicht«, erwiderte Bilborough vorsichtig. Ihm war klar, worauf das hinauslief.

Der Chief Superintendent beugte sich vor und legte die Fingerspitzen aneinander. Jetzt kommt's, dachte Bilborough. »Wir könnten hier für ein paar Tage die Stellung halten«, erklärte Allen.

Das kannte er. Die paar Tage würden zu einer Woche, und er

wäre so lange vom Dienst befreit, bis sie Cassidy hinter Gitter bringen konnten und sich die erste Aufregung gelegt hatte. Es wäre keine offizielle Suspendierung – kein Vermerk in seinen Akten, aber Allen würde den Vorfall nicht vergessen. Wenn man in der Hierarchie einmal so weit gekommen war wie Bilborough, hing viel von persönlichen Empfehlungen und einer sauberen Weste ab. Er war schon früh ziemlich weit aufgestiegen, aber wenn er jetzt erzwungenermaßen Urlaub nahm, würde er keine großen Sprünge mehr machen.

»Tun Sie mir das nicht an«, sagte er. »Er ist der Täter. Es ist nur eine Frage der Zeit, bis er mit der Wahrheit herausrückt.« Er sah Allen eindringlich an und wünschte, er würde sich nicht wie ein armseliger Bittsteller anhören. »Bitte, tun Sie mir das nicht an«, flehte er trotzdem noch einmal. »Bitte.«

Der Chief Superintendent klopfte mit dem Kugelschreiber auf die Schreibtischplatte. »Okay«, sagte er schließlich.

Bilborough war wieder in seinem eigenen Büro, gönnte sich einen Kaffee und versuchte, sich ein wenig zu entspannen. Es war unmöglich. Sie hatten etwas übersehen. Sie mußten etwas übersehen haben. Vielleicht hatte Jimmy recht, und sie sollten tatsächlich alle Kinder in der Schule befragen. Einer der Schüler konnte beobachtet haben, was zwischen Cassidy und Timothy vorgefallen war. Es wäre ein Indizienbeweis, aber etwas Hintergrundwissen konnte nie schaden.

Er trank einen Schluck von seinem Kaffee. Er war kalt, obwohl Bilborough seiner Meinung nach noch gar nicht so lange hier saß. Es klopfte an der Tür, und eine Beamtin aus der Verwaltung kam herein.

»Dringendes Fax für Sie«, sagte sie und legte ein Blatt Papier auf seinen Schreibtisch. Er nahm es in die Hand. Es war von Harrington aus der Pathologie.

Bilborough überflog die Zusammenfassung: Außer den Würgemalen waren Kratzer und Quetschungen am Oberkörper, in der Lendengegend, an Rücken und Gesäß. Weder im Anus noch äußerlich waren Sperma oder Blutspuren, die nicht vom Opfer selbst stammten, gefunden worden. Schlußfolgerung: Timothy Lang war sexuell mißhandelt, aber nicht vergewaltigt worden, bevor er starb.

Demzufolge, befand Bilborough, bestand keine Notwendigkeit, eine DNS-Analyse zu erstellen, weil es ohnehin nichts gab, womit man die Proben vergleichen konnte.

20

»Sie lassen ihn laufen?« brüllte Mr. Lang entgeistert. Er und Lindsay gingen nebeneinander den Korridor entlang und zwangen Bilborough, rückwärts zu laufen, und zwar schneller, als ihm lieb war.

Bilborough hatte sich entschlossen, sie vom Verhörraum abzuholen, der möglicherweise bald für andere Zwecke gebraucht wurde, und in eine der Zellen zu bringen. Allerdings dachten die beiden, daß sie gehen durften, und wollten nichts von einer Verlängerung ihres unfreiwilligen Aufenthaltes hören.

Bilborough wich vor ihnen zurück und erklärte so sachlich wie möglich: »Wir können einen Mann nicht ohne Beweise festhalten, und ...«

»Sie mußten doch Beweise gehabt haben, um den Scheißkerl überhaupt hierher zu bringen«, schrie Lindsay.

»... was das anbelangt, müssen wir den Mann als unschuldig ansehen«, ergänzte Bilborough und dachte: Mein Arsch ist unschuldig, aber Cassidy nicht. Doch er mußte die offizielle Linie einhalten. »Allerdings bin ich überzeugt, daß es noch einige Fragen gibt, die wir ihm stellen müssen.«

»Sie sagten, daß Sie optimistisch sind«, protestierte Lang.

»Sie beide haben das gesagt«, gab Bilborough zurück, und plötzlich schrien alle drei gleichzeitig los.

»Sie bleiben im Präsidium«, erklärte Bilborough schließlich.

»Sie halten uns hier fest und lassen den Bastard einfach laufen?« tobte Stephen Lang und deutete drohend auf Bilborough.

Na, los, dachte Bilborough. Schlag zu, bring's hinter dich. Dann kann ich dich wegen tätlichen Angriffs auf einen Polizeiofficer einlochen, und alle Probleme sind vom Tisch. Natürlich konnte er Lang nicht offen herausfordern, aber er war auch nicht imstande, seinen Ärger zu verbergen. »Ich habe Grund zu der Annahme, daß ein Verbrechen geschieht, wenn ich Sie gehen lasse. Deshalb bleiben Sie hier, verstanden?«

Cassidy war kurz davor, zusammenzubrechen. Fitz spürte das. Der Mann schwitzte die Angst aus wie Schweiß, als sie in den Van stiegen. Fitz dachte daran, noch einmal ein Geständnis aus ihm herauszulocken, aber er entschied sich dagegen. Bilborough brauchte rasch ein Ergebnis – das hatte er mehr als deutlich gemacht –, Fitz glaubte jedoch, daß Cassidy schneller von seinen Schuldgefühlen aufgefressen würde, wenn sie ihn in Ruhe ließen. Erneuter Druck würde ihn möglicherweise wieder stark machen. Außerdem war der Van nicht mit einem Kassettenrecorder ausgerüstet, mit dem sie eine Aussage hätten aufnehmen können. Ein inoffizielles Geständnis konnte später leicht widerrufen und für ungültig erklärt werden.

Fitz zwängte sich auf den schmalen Sitz – der Metallrahmen bohrte sich in seinen Rücken und in die Schenkel. So unbequem es auf für ihn sein mochte, Cassidy war noch schlimmer dran. Gegen das Licht, das durch die Heckscheibe fiel, zeichnete sich die zusammengekauerte Gestalt ab.

Er hat allen Grund zur Angst, befand Fitz. Selbst wenn sie noch auf einen anderen Verdächtigen stoßen und genügend Beweise finden sollten, um Cassidy reinzuwaschen, würde die Scheiße an ihm klebenbleiben. Seine Freundin war er bereits los – darauf war Fitz keineswegs stolz –, und in seinem Job würde er auch nicht mehr lange bleiben können.

Er beobachtete, wie Penhaligon und ein uniformierter Officer in einen Streifenwagen stiegen. Sie fuhren los, und einen Moment später rollte auch der Van an.

Beide Autos beschleunigten, um durch die Tore zu kommen. Gesichter preßten sich an die hinteren Fenster des Vans, Fäuste trommelten gegen die Türen. Der Van löste sich von der Menge und fuhr weiter.

»Ich glaube das nicht«, murmelte Cassidy.

Glaub's ruhig, dachte Fitz. Das ist die Welt, in der du ab jetzt leben mußt.

Judith kam früh von der Arbeit nach Hause. Sie kochte sich einen Kaffee und nahm ihn mit ins Wohnzimmer, um ihn beim Fernsehen zu trinken.

Erst kamen die nationalen, dann die lokalen Nachrichten. Plötzlich starrte sie Fitz von dem Bildschirm an.

»... Kriminalpsychologe Dr. Edward Fitzgerald hielt den Lehrer Nigel Cassidy von einem Selbstmordversuch ab«, sagte der Sprecher. Die Kamera schwenkte von Fitz' Gesicht zu dem Hochhaus des Arnedale Centre. »Die Polizei hat bis jetzt nicht bestätigt, ob ein Zusammenhang zwischen diesem Suizidversuch und dem Mord an dem Schüler Timothy Lang besteht ...«

Judith konnte sich genau vorstellen, wie Fitz trotz seiner entsetzlichen Höhenangst auf das Hausdach ging, genauso entschlossen wie damals, als er versucht hatte, Sean zu retten.

Das war die Sache an Fitz, die sie aus dem Auge verloren hatte: Er polterte, schüchterte die Leute ein, er konnte grauenvoll arrogant sein, aber wenn es wirklich darauf ankam, war er immer da und zeigte seine andere Seite, die mitfühlende, menschliche, liebevolle Seite, die er immer zu verstecken versuchte.

Er glaubte, sie hätte sich in den draufgängerischen Mann verliebt, der das Universum manipulierte und die Absichten seiner Mitmenschen immer durchschaute. Er hatte recht, aber das war längst nicht alles. Die andere Seite liebte sie genausosehr, wenn nicht noch mehr. Es fiel ihr in letzter Zeit nur verdammt schwer, sich daran zu erinnern, daß es diesen anderen Fitz auch noch gab. Sie nahm sich vor, sich in kritischen Situationen das Bild von ihm neben Cassidy auf der Straße ins Gedächtnis zu rufen. Ich muß daran denken, daß du auch anders sein kannst, selbst wenn du mich an den Rand der Verzweiflung bringst.

Bilborough sagte Lang und Lindsay, daß sie gehen konnten. Er hätte sie noch länger festgehalten, aber ihm fiel keine passende Begründung mehr ein.

Lang marschierte aus dem Raum. Seine Miene war versteinert.

Das gibt Ärger, dachte Bilborough und rieb sich den Nacken, um die Verspannung zu lösen. Ich muß irgend etwas dagegen tun, und das werde ich auch, sobald ich mit Catriona telefoniert habe.

Cassidys Wohnung befand sich über einem Metzgerladen. Vor dem Haus wurde die Straße aufgerissen, und der Lärm der Preßluftbohrer konnte einen in den Wahnsinn treiben. Ein Bagger reckte seine Schaufeln in die Höhe – Fitz mußte an ein Dinosaurierskelett denken. Ein paar Arbeiter standen um den Bagger herum und diskutierten vermutlich, wie und wo sie das nächste Loch ausheben sollten, aber keiner von ihnen tat auch nur einen Handstreich.

»Ah«, rief Fitz, »die berühmten britischen Arbeiter tun, was sie am besten können.«

Penhaligon sah ihn an, als wollte sie fragen, wieso er diesen Job nicht ernst nahm. Aber sie wußte die Antwort längst.

»Hier entlang«, sagte Cassidy und ging ihnen voran zur Rückseite des Gebäudes. Eine Eisentreppe führte zu seiner Wohnungstür.

Er fummelte eine ganze Weile am Türschloß herum, bekam es schließlich aber doch auf. Bevor er den Flur betrat, bückte er sich und hob ein Handtuch vom Boden auf. Dann hielt er es in der Hand und sah Fitz und Penhaligon verlegen an.

Penhaligon ging ins Wohnzimmer, Fitz folgte ihr. Ein feiner, aber unverkennbarer Geruch nach Gas lag in der Luft. Ein Bild blitzte in Fitz' Gedächtnis auf. Sean, der Junge, der Detective Sergeant Giggs ermordet hatte, steht in einem Haus, Gas strömt unaufhaltsam aus den Hähnen. Sean hält eine Schachtel Streichhölzer in der Hand, während die Zeitschaltuhr dem Augenblick entgegentickte, in dem die Heizung ansprang. Die Erinnerung daran war unbarmherzig. Fitz spürte beinahe wieder den unbezähmbaren Drang wegzulaufen, die Explosion, die Hitze in seinem Rücken und die Druckwelle, die ihn zu Boden riß...

O Gott, dachte er. Erst das Dach des Arnedale Centre und jetzt dies.

»Der Gaszähler war leer, ich hatte keine Münzen mehr«, sagte Cassidy.

Toll. Fitz seufzte. Wir haben es nicht nur mit einem selbstzerstörerischen, depressiven Kindesmörder zu tun, sondern mit einem unfähigen, selbstzerstörerischen, depressiven Kindesmörder.

Cassidy ging ins vordere Zimmer, Fitz hielt sich hinter ihm. Penhaligon musterte nach bester Detektivmanier die Dinge, die auf Cassidys Schreibtisch lagen. Fitz hingegen war mehr an dem interessiert, was ihm die Umgebung über den Bewohner verriet.

Er schaute sich um: Sonderangebote von Ikea – der bevorzugte Lebensstil der modernen Zeit. Das Zimmer war geschmackvoll, aber nicht exklusiv eingerichtet: Holzregale, gerahmte Drucke an den Wänden. Lediglich das große weiße Ledersofa in der Mitte deutete darauf hin, daß Cassidys Vorliebe nicht nur dem Schlichten und Praktischen galt, das seiner Vorstellung von gutem Geschmack nahe kam.

Und was offenbarte das alles? Fitz hätte darauf gewettet, daß Cassidy aus einer ordentlichen, mittelständischen Familie stammte und wahrscheinlich das erste Kind war, das in den Genuß einer höheren Schulbildung gekommen war. Er mußte ein guter Schüler gewesen sein, aber sich seinen Lebensunterhalt auf anständige Weise zu verdienen war für die Eltern wichtiger als Bildung. Anpassung war so natürlich wie das Atmen. Trotzdem war Fitz überzeugt, daß der junge Cassidy aus dem üblichen Trott ausbrechen oder zumindest ein weniger gesichertes Dasein führen wollte.

Fitz sah sich die Bücher in den Regalen an. Zwischen den schwarz eingebundenen Penguin-Klassikern und den Dramen- und Gedichtbänden von Faber standen ein paar kleine Bändchen von einem weniger bekannten Verlag. Fitz nahm eines davon heraus: *Spirits of the Night* von Nigel Cassidy. *A Dream of Days Unborn* auch von Nigel Cassidy. Lyrik, vermutete Fitz und fand die Bestätigung, als er die Bücher rasch durchblätterte. Unser Mr. Cassidy ist ein Freizeitdichter. Ich wette, seine Schüler machen sich über seine Empfindsamkeit lustig und richten große Zerstörung in seiner zarten Künstlerseele an.

Er spürte, das Cassidy hinter ihm stand. Bestimmt war es dem Mann peinlich, daß sie seine Sachen durchstöberten, vielleicht wurde er auch ungehalten. Gleich würde er in seinem näselnden Tonfall sagen: »Ich muß doch sehr bitten.«

Bevor er sich beschweren konnte, ergriff Penhaligon, die sich ein Schulheft ansah, das Wort: »Ist das Ihre Handschrift, Mr. Cassidy?« Sie drehte das Heft um und deutete auf eine Seite.

»Ja.« Fitz konnte Cassidys Gesicht nicht sehen, aber die knappe Antwort klang defensiv.

»Es tut mir leid, es tut mir leid, es tut mir leid, es tut mir leid«, las Penhaligon vor und schlug das Heft zu. »Das ist Timothy Langs Heft.«

»So?« Jetzt fühlte er sich in die Ecke gedrängt.

Es war gelungen, ihn auf dem Arnedale Centre mit den fliegenden Lemmingen zu überrumpeln. Fitz beschloß, etwas Ähnliches noch einmal zu versuchen.

Fitz drehte sich zu Cassidy um – er lehnte an der Wand, als wäre dies ein ganz normaler Tag für ihn. »Erinnern Sie sich an die Werbung für die Hamlet-Zigarren?« fragte Fitz. »Mir fällt da ein toller Spot ein. Ein Typ versucht, sich mit Gas umzubringen.« Er schielte zu Penhaligon, die ihn entgeistert ansah – offenbar hatte sie nichts für diesen Scherz übrig. Dennoch hoffte Fitz, daß sie einspringen würde, wenn er ihr ein Stichwort gab. »Er versagt kläglich, weil sein Haus mit Erdgas versorgt wird, okay? Also will er sich mit einer guten Hamlet-Zigarre trösten.« Er warf einen Blick in die Runde. Plötzlich sah er sich wieder Sean gegenüber – der Junge hielt ein Streichholz an die Reibfläche der Schachtel. Lach die Gespenster aus, dann fliehen sie. Gespenster ertragen es nicht, wenn man sich über sie lustig macht. Das war eine alte tibetanische Weisheit – wenn nicht, dann sollte es eine werden. »Er zündet sie an. Bumm. Das ganze Haus geht in die Luft. Als sich der Staub gelegt hat, schwenkt die Kamera über die Trümmer. Mittendrin liegt eine Kiste Zigarren, und das steht drauf...« Er machte eine wirkungsvolle Pause, um sicherzugehen, daß die Spannung bei seinen Zuhörern stieg. »›Rauchen gefährdet Ihre Gesundheit.‹«

Niemand lachte. Plötzlich wurde Fitz bewußt, daß in den letzten Sekunden ein lautes Rumpeln zu hören war. Er wirbelte herum. Die Schaufeln des Baggers brachen durchs Fenster und schwangen auf ihn und Cassidy zu. Glassplitter spritzten in alle Richtungen. Die Bücherregale neben dem Fenster fielen um. Papier flatterte durch die Luft. Der Baggerarm zog sich zurück. Die Schaufeln erfaßten ein anderes Bücherregal, zogen es durch das klaffende Loch, das einmal ein Fenster gewesen war, und schwenkten es hin und her. Cassidy riß die Arme vors Gesicht, aber Fitz stand wie erstarrt da und beobachtete wortlos das Ungeheuerliche.

Er realisierte verspätet, daß jemand irgendwo laut schrie: »Mörder. Stirb, du perverser Bastard. Stirb, stirb, stirb.«

Der Baggerarm zuckte nach oben und zurück. Diesmal nahm er den Fensterrahmen mit. Das Holz knirschte, als er zerbarst und sich von der Mauer löste.

»Kommen Sie«, brüllte Cassidy. »Wir müssen hier raus!«

»Machen Sie keinen Unsinn», gab Penhaligon zurück. Sie sah Fitz an. *Wag es nicht, ihn dazu zu ermutigen,* sagte dieser Blick. »Wer auch immer das veranstaltet hat, er wird Sie in Stücke reißen.«

»Wir könnten wenigstens in die Küche gehen«, schlug Fitz vor. Sie hatte recht gehabt, als sie ihn in ihrem Auto zurückgehalten hatte. Der Versuch auszusteigen war verrückt gewesen, und wenn er jetzt darüber nachdachte, wußte er selbst nicht mehr, wieso er überhaupt auf die Idee gekommen war.

Sie gingen in die Küche. Cassidy spähte zur Wohnungstür, aber dann schien er sich eines Besseren zu besinnen und blieb unsicher stehen.

Er zitterte immer noch am ganzen Leib, als Beck eine ganze Weile später eintraf, um ihnen zu sagen, daß keine Gefahr mehr bestand und sie die Wohnung ungehindert verlassen konnten.

Penhaligon stand mit Fitz und Beck vor dem Auto. Cassidy sah aus, als wäre er drauf und dran, sich aus dem Staub zu machen, aber die Panik schien von ihm abgefallen zu sein.

Bilborough kümmerte sich um Lang und Lindsay, die am Bagger aufgegriffen worden waren. Die beiden Männer wurden von uniformierten Polizisten festgehalten, wehrten sich jedoch.

»Cassidy!« kreischte Lang, als er einen Arm frei bekam. Einen Moment lang sah es so aus, als würde er dem Polizisten entkommen.

Cassidy zuckte herum. Sein Gesicht und der verzerrte Mund verrieten die blanke Angst.

»Ich verhafte Sie wegen des Verdachts auf mutwillige Zerstörung fremden Eigentums und der Gefährdung von Menschenleben«, brüllte Bilborough.

»... du bist ein toter Mann, Cassidy«, schrie Lang. Er machte einen Satz vorwärts, aber der Polizist zerrte ihn zurück.

»...Sie haben das Recht zu schweigen, aber alles, was Sie sagen, kann gegen Sie verwendet werden«, fuhr Bilborough unbeirrt fort.

Einer der Officers drehte Lindsay den Arm auf den Rücken und bugsierte ihn weg.

»Sagen Sie ihm, daß er ein toter Mann ist!« forderte einer der beiden verhafteten Männer.

»Perverse Sau!«

»Haben Sie mich verstanden?« erkundigte sich Bilborough und setzte zu den Polizisten gewandt hinzu: »Bringt sie in den Van.«

Lang und Lindsay riefen weitere Beschimpfungen, während sie abgeführt wurden.

Bilborough kam zu Penhaligon und den anderen. Er sah fix und fertig aus. Er ist in einer unglaublich beschissenen Situation, dachte Penhaligon. Dieser Fall, der Chief Superintendent, der ihm im Nacken sitzt, und Catriona, die vielleicht ihr Baby verliert. Wenn sich die Gelegenheit ergab, würde sie mit ihm über die Auseinandersetzung in seinem Büro reden.

»Was wollen Sie dagegen unternehmen?« schrie Cassidy und sah Bilborough dabei an. »Was haben Sie jetzt mit mir vor?«

Fitz musterte ihn eingehend. Penhaligon kannte diesen Blick. Offenbar hatte Cassidy etwas getan, was Fitz auf einen Gedanken gebracht hatte. Sie zog fragend die Augenbrauen hoch, aber noch ehe Fitz ihr etwas erklären konnte, sagte Bilborough: »Mr. Cassidy, ich schlage vor, Sie verbringen die Nacht im Hotel – mit Detective Sergeant Beck...«

Verdammte Hölle, fluchte Penhaligon im stillen. Sie konnte nicht verhindern, daß man ihr den Ärger ansah.

»...und Fitz«, ergänzte Bilborough. Cassidy quittierte diese Ankündigung mit einen finsteren Blick. »Zu Ihrer eigenen Sicherheit, okay?« meinte Bilborough.

Cassidys Blick wanderte zu dem Bagger und dem Polizei-Van, der gerade losfuhr. Einen Moment lang dachte Penhaligon, er würde sich widersetzen oder nach seiner Anwältin verlangen, aber dann schien er in sich zusammenzusinken. »Ja, okay«, murmelte er.

Beck berührte Cassidys Arm und zuckte sofort wieder zurück, als befürchte er, er könnte sich mit irgendeiner Krankheit bei ihm anstecken. »Wir haben hier nichts mehr verloren«, sagte er und steuerte auf den Wagen zu.

Penhaligon starrte Bilborough immer noch entgeistert an. Noch vor einer Minute hatte sie Mitleid mit ihm gehabt, und jetzt das!

»Warum Beck?« fragte sie.

Bilborough machte sich nicht die Mühe, ihr eine Antwort zu geben – er drehte sich wortlos um und ging zu seinem Auto.

Penhaligon lief ihm nach. »Sir!« rief sie. Ihr war selbst klar, daß sie sich wie ein quengelndes Schulmädchen aufführte, und fragte sich, was Fitz aus diesem Verhalten schließen würde.

Bilborough wandte sich um und schaute sie an, aber er blieb nicht stehen. »Weil Beck mit seinen Gedanken beim Job bleibt, Sie nicht«, sagte er.

Penhaligon machte kehrt. Sie war in Rage.

»Hey, Jimmy!« schrie Bilborough.

Jimmy, dachte Penhaligon angewidert. Wie oft nannte er sie Jane? An diesen Gewohnheiten war die Hackordnung deutlich abzulesen. Sie warf Fitz, der neben dem Auto wartete, einen Blick zu. Er betrachtete sie abschätzend. Verdammt, fluchte Penhaligon. Das Schlimmste war, daß Bilborough recht hatte.

Im Auto roch es nach Plastik und Penhaligons Parfum. Als sich Fitz neben sie zwängte, kramte sie in ihrer Handtasche. Fitz konnte nicht übersehen, daß sie außer sich war.

Fitz wußte, das Bilborough einen wunden Punkt getroffen hatte. Er lenkte Penthesilea tatsächlich ab – manchmal sogar mit voller Absicht. Es machte ihm Spaß, sie aus der Fassung zu bringen, verdammt noch mal. Es gefiel ihm, wenn sie ihn aus großen Augen ansah – vielleicht hatte es ihm auch ihr Lächeln besonders angetan. Aber jetzt lächelte sie nicht. Sie wußte auch, daß Bilborough recht hatte – das war ihr Problem.

Sie öffnete das Handschuhfach und stopfte ihre Handtasche hinein. Ein Reisekatalog fiel heraus.

Sie betrachtete die Broschüre einen Moment. »Sobald dies geregelt ist, fahre ich weg«, sagte sie.

»Ja? Wohin?« fragte Fitz.

»Irgendwohin. Ganz egal, solange nur nicht die geringste Chance besteht, daß ich einem beschissenen Polizisten in die Arme laufe.«

»Aha ... also zur Moss Side.«

Penthesilea lachte. Es war lange her, seit Fitz sie zum letztenmal lachen gehört hatte. »Ich hab' noch zwei Wochen Urlaub. Und den werde ich nehmen.«

Der Katalog bot Ferien auf griechischen Inseln an. Er stellte sich Penthesilea beim Sonnenbad vor. Bikini oder einteiliger Badeanzug? Ein einteiliger, vermutete er. Sie war viel zu zurückhaltend für alles andere. Ihrer blassen Haut würde die Sonne nicht behagen, aber bei guter Pflege könnte sie einen goldenen Schimmer annehmen; gelegentlich würde der Badeanzug ein wenig verrutschen und die milchweiße Haut an den ansonsten bedeckten Stellen freigeben.

Guter Gott, stöhnte Fitz innerlich.

»Mit Peter?« Er mußte etwas sagen, aber es war ihm unmöglich, sie dabei anzusehen. Er wagte es nicht. Sein Blick war starr auf die Windschutzscheibe gerichtet. Bilborough redete mit jemandem vom Feuerwehrtrupp. Konzentriere dich auf Bilborough, befahl er sich selbst. Denk nicht an Penthesileas Haut, den goldenen Flaum auf ihren Armen oder daran, wie sie in einer griechischen Taverne tanzt... ihr Körper preßt sich leicht an deinen, ihr Kopf schmiegt sich an deine Brust, deine Hand streicht langsam über ihren Rücken bis zu den Hüften...

»Vielleicht«, murmelte sie leise.

Die schwellende Hitze in seinen Lenden machte es ihm unmöglich, an etwas anderes als an sie zu denken. »Du wirst mir fehlen«, gestand er. Lieber Himmel, dachte er. Ich habe eine Frau. Ich liebe meine Frau. Aber das hat hiermit nichts zu tun. »Darf ich nur für eine Minute den schmierigen alten Mann spielen?« fragte er mit erzwungener Lockerheit.

»Du hast eine Karriere daraus gemacht. Was macht da schon eine Minute oder weniger aus?« Sie lachte, aber die Spannung in dem Auto war beinahe unerträglich.

Fitz fühlte sich wie im freien Fall – er ließ sich treiben, als würde nichts, was hier in diesem Auto gesagt oder getan wurde, später noch eine Rolle spielen. Sie konnten sich alles erlauben – alles. Natürlich war das Unsinn, aber solange er nur ihre Stimme hören und ihre Wärme neben sich spüren konnte, war ihm alles andere gleichgültig.

»Ja«, sagte er. »Junge Frauen verschwenden sich an junge Männer. Du wirst mit Peter in Ferien fahren, stimmt's?« Ich mache sie an, dachte er. Aber ich liebe meine Frau. Ich liebe Judith.

Doch die Worte flossen ihm über die Lippen, und er konnte sie nicht aufhalten. »Du wirst ihn bitten, dir den Rücken einzucremen. Er will aber lieber lesen.« Er starrte sie an. »Er cremt dir den Rücken ein, aber er will es nicht.« Er hielt inne. *Hör auf,* beschwor er sich, *hör sofort auf damit.* Aber er tat es nicht. »Aber ich würde dir den Rücken eincremen, bis mir die Finger weh tun.«

Ihr Blick sprach Bände. Sie will mich, dachte er. Ihm war klar gewesen, daß er sie amüsierte, daß sie sich intellektuell von ihm angezogen fühlte, aber das hier war etwas anderes. Es war etwas Animalisches, und damit konnte er nicht umgehen. Er wußte, daß die meisten Frauen seine Körpergröße wahrnahmen, sonst nichts. Bei Judith war das anders – *denk jetzt bloß nicht an Judith,* ermahnte er sich streng –, und jetzt war es auch bei Penthesilea anders.

»Bist du scharf auf einen Quickie?« Penhaligon kicherte verlegen.

Fitz wurde heiß. »Das kann ich nicht«, sagte er.

»Warum nicht?«

Sie mußte wissen, warum nicht: Er war ein verheirateter Mann mit Kindern, er liebte seine Frau und hatte seine Ehe noch nicht abgeschrieben.

»Die Minute ist um«, sagte er, als wäre das die offensichtliche Antwort auf ihre Frage.

Aber so leicht ließ sie ihn nicht davonkommen. »Dir wäre das sehr recht, was, Fitz? Mich für nebenbei und deine Frau und deine Kinder, zu denen du nach Hause kommen kannst.«

Das war ein Schlag in die Magengrube – in die Weichteile. »Ja«, sagte er nach langem Schweigen. Jetzt kicherte er. »Ich denke, den meisten Männern würde so etwas gefallen.« Er kaute an seiner Unterlippe. »Tatsächlich ist jeder Mann, der etwas anderes behauptet, ein Lügner.«

Sie brauchte einen Augenblick, um das zu verdauen. »Beantworte mir eine Frage. Keinen Scherz«, setzte sie schnell hinzu, »keine Ausflüchte. Eine klare Antwort, ja?«

»Ja«, erwiderte Fitz. O Gott, jetzt fragt sie mich, ob ich sie liebe. Es tut mir so leid, dachte er. Zu seinem eigenen Entsetzen erkannte er, daß er nicht wußte, wem dieser Gedanke galt – Judith oder Penthesilea. Ihm war selbst nicht klar, ob seine Gefühle für Penthesilea über herzliche Zuneigung und schier unbezähmbare Lust hinausgingen.

»Würdest du mit mir wegfahren?« fragte sie.

Sein Kopf zuckte zu ihr herum. »Was, statt Peter?« Es war nicht nötig, Schockieren vorzutäuschen.

»Ja«, sagte sie.

»Ich weiß, was du denkst.« Es kostete ihn die größte Anstrengung, ruhig zu bleiben.

»Sag mir nicht, was ich denke«, wies ihn Penhaligon zurecht.

»Du denkst, ich hab' die Buße geleistet, also kann ich die Sünde auch begehen.« Es war reine Intuition. Er machte sich nicht die Mühe, diese Behauptung weiter zu analysieren.

»Keine Analyse bitte«, sagte Penhaligon.

Eine Weile herrschte Schweigen.

Judith, dachte Fitz und versuchte, sich an ihre Augen, ihr Lachen, ihren Geruch zu erinnern; aber alles, was ihm einfiel, waren endlose Streitereien und Auseinandersetzungen – und sie mit Graham, ihre Beine um seine Hüften geschwungen, ihr lustvolles Stöhnen, ihre Vorliebe, an einem Ohrläppchen oder einer Fingerspitze zu knabbern.

Eine Fliege brummte gegen die Scheibe. Ich muß etwas sagen, dachte Fitz. Er machte den Mund auf…

Die hintere Tür wurde aufgerissen. Bilborough stieg ein und schlug die Tür zu. »Setzen Sie Fitz am Hotel ab, dann fahren Sie ins Präsidium.«

Falls ihm die eigenartige Atmosphäre auffiel, ließ er sich nichts anmerken.

»Gut«, sagte Penhaligon und warf Fitz einen Blick zu. Ihre Augen waren sehr dunkel. *Später*, schien sie ihm zu signalisieren. Er war nicht sicher, welche Erwiderung sein Blick ihr verriet.

Bilborough merkte, daß Penhaligon eingeschnappt war. Er betrachtete, während sie fuhr, ihren Hinterkopf. Jedenfalls würde sie mit Fitz keine Nacht im Hotel auf Kosten der Steuerzahler verbringen. Und sie besaß die Frechheit, ihm vorzuwerfen, daß er sich von der Sorge um Catriona in seiner Arbeit beeinträchtigen ließ ... Das erinnerte ihn daran, daß er schon eine ganze Weile nicht mehr zu Hause angerufen hatte. Er würde sich gleich nach seiner Rückkehr ins Präsidium bei Catriona melden.

Der Van hielt vor dem Royale. Penhaligon parkte hinter dem Van. Ein Bellboy kam auf das Auto zu und öffnete die Tür. Bilborough beobachtete, wie Beck ausstieg und sich aufmerksam umsah – ein bißchen übertrieben, aber vernünftig, befand Bilborough. Dann winkte Beck Cassidy zu sich. Fitz rührte sich nicht von der Stelle.

»Ist er paralysiert?« fragte Bilborough niemand besonderen.

Fitz setzte sich immer noch nicht in Bewegung. Er schien einen äußerst interessanten Fixpunkt am Horizont gefunden zu haben. Schließlich sagte er: »Die Antwort auf deine Frage lautet: Ja.«

Was, zum Teufel, hat das zu bedeuten? überlegte Bilborough. »Auf welche Frage?« wollte er wissen.

Fitz schwieg. Er stieg aus und schloß die Tür.

Penhaligon legte den Rückwärtsgang ein und fuhr los. »Ich hab' ihn gefragt, ob er mit mir in Urlaub fährt und mich vierzehn Tage lang bis zur Besinnungslosigkeit durchbumst.« Sie holte tief Luft und setzte hinzu. »Sir.« Sie lächelte. Es war lange her, daß Bilborough sie so glücklich gesehen hatte.

Prima, dachte er, großartig. »Sie wollen mir damit sagen, daß ich mich um meinen eigenen Kram kümmern soll.«

»Ja, das will ich, Sir«, gab sie freundlich zurück.

Okay, wenn sie es so haben wollte. »Zum Präsidium«, ordnete er an.

Penhaligon grinste auf der ganzen Fahrt wie eine Katze, die den Kanarienvogel gefressen hat.

21

Cassidy betrat vor Fitz das Hotelzimmer, blieb mitten im Raum stehen und schaute sich um, als wäre ihm alles – die ganze Welt – fremd. Vielleicht stimmte das sogar. Noch vor einer Woche war Cassidy einer der vielen gewesen, die sich durch ihr alltägliches Leben kämpften. Und plötzlich hatte ihn etwas – davon war Fitz überzeugt – zum Mörder gemacht; selbst noch nach dieser Tat war er bis zum heutigen Morgen ein respektiertes Mitglied der Gesellschaft gewesen. Aber jetzt wußte jeder in der Stadt, welche Schuld er auf sich geladen hatte.

Kein Wunder, daß er vollkommen durcheinander war. Er lebte nicht mehr in derselben Welt, in der er am Morgen aufgewacht war.

Fitz ließ den Blick durch das Zimmer schweifen. Es war verdammt viel luxuriöser als die Hotelzimmer, die ihm die Universität gönnte, wenn er zu akademischen Kongressen fuhr – das bewies wieder einmal, daß die brutale Polizeigewalt besser bezahlt wurde als geistige Fähigkeit. Apropos... er entdeckte die Minibar und steuerte darauf zu. Er goß sich einen großzügigen Scotch ein. Warum nicht? Der Steuerzahler kam dafür auf.

»Wie feudal«, meldete sich Beck zu Wort. Fitz drehte sich zu ihm um. Cassidy hatte sich inzwischen nicht von der Stelle gerührt. Er drückte seine Jacke an sich wie ein Kind seine Schmusedecke. Sein Gesicht war bleich und die Ringe unter seinen Augen waren noch dunkler geworden. Es schien, als würde er sich vor Beck fürchten. Er wußte offenbar, warum – kein Mensch hatte behauptet, daß Cassidy auf den Kopf gefallen war.

Beck deutete mit dem Daumen auf die Badezimmertür. »Da drin steht ein Kerl mit einem silbernen Stöckchen.« Fitz funkelte ihn böse an. Der Idiot glaubte wahrscheinlich, er könnte Cassidy auf diese primitive Weise mürbe machen. »Er klopft zweimal auf deinen Schwanz, wenn du fertig bist.« Cassidy wandte sich ab. »Das wäre der richtige Job für Sie.« Beck grinste boshaft.

Fitz hielt sein Glas hoch, ließ den Scotch kreisen und trank ihn in einem Zug aus. Der Whisky brannte in seiner Kehle. Ein Verschnitt, urteilte Fitz, und kein guter. Verdammte Geizkragen, diese Steuerzahler. »Einen Drink?« fragte er.

»Ich hol' mir selbst einen«, sagte Beck. Er ging zum Fernseher. Auf dem Apparat lag ein Programmverzeichnis der Privatkanäle. Beck nahm es in die Hand. *»Sauce for Suzy* oder *Night of Lust?«*

Fitz überraschte es nicht, daß Cassidy keine Antwort gab. Beck würde alles, was er sagte, in den Dreck ziehen. Für einen Augenblick vergaß Fitz beinahe, was Cassidy Tim angetan hatte, und empfand Mitleid für ihn.

»Night of Lust«, entschied Beck. »Suzy ist eine Lesbierin.« Er nahm die Fernbedienung und machte es sich in einem Sessel bequem. Cassidys Blick starrte ins Leere.

»Soll ich euch verraten, warum ich Lesben nicht ausstehen kann?« fragte Beck und wedelte mit der Fernbedienung durch die Luft.

»Bitte«, sagte Fitz. Becks Verhörtaktik war umwerfend – seine Maxime war, das Messer tief in einen Verdächtigen zu bohren und jedesmal, wenn er sich krümmte und wand, die Klinge ein Stückchen herumzudrehen. Früher oder später würde das Vögelchen schon singen. Das Problem war nur, daß Becks Verstand nicht ausreichte, um eine scharfe Klinge zu schmieden – er führte seine Angriffe eher mit einem rostigen Taschenmesser als mit einem feinen Skalpell aus. Fitz kam zu dem Schluß, daß Beck einen solchen Vorwurf wahrscheinlich sogar als Kompliment ansehen würde.

»Schwule sind okay.« Fitz sorgte dafür, daß Beck seinen skeptischen Blick und die hochgezogenen Augenbrauen sah, aber Beck ließ sich nicht beirren. »Solange ich ihnen nicht meinen Hintern zudrehe, sind sie okay.« Cassidy zuckte zusammen. »Zwei Schwule treiben es miteinander, das heißt, zwei Frauen bleiben für andere übrig.« Beck fummelte an den

Knöpfen am Fernseher herum. »Aber wenn es zwei Lesben miteinander treiben, kommen zwei Männer zu kurz.«

»Man merkt sofort, daß er den *Guardian* liest, hab' ich recht?« sagte Fitz. Er fragte sich, ob Beck wußte, was für ein Armutszeugnis er sich mit so einer Aussage ausstellte – er zeigte sich als Mann mit tiefsitzenden Komplexen. Ein selbstsicherer Mann, der wußte, daß er Sex-Appeal hatte, machte sich keine Sorgen, daß es zu wenige Frauen gab – er würde einfach voraussetzen, daß irgendein anderer armer Teufel leer ausging. Aber, dachte Fitz, wenn ich so spärliche Federn auf dem Kopf und etwas, was wie eine haarige Raupe aussah, unter der Nase hätte, wäre ich vermutlich auch ziemlich unsicher.

Beck drückte auf einen Knopf an der Fernbedienung. Der Bildschirm flimmerte und erwachte zum Leben. Eine Frau öffnete langsam ihr Korsett. Ihre Fingernägel waren blutrot.

Cassidy drehte den Kopf weg.

Andy hatte nach seiner Freilassung stundenlang mit den anderen vor dem Präsidium ausgeharrt. Inzwischen hatten sich noch viel mehr Leute zu ihnen gesellt – ein Haufen Schaulustige und einige Journalisten. Einige Polizisten standen herum, obwohl nichts mehr vorgefallen war, seit sie Cassidy weggebracht hatten. Zwei Polizisten hatten versucht, mit seiner Mum zu reden, und ihr gesagt, wie leid es ihnen tat. Ja genau, deshalb hatten sie Cassidy auch laufenlassen.

Melanie war bei Andy geblieben. Mike und einige andere Kumpel auch. Der fette Bastard Fitz hatte gefragt, warum Andy eher zu seinen Freunden als zu seinem Bruder gehalten hatte. Na ja, dies war der Grund: Man sucht sich seine Freunde selbst aus, und sie standen einem bei, aber man mußte etwas für solche Freundschaften tun. Die Familie war immer da, was auch geschah. Man rechnete nicht damit, daß jemand aus der Familie einfach starb, daß er sich umbringen ließ, ehe man alles in Ordnung bringen und die Dinge geraderücken konnte, verdammt noch mal.

Andy hatte in den letzten Stunden viel Zeit zum Nachdenken gehabt. Er hatte Mike und Melanie beobachtet und begriffen, daß er sich nur eingebildet hatte, zwischen den beiden würde etwas laufen. Tom Rope zu vermöbeln war richtig gewesen. Den bescheuerten Streit mit Mike hätte er sich sparen können. Er fragte sich, was passiert wäre, wenn Tim nicht umgebracht worden wäre. Er spürte, wie sich seine Hände zu Fäusten ballten und sich sein ganzer Körper anspannte – er mußte etwas tun, jemanden verprügeln. Cassidy würde dafür bezahlen.

Melanie ließ ihre Hand in seine gleiten und drückte ganz leicht zu. Sie fror. Sie alle froren. Andy schaute zu seiner Mum. Sie war blaß und hatte tiefe dunkle Ränder unter den Augen – sie sah verhärmt und erschöpft aus.

Er überlegte, ob er nach Hause gehen, Kaffee kochen und in einer Thermoskanne herbringen sollte, damit sie sich alle aufwärmen konnten. Noch bevor er einen Entschluß gefaßt hatte, bog ein Van um die Ecke, ein anderes Auto folgte ihm.

Die Menge drängte vorwärts. Die Leute hämmerten auf den Van ein. Diesmal würden sie keine halben Sachen machen, den Van auf die Seite kippen, den Perversen herauszerren und ihm heimzahlen, was er Tim angetan hatte. Aber der Van blieb nicht stehen und fuhr durch die Tore auf den Hof.

Ein paar Männer stiegen aus. Cassidy war nicht dabei, dafür Andys Dad und Mr. Lindsay. Das andere Auto wurde langsamer, und Bilborough sprang heraus. Er war der Verantwortliche. Das alles war seine Schuld. Das Auto rollte weiter, und die Tore schlossen sich hinter ihm. Jetzt hatten sie Bilborough.

Die Menge umringte ihn. »Wir haben den Verdächtigen nicht hergebracht«, überschrie er das Stimmengewirr.

Zu Andys Überraschung stellte sich Melanie vor Bilborough und richtete einen anklagenden Finger auf sein Gesicht. »Wo ist er?« rief sie und trat noch näher auf ihn zu, so daß er zurückweichen mußte.

Danach konnte Andy nicht mehr viel verstehen, weil alle durcheinander schrien. Niemand außer ihm schien bemerkt zu haben, daß sein Dad in das Polizeigebäude geführt wurde.

»Gehen Sie heim«, brüllte Bilborough. Er war schon fast bei den Toren. Jeden Augenblick würde er dahinter verschwinden. Er würde ungeschoren davonkommen.

Andy drängte sich zwischen ihn und das Tor und schnitt ihm so den Weg ab. »Sie bringen ihn nicht wieder da hinein«, sagte er.

Bilborough drehte sich zu der Menge um. »Hören Sie«, schrie er. Der Lärm legte sich ein wenig. »Diese beiden Männer haben die Gesetze verletzt. Ich kann verstehen, warum sie es getan haben, aber verstehen heißt nicht entschuldigen.«

Die Leute stürmten grölend und kreischend vorwärts. Ein Blitzlicht flammte auf. Ein Kassettenrecorder surrte.

»Wichser«, schrie jemand.

»Gerechtigkeit.«

»Cassidy.«

»Hängt ihn auf.«

Bilborough drehte sich zu Andy um. »Junge, zum letztenmal: Laß mich durch.«

Er ist ein Polizist, sagte sich Andy. Ein tätlicher Angriff auf einen Polizeibeamten, das ist ein ernstes Vergehen. Fast wäre er zur Seite getreten, aber Melanie beobachtete ihn, genau wie Mike, und außerdem sah er vor sich, wie Tim in diesem Wald hing. Das Blut rauschte ihm in den Ohren, er spürte den Puls, der in seinen Schläfen pochte. »Mein Bruder ist ermordet worden, und Sie lochen meinen Dad ein.«

Bilborough wandte sich wieder an die anderen. »Sie haben das Gesetz gebrochen«, wiederholte er lautstark. »Und Sie werden alle unter Arrest gestellt, wenn Sie nicht nach Hause gehen.«

Das war zuviel für Andy. »Sie hören nicht zu, oder, Sie verdammter Wichser?« wütete er.

Bilborough wirbelte herum. Bevor Andy reagierten konnte, wurde ihm der Arm auf den Rücken gerissen. Schmerz durchzuckte ihn. Er ächzte. »Du bist festgenommen, klar?« Er winkte einem uniformierten Polizisten. »Genug ist genug. Holt die Verstärkung her.« Er blitzte Andys Mum an. Sie sah aus, als wäre sie den Tränen nahe, aber sie machte Platz. Einer der Polizisten zog das Tor ein Stück auf.

Bilborough schubste Andy vor sich her.

»Andy!« kreischte Melanie. Er verrenkte sich den Hals, um sie zu sehen, aber der Schmerz in seiner Schulter wurde dadurch noch schlimmer, zudem versperrten ihm die Menschen die Sicht.

Plötzlich fiel das Tor ins Schloß. Andy sah nur noch die Gesichter, die sich an die Gitterstäbe drückten, und die Fäuste der Leute.

»Rein mit dir«, befahl Bilborough.

Bilborough raste durchs Haus und schob Andy vor sich her. Er hörte, wie Lang und Lindsay ihre Bewacher verfluchten, die sie zu den Zellen brachten. Andy wand sich in dem Polizeigriff.

»Ich hab' nichts getan!« brüllte er.

Bilborough riß seinen Arm ein Stück höher. Zwei Polizisten sahen ihnen nach, als Bilborough Andy durch den Korridor bugsierte. »Ich will, daß die Ansammlung da draußen aufgelöst wird, verstanden?«

Ein Sergeant in Uniform kam lachend aus einem der Büros, jemand rief ihm etwas nach, und er lachte noch mehr. Guter Gott, wofür hielten sie dies hier? Für ein Feriencamp?

»Ich möchte, daß der Mob verschwindet. Es ist mir scheißegal, wie ihr das anstellt, aber schafft die Leute fort.«

Sie bogen um eine Ecke und kamen in den kurzen Flur, von dem die Zellen abzweigten. Lang und Lindsay wurden in eine Zelle geführt. Als sie Andy sahen, fingen sie an zu schreien, aber Bilborough machte sich nicht die Mühe zu verstehen, was sie zu sagen hatten. Andy versuchte sich aus seinem Griff zu winden. Bilborough stieß ihn zur nächsten Zelle. Ein Polizist schloß die Tür auf.

»Ich hab nichts getan, Blödmann.«

»Du hast einen Polizisten bei der Arbeit behindert, Herzchen.« Bilborough ließ Andy los und schob ihn in die Zelle. »Benimm dich anständig«, bellte er, bevor er die Tür zuschlug.

»Sie haben meinem Sohn den Arm gebrochen, Sie Bastard«, beschwerte sich Lang.

»Sie haben Cassidy freigelassen.« Das war Lindsay.

»Ich will auf der Stelle einen Anwalt hier haben und einen Arzt.«

Bilborough ignorierte sie. Er rieb sich den Nacken. Diese Idioten, dachte er. Dabei konnte er sie so gut verstehen. Gott, wenn jemand wie Cassidy seinem Kind auch nur ein Haar krümmen würde, würde er ihm nicht nur die Wohnung demolieren, sondern ihn in Grund und Boden prügeln – aber sahen die Schwachköpfe denn nicht ein, daß sie es ihm nur noch schwerer machten, den Fall auf anständige Weise zu Ende zu bringen?

Er sah auf. Mr. Allen stand am anderen Ende des Korridors und beobachtete ihn. Plötzlich wurde sich Bilborough bewußt, daß auch die Blicke der umstehenden Kollegen auf ihn gerichtet waren.

»Alles unter Kontrolle«, behauptete Bilborough.

Der Chief Superintendent sah in unverwandt und mitleidlos an.

Bilborough leckte sich über die Lippen. »Ich hab' Verstärkung rausgeschickt. Es ist ein bißchen ausgeufert, aber jetzt haben die Männer wieder alles im Griff.« Er machte eine Pause. Der Chief Superintendent sagte nichts. »Es ist alles geregelt«, endete er.

Ein ordentlicher Anschiß wäre leichter zu ertragen gewesen als dieses eisige Schweigen. »Sie haben die beiden Männer in dieses Präsidium gebracht«, sagte Mr. Allen schließlich.

Bilborough kämpfte um seine Fassung. »Meine Officer haben die Verhaftung vorgenommen. Es hätte bedeutet, daß wir dem Druck der Menge nachgeben, wenn wir sie woanders hingebracht hätten.«

Mr. Allens Blick zu begegnen war schlimmer, als vor dem Mob da draußen zu stehen. Sag etwas, beschwor Bilborough ihn stumm, und Allen sagte tatsächlich etwas, aber nicht zu Bilborough. »Sie werden da draußen gebraucht«, erklärte er den Männern in Uniform.

Die Männer setzten sich in Trab. »Los, Jungs, macht schon«, sagte Bilborough und winkte sie weiter. Als sie außer Hörweite waren, wandte er sich wieder dem Chief Superintendent zu.

Allens Gesichtsausdruck war steinern wie zuvor. »Sie haben es nicht einmal in Erwägung gezogen.« Das war eine Feststellung, keine Frage.

»Doch, Sir«, widersprach Bilborough so selbstsicher, wie es ihm möglich war.

»Sie haben nicht bedacht, welche Auswirkungen so was haben kann.« Allen war es offenbar gleichgültig, wer das Gespräch mithören konnte.

»Das habe ich, Sir. Sie haben sich widersetzt.«

»Sie werden keine Anklage gegen ihn erheben.«

Bilborough antwortete, bevor er begriff, daß dies wieder keine Frage, sondern eine Anordnung war. »Ja.«

»Gehen Sie in die Kantine«, sagte Allen.

Sollte er dort noch mehr Männer zusammentrommeln? »Ich hab' schon die Verstärkung hinausgeschickt, Sir«, sagte Bilborough.

Allen sah ihn an, als wäre er schwachsinnig. »Gehen Sie in die Kantine und trinken Sie eine Tasse Tee. Rühren Sie sich nicht weg von dort.«

Nicht das, flehte Bilborough insgeheim. Sie wollten mir das doch nicht antun.

»Gehen Sie und trinken Sie eine Tasse Tee.«

Bilborough brachte kein Wort mehr heraus und konnte kaum noch einen Muskel rühren. Das Blut rauschte in seinen Ohren. Schließlich entfloh er Allens stählernem Blick und machte sich davon. Irgendwie schaffte er es, ohne laut zu schreien, ins obere Stockwerk und zu den Toiletten. Er trat so fest gegen die Toilettentür, daß sie an die Wand prallte. Es war ihm egal, ob der Krach im ganzen Haus zu hören war, seine Karriere war ihm egal – alles war ihm gleichgültig.

Ruhig, ermahnte er sich, als er hineinging, ganz ruhig. Er versuchte tief durchzuatmen. Er betrachtete sein wutverzerrtes Gesicht im Spiegel über dem Waschbecken. Alles ist gut, sagte er sich. Es ist nichts passiert – wir bekommen die Leute unter Kontrolle. Allen wird einsehen, daß es das einzige war, was ich tun konnte …

Er trat wieder zu, diesmal stieß er die Tür einer Kabine auf. Schmerz durchzuckte sein Bein. Er stöhnte.

Verdammter Allen.

Nichts war gut, und ihm waren die Hände gebunden. Er wollte sich nichts mehr vormachen.

Er betrat die Kabine und knallte die Tür zu. Sein Gesicht war glühend heiß, die Augen brannten wie Feuer, sein Atem kam stoßweise und endete in einem tiefen Seufzer. Er streckte die Arme aus und stützte sich an den Wänden der Kabine ab, um nicht umzufallen. Wenn er einmal auf dem Boden lag, würde er wahrscheinlich nie wieder aufstehen können.

Penhaligon überlegte, ob sie ihren Dienst beenden sollte. Aber es blieb nur bei dem Gedanken. Solange Beck und Fitz im Hotel gebraucht wurden, konnte sie sich nicht gut ohne ausdrückliche Erlaubnis auf und davon machen. Beck hätte an ihrer Stelle keine Bedenken, das war ihr klar. Er wäre einfach gegangen, und falls Bilborough auch nur ein Wort darüber verlieren würde, hätte Beck gewußt, wie er reagieren mußte. Ein verschlagenes, vielsagendes Grinsen würde genügen, und Bilborough wäre zufrieden.

Sie hingegen müßte sich nach einer derart eigenmächtigen Handlung endlose Tiraden anhören. Sie setzte sich an ihren Schreibtisch, schob ein paar Papiere hin und her und gönnte sich eine Tasse von dem scheußlichen Kaffee. Sie wünschte, Bilborough würde unter dem Stein hervorkriechen, unter dem er sich nach dem Anschiß des Chief Superintendent versteckt hatte. Sie war hundemüde, zu erledigt, um auch nur einen klaren Gedanken zu fassen oder um einen ordentlichen Bericht über die Vorfälle in Cassidys Wohnung zu schreiben.

Das Telefon klingelte. Es war der Chief Superintendent. Sie war so erschrocken, daß sie kaum mitbekam, was er von ihr wollte.

»Also«, schloß er. »Ich will, daß diese Männer freigelassen werden. Verstanden, Sergeant? Falls Detective Chief Inspector Bilborough Ärger deswegen macht, verweisen Sie ihn an mich. Ist das klar?«

»Ja. Ja, natürlich, Sir.« Sie legte auf.

Guter Gott, dachte sie, Bilborough geht es auch ohne dies schon schlecht genug. Cassidy mußte einfach ein Geständnis ablegen. Wenn er es nicht tat, war Bilboroughs Karriere zu Ende.

22

Fitz beobachtete, wie Beck Timothy Langs Schulheft zutage beförderte. Offenbar hatte er entschieden, daß es höchste Zeit war, den harten Polizisten herauszukehren. Er sah mitgenommen aus. Seine Krawatte hing ihm lose auf der Brust, und die Augen waren blutunterlaufen.

Beck blätterte das Heft durch. »Es tut mir leid, es tut mir leid, es tut mir leid, es tut mir leid«, las er vor. »Was tut Ihnen leid?«

Na, das ist einmal eine wirklich prägnante Frage, dachte Fitz, während er sich zurücklehnte, um den Meister bei der Arbeit zu erleben. Das war immerhin besser als die von Beck ausgewählten Szenen von *Night of Lust* in Slow-Motion.

Beck schwang das Heft in Cassidys Richtung und zog die schwarzen Augenbrauen fragend hoch. »Es tut Ihnen leid, daß …«

»Es tut mir leid, daß er tot ist«, ergänzte Cassidy.

»Es tut Ihnen leid, daß Sie ihn getötet haben«, verbesserte ihn Beck.

»Es tut mir leid, daß er tot ist«, murmelte Cassidy erneut.

»Sie lügen«, preßte Beck hervor.

Fitz fand, daß er dabei aussah wie ein wild gewordenes Kaninchen. Wie ein fast kahles, wild gewordenes Kaninchen, um genau zu sein.

»Es tut Ihnen leid, daß Sie ihn getötet haben.«

»Ich habe ihn nicht getötet.«

Trotz Becks grobklotzigen Verhörmethoden wirkte Cassidy ein wenig entspannter als zuvor. Fitz fragte sich, ob es gut gewesen war, ihm ein bißchen Ruhe zu gönnen, aber vielleicht gelang es ja noch einmal, ihn aus der Reserve zu locken.

Beck zündete sich eine Zigarette an, ohne Fitz zu fragen, ob er auch eine wollte, und knallte das Feuerzeug auf den Tisch.

»Wie erklären Sie die Gewebefasern an Ihrer Uhr?« fragte er.

»Ich brauche Ihnen gar nichts zu erklären«, gab Cassidy bemerkenswert gelassen zurück.

Das stimmte. Nichts, was er hier sagte, konnte bei Gericht verwendet werden, es sei denn, er wiederholte es, wenn ein Band mitlief.

»Sie beweisen, daß Sie zwischen fünf Uhr nachmittags und der Tatzeit mit Tim Körperkontakt hatten.« Beck beugte sich vor. Plötzlich war seine Miene grimmig. »Sie haben ihn *angefaßt.*« Es klang, als wäre schon das Wort an sich eine Obszönität. »Haben mehr getan als nur das.« Er stieß mit den Fingern in Cassidys Richtung. »Oh, einen gewöhnlichen Feld-Wald-und-Wiesen-Vergewaltiger kann ich ja noch verstehen ...«

Ich gehe jede Wette ein, daß du das kannst, dachte Fitz. Beck gehörte vermutlich zu der Sorte Männer, die sich einbildeten, eine Vergewaltigung hätte etwas mit Sex zu tun.

»Du gehst ein bißchen zu weit«, mahnte Fitz.

Beck kümmerte sich nicht um den Einwand. »... aber kranke Scheißkerle wie Sie, die Metallstücke ...«

Was? Woher, zur Hölle, hatte er das? Fitz wollte das später klären. Zuerst mußte er Beck aufhalten, ehe er Cassidy bis zu einem Punkt trieb, an dem sie nichts mehr aus ihm herausbekommen würden.

»Homophobie«, warf Fitz ein.

»... in kleine Jungs schieben. Was für ein ...«

»Ein Wort mit mehr als zwei Silben, deshalb verstehst du nicht, was es bedeutet, Beck.«

»…Hobby ist das?« Beck atmete schwer. »Welches Vergnügen bereitet einem so was?«

»›Homophobie‹ – die krankhafte Angst vor…«

Beck drehte sich zu Fitz um. »Ich weiß, was Fitzophobie ist – die krankhafte Angst vor Männern, die Blödsinn von sich geben. Halt dich da raus, ja?«

Beck war viel zu leicht zu durchschauen, und seine Vergangenheit drückte sich unmißverständlich in seinem Verhalten aus.

»Du warst ungefähr vierzehn Jahre alt, als du hergezogen bist und das alles anfing, stimmt's?« fragte Fitz ungerührt.

Beck sah ihn erschrocken an. Mehr brauchte Fitz nicht – er wußte, daß er auf der richtigen Spur war.

»Der da ist der Verdächtige«, beschwerte sich Beck und deutete mit der Zigarette auf Cassidy.

Fitz zeigte sein angedeutetes, geheimnisvolles Lächeln, das Beck immer auf die Palme brachte. Klar, Cassidy war derjenige, der zu einem Geständnis gebracht werde sollte. Weshalb sonst ließ sich Fitz dazu herab, seinen Atem an Beck zu verschwenden und ihn zurückzupfeifen? Natürlich machte es ihm auch Spaß, den Idioten ein wenig zappeln zu sehen. Zwei Fliegen mit einer Klappe – nicht schlecht, lobte sich Fitz.

Fitz senkte die Stimme, als wollte er eine Beichte ablegen, aber hier ging es nicht um seine eigenen Sünden. »Ein neuer Junge in der Schule, und ein schwieriges Alter, um Freundschaften zu schließen«, sagte er verständnisvoll.

Beck runzelte die Stirn, seine Augenbrauen trafen sich beinahe über die Nase.

»Die Mädchen geben sich mit dir ab. Ein neues Gesicht – so was gefällt den Mädchen.« Er hatte Beck kalt erwischt, und nach seiner Einschätzung wußte Beck nicht einmal, warum. »Aber die Jungs…«, er schnalzte besorgt mit der Zunge und beobachtete Becks lebhaftes Mienenspiel. Er erkannte Feindseligkeit und Angst. Die Angst, daß seine geheimsten Gefühle und Gedanken bloßgelegt werden könnten. Beck fürchtete, versehentlich etwas eingestanden und Fitz indirekt recht gegeben zu haben. Natürlich war er sich im tiefsten Inneren bewußt, daß Fitz den Nagel auf den Kopf getroffen hatte, aber ein solches Zugeständnis würde er niemals laut äußern.

Cassidy beobachtete die Szene mit einem amüsierten Lächeln auf den Lippen.

Selbst wenn Fitz sich vorgenommen hätte, Beck zu verschonen, hätte er jetzt keinen Rückzieher mehr machen können. Zudem hatte er Penthesilea einmal derselben Tortur unterzogen, und er wollte verdammt sein, wenn er mit Beck freundlicher umsprang als mit ihr.

Beck wandte sich an Cassidy wie ein Mann, der einen harten Arbeitstag hinter sich hatte und nach Hause kam, um den Hund zu treten. Er beugte sich über den niedrigen Tisch und musterte Cassidys Gesicht aus nächster Nähe. »Wir haben einen Treffer gelandet«, sagte er in drohend leisem Ton. »Wenn wir Sie einsperren, werden Sie um Einzelhaft flehen.« Er reckte sich noch weiter vor. »Um Schutz, kapiert?«

»Ich will keinen Schutz«, versetzte Cassidy.

Schuldgefühle und der Wunsch nach Bestrafung, registrierte Fitz. Wenn ihn sonst noch nichts von Cassidys Schuld überzeugt hätte, dann das.

»Die Jungs haben dich ignoriert, hab' ich recht, Beck?« fragte er. Wenn es ihm gelang, Beck die Daumenschrauben anzulegen, würde Cassidy vielleicht ein ähnliches Muster in seiner Vergangenheit erkennen und anfangen zu reden. Abgesehen davon, daß er Beck das Maul stopfen konnte, war das Fitz' größte Hoffnung.

Beck sah Fitz böse an, sagte aber nichts zu ihm, dann drehte er sich wieder Cassidy zu. »Sie glauben, die Wärter könnten Sie beschützen? Aber die sind richtige Arschlöcher.« Ein kleiner Speicheltropfen verfing sich in seinem Schnauzer.

Cassidy rutschte ein Stück vor. »Ich will keinen Schutz«, wiederholte er.

»Ganz besonders ein Junge», schaltete sich Fitz wieder ein und schaute Beck unverwandt ins Gesicht, aber er behielt auch Cassidy aus den Augenwinkeln im Blick. Cassidy interessierte sich nur für Beck, trotzdem fuhr Fitz unbeirrt fort: »Du wolltest ihm nah sein. Du wolltest ihn umarmen. Es störte dich …«

Beck fiel ihm ins Wort und übertönte ihn: »Die Wärter haben selbst Kinder.« Er war ruhig – zu ruhig, wenn man bedachte, wie wütend er auf Cassidy war, aber seine Körperhaltung verriet eine ungeheure innerliche Anspannung. »Sie werden Ihre Zellentür offenlassen und wegschauen, wenn die anderen Jungs zu Ihnen gehen. Sie werden nicht einen verdammten Finger rühren. Verstehen Sie, was ich damit sagen will?«

»Du dachtest, daß du schwul bist«, warf Fitz ein, als Beck Luft holte.

Beck wirbelte zu ihm herum. Sein Gesicht war leicht gerötet. »Halt die Klappe!« brüllte er und stieß mit den Fingern, die die Zigarette hielten, in Fitz' Richtung. Asche fiel auf den Boden.

Volltreffer, dachte Fitz triumphierend. »Du hast den Jungen geliebt.«

»Du redest Mist«, sagte Beck, ohne den Blick von Fitz zu wenden.

»Es hat dich nachts wachgehalten. ›Bin ich schwul? Bin ich schwul? Die Mädchen geben sich mit mir ab – sie sehen keine Gefahr in mir. Die Jungs beachten mich nicht. Ich muß ihnen beweisen, daß ich nicht schwul bin.‹«

Beck und Cassidy starrten Fitz an. Er hatte sich nicht geirrt, aber das war keine große Überraschung; viele Halbwüchsige gerieten während der Pubertät in derartige Konflikte und hatten Probleme, ihre sexuelle Identität genau zu bestimmen. Das sagte nicht das geringste darüber aus, ob sie sich später zum Homo- oder Heterosexuellen entwickelten. Aber offensichtlich wußte Beck das genausowenig wie Cassidy. Fitz bohrte noch tiefer in der Wunde. »Wie hast du ihnen bewiesen, daß du nicht schwul bist? Du hast eine Schlägerei angefangen? Mit wem hast du dich geprügelt? Wessen Gesicht hast du zu Brei geschlagen?« Er machte eine winzige Pause, um dem Gedanken Nachdruck zu verleihen. »Den Jungen, den du geliebt hast«, murmelte er schließlich.

Beck glotzte ihn mit offenem Mund an. Cassidys Gesicht wirkte verkniffen. Das hat gesessen, dachte Fitz zufrieden.

»Blödsinn«, schrie Beck. Er wandte sich wieder an Cassidy und erklärte im Plauderton: »Er hat das früher schon mal gemacht.«

Wenn Beck nur ein bißchen schlauer und feinfühliger gewesen wäre, hätte er erkannt, daß Fitz Cassidys geheime Empfindungen ebenso bloßgelegt hatte wie seine eigenen. Aber Beck begriff gar nichts; er war nur scharf darauf, selbst im Mittelpunkt zu stehen und die Fäden zu ziehen.

»Er sieht dahin …« Er deutete mit der Zigarette erst auf Fitz' Schritt, dann auf seinen Kopf »… und dann verdreht er da drin alles so, daß etwas Krankes herauskommt. Und weil er so denkt, behauptet er, daß wir alle so sind.« Er wandte sich theatralisch an Fitz. »Aber das sind wir nicht. Die meisten von uns sind normal.«

Fitz lachte. *Normal* – wer war schon normal? Und ausgerechnet Beck mußte so etwas sagen – Beck, der so irre war, wie jemand ohne Zwangsjacke und Unzurechnungsfähigkeitsbescheinigung überhaupt sein konnte.

»Hast du's ihr ordentlich besorgt?« fragte Beck.

Was, zum Teufel, sollte das? »Wem?« erkundigte sich Fitz, obwohl er eine ziemlich genaue Vorstellung davon hatte, wie die Antwort ausfallen würde.

»Penhaligon.«

Einen Augenblick war Fitz versucht, ja zu sagen: Ja, ich habe sie jede Nacht wie verrückt durchgebumst, dann bin ich nach Hause gegangen und hab' dasselbe mit meiner Frau gemacht. Beck würde das natürlich herumposaunen, aber wahrscheinlich setzte er ohnehin schon die abenteuerlichsten Gerüchte in die Welt … Fitz dachte an Penthesilea und an ihre Unterhaltung im Auto. Sie hatte so verletzlich ausgesehen, daß er ihr am liebsten die Wange gestreichelt und ihr versichert hätte, ihr niemals weh zu tun; er hatte es nicht getan, weil er nie etwas versprach, was er nicht halten konnte. Aber sie verdiente etwas Besseres, als von einem kleinen Scheißkerl wie Beck zur Zielscheibe gemacht zu werden. Deshalb schwieg Fitz und fixierte Beck, ohne auch nur einmal zu blinzeln.

Offenbar begriff Beck, daß er zu weit gegangen war.

Los, piß dir in die Hose vor Angst, dachte Fitz. Der große, böse Fitz kommt und holt dich.

Beck hielt Fitz' Blick nicht lange stand. Er warf die Zigarettenkippe in den Aschenbecher. »Wo war ich, bevor ich so grob unterbrochen wurde?« Er neigte sich wie vorher zu Cassidy.

Ungeheuer einfallsreich, unser Beck, fand Fitz.

»Ach ja, die Einzelhaft. Wenn wir es sagen, bekommen Sie eine Zelle ganz für sich allein. Wenn wir nein sagen, dann nicht. Und dann wird Ihr Schwanz zum guten Schluß in einem Einmachglas enden. Verstehen Sie, was ich damit meine?«

»Ja«, hauchte Cassidy. Er schien wirklich Angst zu haben.

23

Bilborough kam es vor, als hätte er Stunden in der Toilette verbracht, wahrscheinlich waren es jedoch nicht mehr als fünfzehn Minuten gewesen, die er vollkommen angezogen auf der Muschel gesessen hatte. Er wußte nicht, wo er sonst hingehen sollte.

Das rasende Herzklopfen und das Rauschen in den Ohren hatten endlich nachgelassen, aber er war noch nicht bereit, hinauszugehen und sich der Welt zu stellen. Inzwischen hatten sich sein Versagen und der Disput mit Allen bestimmt schon im ganzen Haus herumgesprochen, und er stellte sich die Blicke vor, die er ernten würde, und das Getuschel, das sofort verstummen würde, sobald er näher kam.

Eine Tasse Tee in der Kantine – was Allen wirklich damit meinte, war: Ich entziehe Ihnen den Fall. Er hatte das schon vorher versucht mit seinem ›Nehmen Sie sich ein paar Tage frei, Sie sollten jetzt bei Ihrer Frau sein‹-Gerede. Bilborough machte sich Vorwürfe; er hätte wissen müssen, daß Allen nicht so schnell lockerließ, wenn er sich einmal etwas in den Kopf gesetzt hatte. Die Frage war nur, wie lange es dauerte, bis der Vorfall vergeben und vergessen war – Wochen, Monate, vielleicht sogar Jahre, in denen Allen bei Dinnerparties, die er so sehr liebte, über den Aufruhr vor dem Polizeigebäude und sein hartes Durchgreifen bei dem verantwortlichen Untergebenen plaudern würde.

Jemand klopfte an die Tür.

»Ja«, sagte Bilborough.

»Penhaligon hier, Boss. Was machen Sie da?«

Um Gottes willen, dachte er, man sollte meinen, sie könnte ihn wenigstens hier in Ruhe lassen. »Was glauben Sie denn, was ich mache?«

»Ihre Frau liegt in den Wehen.«

Lieber Himmel! Bilboroughs Kehle schnürte sich zusammen, und er merkte selbst, daß er am ganzen Körper zitterte. Sie darf es nicht verlieren, dachte er. Das darf nicht sein – nicht jetzt. »Hat sich die Menge draußen zerstreut?« fragte er.

»Sie ist gerade dabei«, sagte Penhaligon.

Bilborough kam aus der Kabine. Penhaligon musterte ihn skeptisch, als er sich die Hände wusch. »Fahren Sie mich ins Krankenhaus, und rufen Sie Jimmy Beck an«, rief er, um das laufende Wasser zu übertönen.

»Alles klar«, sagte Penhaligon. Sie betrachtete ihn immer noch mit einem seltsam fragenden Blick.

»Ich hab wohl was Falsches gegessen«, erklärte er und dachte: Verdammt, ich hab' vergessen, an der Kette zu ziehen.

Penhaligon fuhr so schnell sie konnte, und trotzdem beschwor Bilborough sie, mehr Gas zu geben.

»Wir kommen nur noch später an, wenn uns eine Streife anhält«, machte sie deutlich und beobachtete ihn im Rückspiegel. Er sah verheerend aus – bleich, mit tiefliegenden Augen, und er bebte vor Erschöpfung. Sie überlegte, ob sie ihm erzählen sollte, daß Allen die Freilassung von Lindsay und Lang angeordnet hatte, entschied sich aber dagegen.

Als sie vor dem Krankenhaus vorfuhren, riß Bilborough die Tür auf, ehe Penhaligon vollständig abgebremst hatte. Sie stellte den Wagen ab und lief Bilborough nach, der kopflos nach der Entbindungsstation suchte.

»Hier entlang«, sagte sie, als sie ihn eingeholt hatte, und deutete auf ein Schild.

Er nickte und folgte ihr. Im Warteraum holte sie ihm einen Stuhl, dann machte sie sich auf die Suche nach einer Schwester.

»Mrs. Bilborough ist im Kreißsaal«, sagte die Schwester. »Wir bereiten sie gerade vor, danach kann ihr Mann zu ihr.«

»Er ist hier im Warteraum«, sagte Penhaligon und grinste, als sie in seine Richtung spähte.

Bilborough schlief tief und fest.

Kurze Zeit später fuhr Penhaligon zurück ins Präsidium, um ihre Sachen zu holen – das war ihr Fehler. Sobald sie an der Zentrale vorbeikam, streckte Louisa den Kopf durch die Tür und rief: »Jane? Ruhestörung in der Cavendish Road.«

»Ich bin schon auf dem Weg – dienstfrei«, sagte Penhaligon. »Tut mir leid.«

»Es ist eine Mrs. Cassidy. Die Mutter von eurem Mordverdächtigen. Jemand hat einen Stein durch ihr Fenster geworfen. Ich hab' Jenny Wright und Alan Carstairs hingeschickt, aber ...«

»... aber es ist unsere Sache«, beendete Penhaligon den Satz. Sie schloß die Augen. Nur für einen kleinen Moment dachte sie daran – träumte davon – Louisa zum Teufel zu schicken. »Okay. Gib mir die Adresse.«

Jenny Wright öffnete Penhaligon die Tür. »Sie ist da drin«, sagte die Polizistin und deutete auf eine Tür im hinteren Teil des ordentlichen Häuschens. »Sie ist außer sich.«

Als sie das riesige gezackte Loch in der Scheibe des Vorderfensters sah, konnte sich Penhaligon gut vorstellen, warum. »Hat sie jemanden, der das repariert?«

»Ich glaube nicht. Sie sagt dauernd: ›Mein Sohn erledigt solche Sachen für mich.‹« Wright zuckte mit den Achseln. Sie wußten beide, daß Mrs. Cassidys Sohn dieses Problem nicht lösen konnte.

Penhaligon ging in das hintere Zimmer. Es war ziemlich düster und vollgestopft mit altmodischen Möbeln und Schnickschnack, der sich während vieler Jahre angesammelt hatte. Mrs. Cassidy war eine kleine, zarte Lady mit weißen Haaren. Sie trug einen geblümten Morgenmantel, der sie in dem tiefen Sessel beinahe unsichtbar machte. Sie hielt einen halben, in Papier eingewickelten Ziegelstein in der Hand.

»Wir konnten ihr den Stein nicht abnehmen«, erklärte Carstairs. »Sie regt sich furchtbar auf, wenn man es versucht.«

Penhaligon nickte und signalisierte Wright und Carstairs, daß sie draußen warten sollten, dann setzte sie sich neben die alte Dame auf das Sofa. »Mrs. Cassidy? Ich bin Jane Penhaligon.«

»Ich habe Sie nicht hergebeten«, sagte Mrs. Cassidy. »Ich will meinen Nigel.« Ihre Finger verkrallten sich in dem Spitzenkragen ihres Morgenrocks. Die Adern an ihrem fleckigen Handrücken wölbten sich unter der Haut. »Er hat mich heute nicht besucht.«

Scheiße, dachte Penhaligon. Was soll ich ihr sagen? Er kann nicht kommen, weil er ein Mörder ist? Weil ihr Liebling einen Jungen, der in seiner Obhut stand, erwürgt und versucht hat, sich von einem Hochhaus zu stürzen? Wenn man unsicher war, änderte man das Thema.

»Darf ich das mal sehen, Mrs. Cassidy?« Sie streckte die Hand nach dem Ziegelstein aus.

»Nein, das dürfen Sie nicht!« Mrs. Cassidy umklammerte den Stein mit beiden Händen. »Mein Nigel, er wird sich um alles kümmern.«

Penhaligon seufzte. Wo bist du, wenn man dich am meisten braucht, Fitz? »Bitte«, drängte sie und zwang ein Lächeln auf ihr Gesicht.

»Ich weiß nicht, wo mein Nigel ist. Heute ist Dienstag, aber er hat mich nicht besucht.« Mrs. Cassidy hielt inne und bedachte Penhaligon mit einem freundlichen Lächeln. »Heute ist doch Dienstag, oder?«

»Ja«, sagte Penhaligon. Sie versuchte noch einmal, den Ziegelstein an sich zu nehmen. Diesmal hatte sie Erfolg. Sie faltete den Zettel auseinander. »Aug' um Auge. Stirb, du Schlampe!« hatte jemand mit rotem Filzstift auf das Papier gekritzelt.

Wut kochte in Penhaligon hoch, und es kostete sie große Selbstbeherrschung, ruhig zu bleiben. Sie faltete den Zettel wieder zusammen und legte ihn und den Stein hinter sich, damit Mrs. Cassidy ihn nicht mehr sehen konnte. Cassidy lynchen zu wollen war eine Sache – das konnte sie sogar noch verstehen – aber dies... Sie fragte sich, ob überhaupt einer von ihnen Mrs. Cassidy kannte.

»Wo ist mein Nigel?« erkundigte sich die alte Dame noch einmal. Ob sie wohl vorher schon senil gewesen war, oder hatte der Schock ihr Denkvermögen beeinträchtigt?

»Er... er hilft uns«, sagte Penhaligon und schwor sich, nie mehr sauer auf Bilborough zu sein, wenn er es nicht fertigbrachte, Angehörigen schlimme Nachrichten zu übermitteln. Sie wußte genau, was sie sagen müßte, brachte die Worte aber nicht heraus.

»Er ist ein lieber Junge, mein Nigel«, erzählte Mrs. Cassidy. Ihre Lippen bebten. Die Haut um den Mund war mit unzähligen kleinen Fältchen durchsetzt. Plötzlich sah sie Penhaligon direkt in die Augen. Für eine Sekunde erkannte Penhaligon die Frau, die sie einmal gewesen sein mußte. »Ich bin nicht dumm, wissen Sie. Sie haben es im Radio gesagt. Er hat versucht, sich umzubringen, und sie sprachen auch von einem Jungen, der vermißt wird.«

»Es tut mir leid«, sagte Penhaligon. Sie wollte nur noch weg, ein dunkles, stilles Fleckchen finden und schlafen. Es war eine Tortur für sie, in diese klaren, schmerzerfüllten Augen zu sehen. »Es tut mir leid«, wiederholte sie, als könnte sie damit irgend etwas ändern.

Mrs. Cassidy nestelte an den Knöpfen ihres Morgenmantels. Ihr Ausdruck verriet, daß sie in Gedanken ganz woanders war. »Ich verstehe nicht, warum sie ihm weh tun wollen. Er würde nie jemandem etwas zuleide tun, mein Nigel. Er schenkt mir

Blumen. Aber er ist ein schlimmer Junge – er bringt mir Schokolade mit, obwohl Doktor Evans sagt, daß ich die nicht essen darf.« Sie schaute Penhaligon an. »Warum lassen sie ihn nicht zu mir?« fragte sie.

Penhaligon schluckte – sie hatte keine Ahnung, was sie sagen sollte.

»Warum?« wiederholte die alte Dame. Ihre Hand krallte sich in Penhaligons Arm. Sie zitterte. Penhaligon wandte sich ab. Sie mußte Beck anrufen und ihn von diesem Vorfall in Kenntnis setzen. Obwohl es ihm bestimmt vollkommen gleichgültig war, daß eine alte Frau in Angst und Schrecken versetzt wurde.

Nach allem, was Beck über Homosexuelle abgesondert hatte, war die Art, wie er darauf bestand, Cassidy beim Pinkeln zuzusehen, geradezu komisch. Natürlich würde er behaupten, daß so etwas gang und gäbe war und zu den Pflichten eines Polizisten gehörte. Vielleicht dachte er, Cassidy könnte Klopapier aus dem Fenster lassen und sich daran abseilen, um zu flüchten, wie es Arlo Guthrie in *Alice's Restaurant* getan hatte. Das war ein Film ohne jedes erkennbare Motiv – rein oder nicht, dachte Fitz, während er sich einen neuen Drink einschenkte. Becks Motiv hingegen war rein: die blanke Gehässigkeit.

Fitz beobachtete, wie Cassidy hereinkam und sich auf dem Sofa niederließ. Fitz trank sein Glas aus. Er war bereit, seine Arbeit zu tun, wenn Beck nur für eine Weile den Mund halten würde.

Fitz' Hoffnungen schwanden, als Beck mit den Händen in den Hosentaschen aus dem Badezimmer schlenderte.

»Es ist deine Arroganz, Fitz«, sagte Beck und nahm ihm gegenüber Platz. Er war immer noch in Rage. »Dir läuft eine hübsche Mieze über den Weg, und schon hängst du dich dran.« Er zündete sich eine Zigarette an. »Daran würde ich nicht einmal im Traum denken.«

Das ist auch gut so, du hättest nicht die leiseste Chance, befand Fitz, sprach es aber nicht laut aus. Anders als Beck wußte er sehr genau, wie und wann er seine Pfeile abschießen mußte.

»Ja, aber wenigstens habe ich die Haare an der richtigen Stelle.« Er strich mit der Hand über seinen Kopf, um zu demonstrieren, was er meinte.

Beck goß sich einen Drink ein und zeigte keine Reaktion. Mich kannst du nicht hinters Licht führen, dachte Fitz. Beck schirmte mit den Armen seinen Körper ab und legte die Hände schützend vor seine Genitalien – im Vergleich dazu wirkte Cassidys Haltung beinahe entspannt: Er saß aufrecht auf dem Sofa, hatte die Hände an den Seiten und sah weder nach links noch nach rechts. Aber in Wahrheit war Cassidy keineswegs entspannt, er war erschöpft und ausgebrannt. Seine Ruhe war das Äquivalent zu einem Hund, der sich auf den Rücken rollt, um sich einem Gegner zu unterwerfen: Der Hund macht vielleicht den Eindruck, daß er spielen will, aber in Wirklichkeit zeigt er eine Demutsgeste.

Fitz blätterte Timothy Langs Heft durch. Etwas, was ihm schon vorher aufgefallen war, konnte hinweisgebend sein. Er fand die richtige Seite. »Bitte, lesen Sie das vor«, sagte er und hielt Cassidy das Heft hin.

»Ich kann nicht«, murmelte Cassidy tonlos. Die trotzige Verweigerung mußte ihn alle Energie gekostet haben, die ihm noch geblieben war.

»Ich habe den seit Jahren«, erklärte Beck unvermittelt. Er deutete auf seinen Schnurrbart. »Ich habe nicht vor, ihn abzurasieren, nur weil ein Haufen Schwule sich plötzlich auch welche wachsen lassen.« Er vollzog eine verächtliche Geste in Richtung Cassidy. »Das ist unter meiner Würde. So unsicher bin ich nicht. Verstehst du, was ich meine?«

»Reg dich ab und behalt deine Haare«, gab Fitz barsch zurück und setzte zu Cassidy gewandt hinzu: »Bitte, lesen Sie.«

»Nein.«

»Warum nicht? Weil es Sie dazu gebracht hat, ihn zu töten?«

Es war eine Herausforderung, die Cassidy annehmen mußte. Er beugte sich vor und nahm das Heft. »Erstes Eis«, sagte er. Er holte tief Luft. »Tränen auf dem Boden des Klassenzimmers.

Meine Trauer beginnt.« Cassidy verstummte, aber sein Mund bewegte sich. Fitz sah, daß er schwer schluckte. Dann las er weiter: »Er öffnet die Tür des Klassenzimmers, sagt mir, ich soll gehn. Erstes Eis ist nicht schön.«

Der Junge war gut, urteilte Fitz, mit der Zeit hätte er brillant werden können. Nur die letzte Zeile hatte einen falschen Klang, als hätte Tim etwas in das Gedicht gepreßt, was nicht hineingehörte.

All das Potential, die Hoffnungen, Träume und Ängste waren im Wald gestorben. Dieser Gedanke genügte, um Fitz die Tränen in die Augen zu treiben.

»Warum ›Erstes Eis‹?« fragte er.

Cassidys Stimme war belegt. »Es ist ein Gedicht. Über ein Mädchen …« Er brach ab. Einen Moment lang sah es so aus, als würde er aufgeben, aber dann fuhr er fort: »… in einer Telefonzelle. Man hat sie verletzt. Ich habe den Kindern das Gedicht vorgelesen und ihnen gesagt, sie sollen beschreiben, wie sie verletzt wurden.« Jetzt weinte er. Er schluchzte heftig, und seine Schultern bebten. Er schlug die Hand vors Gesicht und ließ seinen Tränen freien Lauf.

Verletzungen, dachte Fitz. O ja, Timothy Lang wurde verletzt. Von Vater und Bruder wie ein Freak behandelt, von der Mutter verhätschelt, von seinem Lehrer zurückgewiesen – so mußte es gewesen sein, oder nicht? – und zum Schluß waren es nicht nur emotionale Verletzungen. Er erlebte Panik, Schmerz und Gewalt. Dieser Mann hatte ihm das angetan. Fitz konnte Cassidy nicht ansehen, ohne daran zu denken, daß seine Hände das Leben aus dem Jungen gepreßt hatten.

Beck lümmelte in einem Sessel und betrachtete Cassidy mit einem selbstgefälligen Grinsen.

Wenn er jetzt den Mund aufmacht, bring' ich ihn um, dachte Fitz. Aber Beck sagte nichts.

»›Er öffnet die Tür des Klassenzimmers, sagt mir, ich soll gehn.‹ Damit meint er Sie.« Cassidy antwortete nicht. »Hab' ich recht?« insistierte Fitz, aber Cassidy schwieg noch immer.

Eine, wie es schien, unerträgliche Ewigkeit unterbrachen nur

Cassidys Schluchzer die Stille. Schließlich murmelte Fitz: »Dreizehn Jahre alt. Schön. Mehr ein Mädchen als ein Junge.« Fitz' Stimme war sanft und verführte Cassidy dazu, mit ihm gemeinsam noch einmal die Ereignisse der bewußten Nacht wie einen Traum zu durchleben. »Sie sehnten sich danach, ihn in den Arm zu nehmen, ihn zu berühren, ihn zu erforschen. Er weint. ›Es ist ja alles gut, Timothy. Alles ist gut.‹«

Cassidy war wie in einem Zauber gefangen und Beck auch, das versetzte Fitz in Erstaunen. Es wurde Zeit, den Traum in einen Alptraum zu verwandeln.

Fitz' Tonfall wurde um eine Nuance rauher. »Er schreit. Sie sind zu weit gegangen. Er wird alles seiner Mutter erzählen. Seine Mutter geht zur Polizei. Die Polizei kommt in die Schule.«

Cassidy hörte ihm noch immer zu, aber das blanke Entsetzen hatte ihn gepackt. Was immer sich auch vor seinem geistigen Auge abspielte, Fitz war froh, daß er es nicht sehen mußte.

Dennoch fuhr er gnadenlos fort: »Eine Hand genügt. So ein zarter Hals. Aber er schließt die Augen nicht. Sie drehen ihn um, damit Sie sein Gesicht nicht sehen müssen. Sie halten ihn fest.«

Cassidy fing wieder an zu weinen, ganz leise – die Angst hatte ihm jede Energie geraubt, aber Fitz war erbarmungslos.

»Sie rennen weg. Wohin? Nach Hause. ›Ich habe ihn erwürgt. Ich habe ihn erwürgt‹, hämmert es bei jedem Schritt in Ihrem Kopf. Sie holen ein Seil und laufen zurück.« Fitz hielt inne. Er wollte Cassidy Zeit lassen, sich an das Grauen und die Schrecken dieser Nacht zu erinnern. »Er liegt noch da. Kalt. Sie heben ihn hoch. Die Luft entweicht aus seiner Lunge. Es klingt wie ein Stöhnen. Für einen grausigen Moment glauben Sie, er ist noch am Leben.«

Er starrte Cassidy an, genau wie Beck. Niemand sagte etwas. Cassidys Hände krampften sich zusammen. Er holte tief Luft. »Ich hab' Hefte korrigiert«, sagte er. »Ich war joggen.« Er schaute erst Beck, dann Fitz an, als wollte er ihn überreden, ihm zu Hilfe zu kommen. »Jemand muß mich beim Joggen gesehen haben.« Das klang wie ein Flehen. »Dann kam ich nach Hause und habe weiter Hefte korrigiert.«

Danach herrschte langes Schweigen.

Catriona schrie. Schweiß schimmerte auf ihrer Haut, und das Haar hing ihr strähnig ins Gesicht. Sie umklammerte Bilboroughs Hand, bohrte ihre Nägel in seine Handfläche.

Bilborough fand, daß sie so schön war wie noch nie. Der Schrei endete in einem Keuchen. Bilborough wünschte, sie hätte wenigstens das Lachgas akzeptiert. Wenn es nach ihm gegangen wäre, hätte man ihr eine Epiduralanästhesie geben müssen.

Die Schwester tupfte Catrionas Gesicht mit einem feuchten Tuch ab. Bilborough ärgerte sich, daß er nicht daran gedacht hatte.

Die Hebamme ging zum anderen Ende des Bettes. »Braves Mädchen. Es kommt. Noch einmal. Pressen!«

Wieder ein Schrei. Wieder verkrampfte sich ihre Hand.

»Hecheln«, sagte Bilborough und versuchte fieberhaft, sich an all das zu erinnern, was man ihm im Schwangerschaftskurs erzählt hatte. Jetzt bereute er bitter, daß er es nicht öfter geschafft hatte, Catriona zu dem Kurs zu begleiten. »Entspann dich. Ganz locker.«

»Das Kleine hat eine richtige Haarsträhne«, verkündete die Hebamme.

Jetzt müßte die nächste Preßwehe kommen. »Hecheln«, drängte Bilborough. »Das ist es. Du mußt hecheln. Hecheln ...«

Catriona atmete ganz normal.

»Komm jetzt. Los«, beschwor er sie.

Catriona drehte ihm das Gesicht zu. »Hau ab«, kreischte sie.

Bilborough grinste verlegen. Die Schwester und die Hebamme lächelten wissend – Szenen dieser Art waren nichts Neues für sie.

Catriona schrie auf.

24

Alle drei waren erschöpft. Sie saßen um den Tisch, und keiner von ihnen sagte etwas, keiner sah den anderen an. Fitz war überzeugt, daß Cassidy kurz davor war, seinen Widerstand aufzugeben. Er konnte nicht länger an seiner Aussage festhalten. Es kam jetzt nur darauf an, den richtigen Zeitpunkt zu erkennen. Ein zu früh geäußertes Wort würde Cassidy aus dem Horrorszenarium reißen, das Fitz ihm vor Augen gehalten hatte. Wartete er zu lang, hatte Cassidy Zeit, neue Kraft zu sammeln, um sich weiterhin zur Wehr zu setzen.

Cassidy rieb mit dem Daumen über den Stoff seiner Jacke. Sein Blick schweifte von Beck zu dem Bett.

Gleich wird er fragen, ob er sich hinlegen darf, dachte Fitz. Beck würde einen dummen Witz über die Tatsache reißen, daß er mit zwei Männern im selben Zimmer schlafen wollte, und die Atmosphäre wäre zerstört.

Fitz stand auf und setzte sich auf den niedrigen Tisch, vor Cassidy. Beck beobachtete ihn mit dem spöttischen Grinsen, das Fitz in dieser Nacht viel zu gut kennengelernt hatte. Fitz ignorierte ihn. Früher oder später würde er die Gelegenheit haben, Beck ein für allemal in seine Schranken zu verweisen. Er hatte gute Lust, den Widerling so niederzumachen, daß ihm Hören und Sehen verging. Aber das konnte warten. Erst war Cassidy dran.

»Gestehen Sie«, sagte Fitz sachlich und ohne jede Spur von erzwungener Freundlichkeit, die Cassidy als Herablassung hätte deuten können. »Bekennen Sie sich schuldig. Dann ist alles im Nu vorbei.« Cassidy sah Fitz an. Ein Muskel zuckte an seiner Wange. »Wenn Sie die Tat abstreiten, kommt es zum Prozeß. Woche um Woche im Gerichtssaal. Und alle Details werden aufgerollt und öffentlich gemacht. Ihre Mutter windet sich vor Verlegenheit und Scham …«

»Sie sind dafür verantwortlich.« Cassidy krümmte sich auf dem Sofa zusammen. »Meine Wohnung, mein Job, meine Mutter, Lesley. Und das alles nur, weil Sie sich einbilden, daß ich schwul bin.« Er war wütend. Seine Wangen waren gerötet. »Was gibt Ihnen das Recht?« schrie er. »Was macht Sie so verdammt arrogant, das nach lausigen fünf Minuten beurteilen zu können?«

Gut, dachte Fitz. Wenn er wütend ist, dann krieg' ich ihn. Er konnte Cassidys Emotionen manipulieren – er konnte Wut in Angst und Angst in Zerknirschung verwandeln, das war leicht. Dieser starre leere Blick war gefährlich gewesen; Cassidy hätte sich vollkommen verschließen können. Aber das war ausgestanden. Cassidy wußte es noch nicht, aber er hatte verloren.

Cassidy sprang unvermittelt auf und durchquerte das Zimmer.

»Ich habe recht«, sagte Fitz.

Als Cassidy Becks Sessel erreicht hatte, drehte er sich um. »Sie irren sich.« Er fixierte Fitz.

Ich habe ihn verletzt, überlegte Fitz. Er will es mir heimzahlen. Was sucht er sich aus – das Übergewicht, den Alkoholkonsum, das Rauchen?

»Wann haben Sie es Ihrer Frau zum letztenmal so richtig besorgt?« wollte Cassidy wissen. Scheißkerl, fluchte Fitz im stillen. »Wann war das?« beharrte Cassidy.

Becks Lippen kräuselten sich zu einem verschlagenen Lächeln. Leck mich am Arsch, dachte Fitz. Cassidy hatte hinter Becks Stuhl Stellung bezogen, und für einen Augenblick sah es so aus, als hätten sich die beiden gegen Fitz verbündet.

»Das geht Sie nichts an«, erwiderte Fitz.

»Sie haben Ihre Nase lange genug in meine Angelegenheiten gesteckt«, gab Cassidy in dem übertrieben geduldigen Ton zurück, den Lehrer und Therapeuten bevorzugen. Ohne es zu wollen, ließ Fitz seine Gedanken zu Graham schweifen. Graham im Bett mit Judith, und er besorgte es ihr, wie Cassidy es genannt hatte.

»Ich habe niemanden umgebracht, Sie schon.« Fitz erhob die Stimme. Das war nicht gerade professionell. Zu dumm. Er würde Bilborough nicht die volle Summe in Rechnung stellen können.

»Das habe ich nicht«, donnerte Cassidy. Er beugte sich vor, nahm das Telefon und hielt es Fitz hin. »Rufen Sie sie her. Wahrscheinlich lechzt sie danach.« Beck grinste breit. »Ich werd' sie richtig rannehmen.« Er feixte. »Danach können Sie sie ja fragen, was sie denkt.« Er knallte das Telefon vehement auf den Tisch – es war ein Wunder, daß es nicht in Stücke brach –, dann ging er langsam zum Sofa zurück.

Eine ganze Reihe von Gedanken stürmten auf Fitz ein: Judith im Dienstzimmer. Sie zwingt ihn, sich ihre Beichte anzuhören. Sie hat Sex mit Graham gehabt. Sie hat nicht bei ihm geschlafen, nur mit ihm gebumst, und dann kommt sie nach Hause und versucht so zu tun, als wäre nichts passiert.

Du bist tot, Cassidy. Was immer auch geschieht, ich nagle dich fest, bevor du diesen Raum verläßt – ich nagle dich ans Kreuz und überlasse dich dem Tod, wie du es mit Tim gemacht hast.

Was konnte ihm den letzten Schlag versetzen? Seine Sexualität. Aber es genügte nicht mehr, ihn als schwul zu bezeichnen – daran hatte er sich inzwischen gewöhnt. Was hatte ihm den ganzen Tag den Rücken gestärkt? Was führte er als Gegenbeweis ins Feld?

Cassidy setzte sich wieder. Fitz neigte sich nah zu ihm. Er schrie nicht, das brauchte er gar nicht. »All die Male, die Sie mit Lesley Liebe machten. Sie hat Ihnen jedesmal einen Orgasmus vorgetäuscht.« Volltreffer. Cassidy sah zur Seite, und Fitz glaubte schon, er würde wieder anfangen zu heulen. »Warum sonst hätte sie glauben sollen, daß Sie schwul sind?« Er nahm Cassidy das einzige, was ihm Halt gegeben hatte, aber es war ihm egal. Möglicherweise zerstörte Fitz alles, was sie bis jetzt erreicht hatten, weil er seiner Wut freien Lauf ließ, statt sich in das Vertrauen des Verdächtigen zu schleichen und ihn zu einem Geständnis zu überreden. Auch das war ihm gleichgültig. »Sie hatte das Gefühl, daß sie Ihnen etwas vorspielen muß, Nigel. Sie wußte, daß Sie Bestätigung brauchen.« Er hatte Cassidys

Aufmerksamkeit verloren. Sein Blick wurde wieder leer. »Sie wußte tief in ihrem Inneren, daß etwas nicht stimmte.«

Cassidy ließ sich zurücksinken. »Ich habe Hefte korrigiert. Ich war joggen...«, begann er tonlos.

»Und dann haben Sie wieder Hefte korrigiert.« Fitz lächelte, als wollte er sagen: Jetzt sind wir quitt, wir können aufhören, uns zu streiten. Er lehnte sich auch zurück und ahmte Cassidys Körpersprache nach. Das war ein billiger Therapeutentrick, damit beruhigten sie ihre Klienten. Fitz seufzte schwer und signalisierte Cassidy, daß er genug hatte und die Sache schnell hinter sich bringen wollte. »Haben Sie Tim jemals geschimpft oder zurechtgewiesen?«

»Selbstverständlich habe ich Tim hin und wieder zurechtgewiesen.«

Beck sah von einem zum anderen.

Jetzt zeig' ich dir mal, wie man so was richtig anpackt, nahm sich Fitz vor. »Öfter als die anderen Kinder?« fragte er.

»Nein.« Cassidy blinzelte.

Lügner, dachte Fitz. Er stand auf und trat ein paar Schritte vor. Sein Schatten fiel auf Cassidy, aber der sah nicht einmal auf. Fitz begann ein Phantasiegebilde zu errichten, das nicht die tatsächliche, aber die emotionale Wahrheit ans Licht bringen würde. Wenn er damit fertig war, würde sich Cassidy nicht mehr verkriechen können. Überall, wohin er sich auch wenden wollte, würde er seiner Seele begegnen. »Sie stehen, er sitzt mit gesenktem Kopf vor Ihnen.« Genauso wie er und Cassidy jetzt. »›Sieh mich an, wenn ich mit dir rede, Junge. Sieh mich an.‹«

Cassidy richtete den Blick auf seine Hände. »›*Sieh mich an!*‹« wiederholte Fitz eindringlich. Einen Moment lang fürchtete er, daß es nicht funktionierte. Er spürte Becks abschätzenden Blick. Plötzlich hob Cassidy den Kopf. »Und er sieht auf«, fuhr er versonnen fort und beschwor ein zauberhaftes Bild herauf, das Cassidy in seinen Bann zog. »Blaue Augen, lange blonde Wimpern, mehr ein Mädchen als ein Junge. Und diese Augen flehen: ›Bitte hör auf, bitte aufhören, aufhören, bitte.‹«

Er schwieg eine Weile, dann setzte er hinzu: »Wie haben Sie sich dabei gefühlt, Nigel?«

Cassidy starrte lange ins Leere. »Grau«, sagte er schließlich.

»Was?« fragte Fitz erstaunt.

Cassidy sah Fitz direkt ins Gesicht. »Sie waren eher grau als blau.«

Jetzt hab' ich dich, triumphierte Fitz. Du gehörst mir, du Bastard. Aber er mußte am Ball bleiben und den Dialog fortsetzen, bis Cassidy sich so sehr verstrickte, daß er nicht mehr zurückkonnte. »›Sieh mich an, Tim. Sieh mich an, Tim.‹« Fitz wurde bewußt, daß er keine Ahnung hatte, was sich in modernen Klassenzimmern abspielte. Wenn er einen Fehler machte, war der Bann gebrochen. Er mußte das Risiko eingehen und Cassidy eine Frage stellen, selbst wenn dann offenkundig wurde, daß er die Phantasie, die er beschrieb, nicht vollständig beherrschte. »Und dann? Würde er zu Ihrem Pult gehen?«

»Ich würde zu ihm gehen«, antwortete Cassidy leise. Gut, er arbeitete mit, aber dann setzte er hinzu: »Nicht nur zu ihm, sondern zu allen Schülern, die …«

»Ah«, schnitt ihm Fitz das Wort ab. Er wollte nicht, daß Cassidy zuviel redete und in die Wirklichkeit zurückfand, in der er sich gegen Fitz' Phantasien verschanzen konnte. »Und Sie gehen neben ihm in die Hocke.« Er setzte sich. »Er ist Ihnen ganz nah, berührt sie fast, während Sie sich seine Arbeit ansehen. Sie tauschen Blicke. Zentimeter, nur wenige Zentimeter sind diese Augen von Ihnen entfernt …« Cassidy schaute ihn an. Fitz wußte, was dieser Blick ausdrückte: *Woher wissen Sie das? Sie verstehen mich doch, oder? Sie werden mich beschützen.* Nein, dachte er, ich werde dich nicht beschützen. Er redete schneller, um Cassidy zu einer spontanen Reaktion zu zwingen: »Und das war er, der Moment, auf den Sie gewartet hatten, der Moment, der Ihnen über den Rest des Tages hinweghalf. Er war etwas ganz Besonderes für Sie, hab' ich recht, Nigel?«

Cassidy ließ den Kopf gegen die Sofalehne sinken. Sein Adamsapfel zuckte auf und ab.

Sag es, drängte Fitz ihn in Gedanken. Du hast dich ergeben,

du hast deine Kehle für meine Klinge entblößt. Jetzt sag es. Sag, daß du ihn umgebracht hast. Sag es.

»Er widerte mich an«, sagte Cassidy.

»Und was sagten sie, diese Augen, als Sie sie das letzte Mal sahen?« fragte Fitz. Er versuchte, seinen Ton sanft zu halten – ohne Erfolg. »›Aufhören, bitte – bitte aufhören, aufhören!‹« Er hörte selbst den Zorn und die Verachtung in seiner Stimme. Er war wütend auf Cassidy, weil er Tim ermordet hatte, wütend auf die Gesellschaft, weil sie Cassidy dazu getrieben hatte, seine Sexualität so sehr zu unterdrücken, daß er sie nur noch in widernatürlicher Gewalt zum Ausdruck bringen konnte.

»Sie wollten Ihre Tat sühnen«, fuhr Fitz leise fort – zum erstenmal in dieser Nacht zeigte er aufrichtiges Mitleid. Cassidy dachte einen Moment nach. »Ja.«

»Deshalb haben Sie versucht, sich umzubringen. Ein Menschenleben für ein anderes.«

»Ja«, antwortete Cassidy entschiedener als zuvor.

Endlich war es soweit, Fitz konnte die Falle zuschnappen lassen. »So viel verlange ich nicht von Ihnen, Nigel, ich will nur, daß Sie gestehen.« Cassidy starrte ihn wortlos an, als müßte er sich ins Gedächtnis rufen, wie man einen Gedanken in Worte, in Sätze faßte. »Ich weiß, daß Sie gestehen wollen. Sie haben ein Kind getötet, Nigel.« Fitz ließ Cassidy einen Moment Zeit, sich an das Grauen zu erinnern. »Das ist eine furchtbare Bürde, eine schreckliche Last. Sie wollen sie teilen.« Wieder machte er eine Pause. »Ich bin hier, Nigel. Ich bin bereit, die Last mit Ihnen zu teilen.«

Haß. Cassidy kämpfte darum, seinen Haß zu artikulieren, den sein Gesicht so offen zeigte. »Sie sind bereit, die Last mit mir zu teilen?« Seine Stimme war leise, aber voller Abscheu.

»Ja.«

»Sie werden nie vergessen, daß Sie das gesagt haben, dafür sorge ich.« Die Worte schwebten eine Weile wie eine Drohung zwischen ihnen.

»Ich werde es nicht vergessen«, murmelte Fitz.

Stille. Das Schweigen dehnte sich in die Länge und wurde

unerträglich. Beck zog an seiner Zigarette und blies den Rauch aus. Er sah aus, als wollte er etwas sagen. Halt die Klappe, beschwor ihn Fitz. Sag jetzt nichts. Beck schwieg.

Cassidys haßerfüllter, verzweifelter Blick richtete sich auf Fitz. »Ich habe Timothy Lang getötet«, sagte er.

25

Bilborough tupfte Catrionas Stirn mit einem feuchten Schwamm ab. Sie war in Schweiß gebadet, ihre Augen waren geweitet und dunkel. Ihre Hand faßte nach seiner. Es gelang ihr, ihm kurz zuzulächeln, bevor sie einen Schrei ausstieß.

»Komm schon«, sagte Bilborough. »Du bist die schönste Frau, die je gelebt hat. Komm. Komm schon.«

Sie bäumte sich auf. Bilborough hörte, daß das Laken unter ihren Füßen riß. Sie entblößte die Zähne und ächzte gequält.

Bilborough wischte mit dem Handrücken über sein Gesicht. Auch er war schweißnaß.

Im nächsten Augenblick war alles vorbei. Die Hebamme hielt Catriona ein kleines, runzliges Etwas hin. Bilborough weinte so heftig, daß er kaum etwas davon mitbekam. Er berührte das winzige Gesicht mit seinem Daumen, und erst sehr viel später begriff er, was die Schwester gesagt hatte: »Es ist ein Junge.«

Er hatte einen Sohn. Lieber Himmel, er hatte einen Sohn!

26

In dem Verhörraum herrschte tödliche Stille. Cassidy saß am Tisch, die Begum hatte sich an der Stirnseite eingerichtet. Bilborough schaltete den Kassettenrecorder ein. »Verhörbeginn: elf Uhr fünfundvierzig. Anwesend sind Nigel Cassidy, Shazia Begum, die als Rechtsbeistand des Verdächtigen fungiert, Detective Chief Inspector David Bilborough und Polizeipsychologe Doktor Edward Fitzgerald.«

Penhaligon und Beck hatten auch Ansprüche angemeldet, dabeizusein, wenn Cassidy endlich sein offizielles Geständnis ablegte, aber Bilborough hatte befürchtet, daß die Begum Beschwerde einlegen und behaupten würde, die Polizei wolle ihren Mandanten einschüchtern. Deshalb hatte er die beiden an den Monitor im Dienstzimmer verbannt.

»Bitte wiederholen Sie für die Aufnahme, was Sie heute morgen im Hotel Royale ausgesagt haben«, forderte Bilborough ihn auf.

»Sie *müssen* das nicht tun, Nigel«, sagte die Begum. »Ein Geständnis unter Zwang, ohne Zeugen und ohne Berücksichtigung der gültigen Vorschriften kann bei Gericht nicht verwendet werden.«

Verdammtes Frauenzimmer, dachte Bilborough, aber da er nach der Geburt seines Sohnes ein paar Stunden Schlaf gefunden hatte, war er in zu guter Stimmung, um sich von der Anwältin aus der Fassung bringen zu lassen. Sie sollte nur versuchen, Cassidy umzudrehen. Sollte die Verteidigung doch Einspruch wegen Einschüchterung durch die Polizei einlegen! Damit bekamen sie die Chance, den Fall nur noch wasserdichter zu machen. Bilborough wollte Cassidy, er wollte ihn nach allen Regeln der Kunst festnageln, damit niemand sechs Monate, nachdem sie ihn in den Knast gebracht hatten, sagen konnte, sie hätten den falschen Mann erwischt.

»Es ist schon gut«, entgegnete Cassidy. »Ich will es.« Er räusperte sich, und danach war eine ganze Weile nichts anderes zu hören als das Surren des Tonbandes. »Ich habe Timothy Lang getötet«, sagte Cassidy.

Bilborough konnte das Freudengeheul aus dem Dienstzimmer beinahe hören.

Bilborough war von Menschen umringt, sobald er aus dem Verhörraum kam. Sie klopften ihm auf die Schulter, applaudierten und pfiffen anerkennend durch die Zähne.

Penhaligon hielt sich zurück – sie war nicht imstande, sich zu freuen, bevor sie nicht ein privates Wort mit Bilborough gewechselt hatte.

Er zog ein paar Geldscheine aus der Tasche. »Hier«, sagte er zu Beck. »Hol was zu trinken für alle.«

»Glückwunsch, Boss.«

Kurze Zeit später ging Bilborough in sein Büro. Penhaligon wartete einen Moment, dann folgte sie ihm.

»Darf ich Sie sprechen, Boss?« fragte sie.

»Sie dürfen, was immer Sie wollen«, sagte Bilborough. Die ungesunde Blässe in seinem Gesicht war verschwunden. »Was immer Sie wollen.«

»Ich habe mich gefragt… könnte ich vielleicht Urlaub haben?«

»Aber ja – füllen Sie einen Urlaubsschein aus, ich unterschreibe ihn.«

»Nein. Ich meinte, sofort. Ich habe noch zwei Wochen Urlaub übrig, und, mit Verlaub, im Moment hab' ich die Nase ziemlich voll. Ich brauche dringend einen Tapetenwechsel.«

Bilborough musterte sie kritisch. Seine gute Laune schien sich von einer Sekunde zur anderen in Luft aufgelöst zu haben. Penhaligon war überzeugt, daß er ihr die Bitte abschlagen würde, aber dann schnaubte er leise und sagte: »In den letzten Tagen war's nicht leicht, mit mir zusammenzuarbeiten, stimmt's?«

»Nein, Sir.« Zum Teufel damit – mehr als nein sagen konnte er nicht.

Er grinste unsicher. »Ehrlich bis zum letzten – das mag ich an Ihnen, Penhaligon.« Er kramte in den Papieren auf seinem Schreibtisch. »Gehen Sie schon – sorgen Sie dafür, daß Jimmy über alles, womit Sie zu tun haben, Bescheid weiß; übergeben Sie ihm Ihren Papierkram und die Akten. Ich regle die Sache mit der Verwaltung.«

Penhaligon lächelte.

Judith hatte die Gartenarbeit schon immer als eine Art Therapie betrachtet. Beim Pflanzen mußte sie zum Beispiel immer daran denken, daß es, egal wie schlimm die Dinge auch standen, immer eine Hoffnung für die Zukunft gab. Das Sammeln von Samenkapseln und Gräsern für Trockensträuße rief ihr ins Gedächtnis, daß sich selbst die scheinbar nutzlosen Aspekte ihres Lebens eines Tages bezahlt machen könnten. Während der Ehe mit Fitz hatte sie eine Menge Samenkapseln gesammelt.

Heute jätete Judith Unkraut. Alles herauszureißen, was schlecht war und das Gute am Wachsen hinderte, barg eine Symbolik in sich, die ihr gefiel.

Das rhythmische Klatschen des Swingballs verriet ihr, daß mit Mark und Katie alles in Ordnung war.

Eine ordentliche kleine Familie, dachte sie. Auch wenn Fitz und sie noch eine Menge Dinge zu klären hatten, war sie froh, zu Hause zu sein. Wenn er nur auch froh wäre, sie hier zu haben … Sie hackte ein Sauerampferbüschel aus der Erde. Dann erwischte sie etwas Stacheliges, und trotz ihrer Gartenhandschuhe bohrte sich ein Dorn in ihren Finger.

Ein Schatten fiel auf sie. Sie drehte den Kopf: Fitz. Er starrte sie an – eine Fremde, dachte sie, er sieht mich an wie eine Fremde –, dann kam er zu ihr und kauerte sich neben sie.

Er sagte eine ganze Weile nichts. Nur der Ball, der auf die Schläger prallte, war zu hören. Judith brauchte einige Zeit, bis sie seinen Blick deuten konnte: Verlegenheit. Einen solchen Ausdruck war sie an ihm nicht gewöhnt.

»Ich denke daran, wegzufahren.«

Einen Moment lang glaubte sie, er wollte mit der Familie Ferien machen, aber das würde nicht zu diesem Gesichtsausdruck passen. Mit einer anderen Frau? Lächerlich. Wer würde ihn schon wollen? Und dennoch …

»Allein?« fragte sie mit einer gewissen Schärfe, um ihn wissen zu lassen, daß sie schon den bloßen Gedanken, er könnte mit jemand anderem Urlaub machen, albern fand. Zudem wollte sie es gar nicht genau wissen.

»Ja«, sagte er leise, ohne sie anzusehen.

Er würde sie nicht belügen. Nein.

»Du siehst furchtbar aus«, sagte sie.

Das stimmte. Die Schrammen hoben sich deutlich von seiner aschfahlen Gesichtshaut ab. Seine Augen waren rot gerändert.

»Na ja, ich habe nicht geschlafen.«

»Dann schlaf jetzt«, schlug sie ihm ungehalten vor. Mit Fitz war immer alles kompliziert. Sie widmete sich wieder ihrem Unkraut und überlegte, ob ihm klar war, daß sogar ihr Unmut ein Zeichen von Liebe war.

»Wie oft hast du mir eigentlich schon den Tod gewünscht?« fragte er.

Die Frage raubte ihr den Atem. Lächerlich, dachte sie. »Ich hab' nicht mitgezählt«, sagte sie lachend.

Fitz lachte nicht mit. »Deshalb konntest du mit anderen Männern schlafen.« Sie sah ihn an. Er machte einen Witz. Es mußte ein Witz sein. »Mit reinem Gewissen«, ergänzte er. Er meinte es ernst. Sie konnte nicht verbergen, wie verletzt sie war. »Ich hab' das schon unzähligen Paaren vorgehalten«, fügte er schnell hinzu.

Als ob das alles rechtfertigen könnte. Sie kam sich vor wie ein Bakterium unter dem Mikroskop – nein, ein Bakterium konnte man nicht sezieren... wie eine Ratte, die lebendig an ein Brett geheftet worden war, damit ein Wissenschaftler sie aufschlitzen konnte – natürlich nur im Dienste der Forschung.

Judith bohrte die kleine Hacke tief in die Erde. »Es ist mir egal, an wie vielen Leuten du deine Methoden ausprobierst. Du irrst dich.« Sie schaute ihn wieder an. Er begriff nicht, wie weh er ihr tat und wie sehr er ihre Ehe belastete. »Ich hatte genügend Gelegenheiten, Fitz.« Sie würde ihm auch Schmerz zufügen. Irgend etwas in ihr wollte sie davon abhalten, aber es war zu spät für Behutsamkeit und Takt. »Die Männer sehen mich, dann sehen sie dich an meiner Seite – übergewichtig, mißmutig und in Streitereien mit Leuten am Nachbartisch verwickelt. Sie beobachten, daß du mich vollkommen ignorierst, bis du den anderen intellektuell zu Mus geschlagen hast.«

Fitz schnaubte.

Wenn er sich selbst erkennen und über sich lachen könnte, dann bestünde vielleicht noch eine vage Hoffnung. Du bist eine Närrin, Judith, tadelte sie sich. Wie oft sind deine Hoffnungen schon enttäuscht worden, seit du ihn damals verlassen hast? Zu oft.

»Sie nehmen an, daß ich ungebunden und zu haben bin«, erklärte sie weiter.

»Ja. Ich weiß.«

Sie hatte ihn getroffen, aber sie war noch nicht fertig.

»Das gefällt mir …«

»Ja, auch das habe ich bemerkt.«

Hat er auch bemerkt, wann es angefangen hat? fragte sie sich. Es hatte bereits begonnen, als sie noch frisch verheiratet waren, aber sie war erst seit kurzem bereit, das Spielchen mitzumachen.

Seit wann ist es für uns so selbstverständlich geworden, uns gegenseitig zu verletzen? Sie dachte darüber nach und mußte sich, ob sie wollte oder nicht, eingestehen, daß Fitz ihr trotz seines unerträglichen Benehmens früher nie absichtlich weh getan hatte. Während sie ihn verlassen und betrogen hatte, um ihn zu bestrafen …

Es war höchste Zeit, ihn vom Haken zu lassen. »All die Anstrengungen, Eindruck zu machen, und es ist die reine Vergeudung, weil sie nicht ein Zehntel von dem …« sie deutete auf seinen Kopf, dann auf sein Herz, »… oder ein Zwanzigstel davon haben.« Sie meinte seine Liebe und sein Mitgefühl, das er mit allen Mitteln zu verbergen versuchte; aber sie meinte auch seine bloße physische Präsenz, mit der kein anderer mithalten konnte. Sie sah ihn unverwandt an. Er begegnete ihrem Blick, aber sobald sie verstummte, wandte er sich ab. Nach einer Weile fügte sie hinzu: »Ich liebe dich seit fünfundzwanzig Jahren, und ich wollte nie einen anderen.«

Sieh mich an, wollte sie sagen. Sieh mich an, aber er sah sie nicht an. Jetzt wußte sie, daß er mit einer anderen wegfahren wollte.

Penhaligon hielt das Partykleid vor sich und schaute in den Spiegel. Das Kleid war dunkelgrün, mit Silberfäden durchsetzt, und paßte wunderbar zu ihrem Haar. Sie schielte zu dem offenen Koffer auf ihrem Bett. Er war beinahe voll. Was soll's? dachte sie, faltete das Kleid sorgfältig zusammen und legte es auf die anderen Sachen. Wenn es sein mußte, konnte sie noch einen zweiten Koffer mitnehmen. Sie packte ein paar flache Sandalen und Schuhe mit hohen Absätzen ein.

Ein Schlüssel klapperte im Schloß der Wohnungstür.

Verdammt – sie hatte sich vorgenommen, schon weg zu sein, wenn Peter nach Hause kam. Sie hatte keine Lust zu streiten und zu lügen.

Sie hörte Schritte im Flur. Sie war sich im klaren, daß sie eigentlich zu ihm gehen und ihm alles erklären müßte, bevor er selbst sah, was sie vorhatte. Statt dessen nahm sie ihren einteiligen Badeanzug aus dem Schrank, legte ihn zusammen und stopfte ihn zu dem Bikini an den Rand des Koffers.

»Was machst du da?« fragte Peter.

Penhaligon sah auf. »Ich packe«, sagte sie.

»Das verstehe ich nicht.« Peters Blick ging von ihr zum Schrank.

Plötzlich wurde ihr bewußt, daß er glauben könnte, daß sie für immer ausziehen wollte. »Ich habe mir zwei Wochen frei genommen.« Sie erkannte die Erleichterung in seinem Gesicht, im nächsten Augenblick sah er sie entsetzt an. »In der Kühltruhe ist was zu essen. Du kommst sicher zurecht«, sagte sie, und sofort plagte sie das schlechte Gewissen. Wie dumm und unfair, es ihm auf diese Weise beizubringen. Außerdem hatte er wesentlich öfter in der Küche gestanden und gekocht als sie. Aber sie wollte ihm damit unmißverständlich klarmachen, daß sie ohne ihn verreisen würde und keine langen Diskussionen darüber wünschte.

»Ich dachte, wir wollten zusammen fahren ...«

»Ich hab' mich anders entschieden. Das wollte ich dir sagen, als ich gestern bei dir im Geschäft war.«

»Ich hatte zu tun.«

Sie tat ihm weh, und das tat ihr leid. Sie war traurig darüber, daß sie beide einen Verlust hinnehmen mußten.

»Du hattest zu tun. Ich habe zu tun. Wir haben nie mehr Zeit für uns.«

»Ich weiß. Ich habe es dir gesagt.«

Er hatte recht, sie wußte das. Seit Wochen hatte er ihr immer wieder vorgehalten, daß sie keine Zeit für ihn hatte, und ihr vorgeschlagen, die Dienstzeiten zu verlegen. Er schien nicht zu verstehen, daß es nicht in ihrer Macht lag, ihre Arbeitszeit selbst zu bestimmen.

»Deshalb dachte ich, daß uns ein gemeinsamer Urlaub guttun würde«, ergänzte er.

»Tut mir leid«, sagte Penhaligon.

Peter starrte sie fassungslos an. Sie hielt seinem Blick stand. Schließlich drehte er den Kopf zur Seite und sah zum Bett, auf dem die Tickets halb verdeckt von ihrer Handtasche lagen.

Zwei Tickets. Das obere war ihres, aber das andere – das von Fitz – war nur zum Teil zu sehen. Penhaligon konnte von ihrem Standort aus deutlich die Buchstaben *Dr. E. Fit* lesen, der Rest war verdeckt. Sie überlegte, ob Peter die Schrift auch sehen konnte, und wenn ja, ob er die Verbindung zu Fitz ziehen würde. Sie hatte ihm oft genug von Fitz erzählt.

»Mit wem fährst du?« fragte er.

»Mit zwei Mädchen aus der Verwaltung«, behauptete sie ohne Zögern. Eine alberne Lüge, die er sicher bald durchschauen würde. Wenn er nachhakte, welchen Namen sollte sie dann nennen? Penny? Die war pleite und hatte sich bitterlich über ihren akuten Geldmangel beklagt, als sie das letzte Mal bei ihnen zum Essen war. Gillian? Ihr Mann hielt sie an der kurzen Leine und würde sie sicher nicht allein weglassen.

Penhaligon streckte die Hand aus und schob die Tickets in ihre Tasche, dann schloß sie die Tasche und hängte sie sich über die Schulter. »Ich muß mich beeilen. Ich hab' den Jungs versprochen, noch mal ins Präsidium zu kommen und mit ihnen zu feiern, daß der Mistkerl gestanden hat«, sagte sie, während sie den Koffer zumachte.

Er beobachtete jede ihrer Bewegungen. Sag etwas, beschwor sie ihn. Frag mich, mit wem ich wirklich Ferien mache. Sag, daß du mich nicht fahren lassen willst... Aber er sagte kein Wort. Sie hob den Koffer vom Bett und ging an Peter vorbei zur Tür. Er folgte ihr.

Im Treppenhaus blieb sie noch mal stehen. »Es tut mir leid«, sagte sie.

»Mir auch.«

»Ich schreibe dir eine Postkarte«, versprach sie und streckte sich, um ihn zum Abschied zu küssen. Er drehte den Kopf weg.

»Hast du deine Schlüssel, Jane?«

»Ja, natürlich.«

»Nur für den Fall, daß ich nicht hier bin, wenn du zurückkommst.«

Penhaligon nickte. Das war's dann, dachte sie, als sie ging. Sie sah nicht mehr zurück.

Fitz ließ sich in einer Ecke des Dienstzimmers nieder. Er fand einen Block und machte sich Notizen über Cassidy, die er später, wenn sie ihn als Sachverständigen bei Gericht befragen würden, verwenden konnte.

Verdrängung, schrieb er. *Schuldkomplexe; der Zwang, die wahren sexuellen Neigungen und Bedürfnisse zu unterdrücken...* Erst einige Minuten später fiel ihm auf, daß er, statt weiterzuschreiben, lauter Dreiecke auf das Papier gekritzelt hatte. Dreiecke und Augen. Äußerst interessant – all das Zeug aus den sechziger Jahren: das Auge in der Pyramide, die globale Verschwörungstheorie und die »Erleuchteten«, die die Welt beherrschen sollen. Was wollte ihm sein Unterbewußtsein mit Hilfe dieser Dreiecke und Augen mitteilen?

Ihm kam keine schlüssige Erklärung in den Sinn.

Manchmal, Professor, ist eine Banane nur eine Banane, sagte er sich. Er zeichnete Dreiecke, weil er in einem Dreieck gefangen war – er, Judith, Penthesilea –, und Augen, weil sie das archetypische Symbol für die Weiblichkeit und die Liebe waren.

»Mach es dir nicht zu bequem hier«, sagte Beck. Fitz sah auf. »Dein schwuler Kumpel will mit dir reden.«

»Was?« rief Fitz. Grob gezeichnete Augen starrten ihn von dem Block an. Erleuchtete. Verschwörungstheorie. Cassidy, der ausdruckslos zu ihm aufsah... Er konnte sein Geständnis nicht zurückziehen wollen. Dazu hatte er bei dem offiziellen Verhör Gelegenheit gehabt.

»Cassidy«, erinnerte Beck ihn in übertrieben geduldigem Ton. »Er will dich sehen.«

»Ja«, sagte Fitz. »Sag ihm, daß ich in einer Minute bei ihm bin.«

»Sag's ihm selber. Ich hab' anderes zu tun.« Beck machte sich davon, drehte sich aber noch einmal zu ihm um. »Könnte sein, daß deine Glückssträhne zu Ende ist, was, Fitz?«

Schwachkopf, dachte Fitz, sagte aber nichts, statt dessen betrachtete er wieder die Dreiecke und die Augen. Nein, Cassidy kann unmöglich widerrufen. Ich hab' ihm versprochen, ihm zu helfen und die Last mit ihm gemeinsam zu tragen. Ihm wird allmählich bewußt, in welchen Schwierigkeiten er steckt, und er will mich an mein Versprechen erinnern. Er hat angekündigt, daß er mich beim Wort nehmen wird. Der Hilferuf kommt nur ein wenig früher, als ich es erwartet hätte.

Dennoch ließen ihn die Augen und Dreiecke nicht los. Er hörte sich selbst, wie er den Studenten im ersten Semester klarmachte, daß das Unterbewußtsein ein machtvolles Instrument sei, das weitaus mehr wußte als das Bewußtsein.

Alles Quatsch, rief er sich zur Ordnung, mit solchen Ammenmärchen jagte man den Neulingen Angst ein.

Ihr müßt die Wahrheit mit dem Herzen und dem Instinkt fühlen – auch das erzählte er ihnen. Er hatte sofort gespürt, daß Cassidy schuldig war; Bilborough und Penhaligon, sogar Beck, hatten es auch gefühlt. Und Cassidy selbst hatte die Tat zweimal gestanden. Er konnte nicht unschuldig sein.

Es gab nur ein Mittel, sich Gewißheit zu verschaffen. Fitz erhob sich. Sein Herz klopfte heftig, und sein Mund war wie ausgedörrt.

Offenbar hatte sich sein Unterbewußtsein ein eigenes Urteil über Cassidy gebildet. In diesem Zustand würde er ihm nicht gegenübertreten. Cassidy mußte sich noch ein wenig gedulden.

27

Fast alle hatten sich im Dienstzimmer zu einer Party versammelt. Sie hatten es geschafft, in nur drei Tagen einen Mordfall aufzuklären und der Staatsanwaltschaft zu übergeben, und gleichzeitig hatten sie einen Aufstand erfolgreich niedergeschlagen. Sie hatten allen Grund zu feiern. Eine Flasche Champagner stand in einem Eimer mit lauwarmem Wasser, und jemand hatte ein paar Tüten Chips mitgebracht.

Penhaligon stand da und blätterte in einem Reiseprospekt. In zwei Stunden war sie auf dem Weg nach Kos – und Fitz würde neben ihr im Flugzeug sitzen. Sie fühlte fast schon die Sonne auf ihrem Gesicht, schmeckte den Retsina, spürte seine Hände, die ihr den Rücken einölten. Sie lächelte versonnen. Vielleicht war sie, wenn sie zurückkam, so entspannt, daß sie den Haufen in der Anson Road wieder eine Weile ertragen konnte.

Sie schaute sich um. Sie war in Gesellschaft guter Freunde – sie mochte viele von ihnen, auch wenn sie sie manchmal in den Wahnsinn trieben.

Eine Polizistin stürmte mit zwei Sixpack herein und rief: »Er kommt!«

»Laßt euch nichts anmerken«, sagte Fitz mit gedämpfter Stimme.

Alle beschäftigten sich mit irgend etwas, manche lasen, andere gaben vor, Berichte zu schreiben oder Formulare auszufüllen.

Beck kam herein, er hatte zwei Flaschen Champagner in den Händen. Alle ignorierten ihn. Dort, wo sein Schnurrbart sein sollte, war nur noch rosige Haut zu sehen.

»Ja«, rief er und fuchtelte mit den Flaschen durch die Luft.

Immer noch schenkte ihm kein Mensch Beachtung. Bilborough kam aus seinem Büro und lehnte sich an den Türrahmen. Beck stand mit dem Rücken zu ihm.

»Ich hatte die blöden Witze satt, okay?« sagte Beck. »Ich wollte ihn behalten – nur um zu zeigen, daß ich nichts beweisen muß.« Er nahm zwei Plastikbecher an sich. »Aber ich habe es auch nicht nötig, jemandem zu beweisen, daß ich nichts zu beweisen habe, deshalb hab' ich ihn abgenommen.« Er schaute in die Runde, als würde er Applaus für diesen Triumph der Logik erwarten. »Klar?«

Einer der Männer lachte. Beck funkelte ihn böse an; er hatte nicht bemerkt, daß Bilborough ein paar Schritte nach vorn gemacht hatte und sich einen falschen Schnurrbart unter die Nase hielt. »Könntest du das bitte noch mal wiederholen?« fragte er.

Alle brachen in Gelächter aus und grölten. Ein paar klatschten Beifall.

Beck wirbelte herum. »Oh, Scheiße«, schrie er, aber er lachte auch.

»Ruhig Blut. Ruhig Blut«, beschwichtigte Bilborough.

Beck ließ den Champagnerkorken knallen, und plötzlich war die Stimmung gelöst und heiter. Fitz applaudierte. Penhaligon johlte. Ein anderer stieß einen schrillen Pfiff aus. Bierdosen wurden aufgerissen. Noch ein Korken knallte. Penhaligon warf den Reiseprospekt in den Papierkorb. Jemand bot ihr einen Becher Champagner an, aber sie lehnte ab. Es wurde Zeit für sie – sie mußte gehen.

Fitz hatte sich einen Plastikbecher geholt und ließ sich etwas eingießen. Penhaligon bedachte ihn mit einem liebevollen Lächeln. Er sah sie an, und für einen langen Moment existierte niemand außer ihnen beiden in dieser Welt.

Penhaligon brach den Bann. Sie sah sich unsicher um, aber niemand schien etwas bemerkt zu haben. Dann bahnte sie sich einen Weg zur Tür.

»Ich verschwinde«, sagte sie so laut, daß sie das allgemeine Stimmengewirr übertönte.

»Einen schönen Urlaub«, rief jemand.

»Trink einen auf mich!«

»Sand, Sex, Sonne…«

»Keine Sorgen und kein Streß.«

»Du mußt wenigstens einen Schluck trinken«, sagte Beck, als sie an ihm vorbeikam, und drückte ihr einen Becher in die Hand. Sie nahm ihn und nippte im Gehen daran. Warmer Champagner. Das Beste, was sie seit Wochen genossen hatte.

»Hey«, rief Bilborough. Penhaligon drehte sich um. »Sagen Sie Peter, daß Sie braun werden wollen – er soll Sie hin und wieder für ein paar Stunden aus dem Schlafzimmer lassen.«

Penhaligon knickste geziert. Es war gut, Bilborough so vergnügt zu sehen.

Er deutete mit dem Finger auf sie. »Und sprechen Sie nicht mit vollem Mund!«

Penhaligon verzog das Gesicht. Sie spürte, daß Fitz den Blick auf sie gerichtet hatte. Sie machte sich hastig davon.

Es wurde Zeit, daß Fitz sein Versprechen wahrmachte und Cassidy half, mit seiner Tat fertig zu werden, obwohl er im Grunde der Meinung war, daß die nagenden Schuldgefühle ein Teil von Cassidys Strafe sein sollten.

Er machte sich mit zwei Bechern Kaffee und einer brennenden Zigarette in den Händen auf den Weg zu den Zellen. Der Kaffee war ein scheußliches Gebräu, das schlimmste, was aus einer Maschine kommen konnte. Der Geruch vermischte sich mit dem Gestank nach abgestandenem Urin und Desinfektionsmitteln.

Es war kalt in dem Flur, der zu den Zellen führte. Das kommt von den Steinfliesen, dachte Fitz, und davon, daß er sich im Keller befand. Aber er fröstelte noch aus anderen Gründen. Der Gedanke an das, was Cassidy bevorstand, jagte ihm Schauer über den Rücken. Endlose Jahre im Knast, und jeder Schritt, den er machte, wurde von anderen beobachtet und kontrolliert. Und Beck hatte natürlich recht – die Mithäftlinge würden ihm das Leben zur Hölle machen. Fitz nahm an, daß

Cassidy nicht die leiseste Ahnung von dem hatte, was ihm blühte. Es würde keine Woche dauern, bis er um eine Einzelzelle und verstärkte Überwachung flehte.

Der diensthabende Officer schloß ihm die Tür auf, und Fitz betrat die Zelle.

Cassidy kauerte auf der Pritsche. Er macht einen bemerkenswert gelassenen Eindruck, fand Fitz, aber wahrscheinlich hatte er inzwischen ein paar Stunden Schlaf gefunden – im Gegensatz zu Fitz.

»Kaffee?« fragte Fitz.

Cassidy nahm ihm den Becher aus der Hand. »Was wollen Sie?« fragte er, während er sich vorbeugte und einen Arm auf die Knie legte.

Fitz zog automatisch seine Schlüsse aus Cassidys Körperhaltung: offen, nicht freundlich, aber zuversichtlich; weder herausfordernd noch übertrieben defensiv.

Was immer Cassidys Unterbewußtsein ihm auch vorgaukeln wollte, wie sehr es ihn zum Helden in dieser Geschichte zu machen versuchte – was die Körpersprache deutlich zum Ausdruck brachte –, diese Sicherheit würde nicht lange anhalten. Früher oder später würde ihn die Schuld und die Erkenntnis, was das Gesetz für jemanden wie ihn vorgesehen hatte, überwältigen. Wenn er unter diesem ungeheuren Gewicht zusammenbrach, würde Fitz wahrscheinlich nicht da sein, um ihn wieder aufzurichten. Er mußte Cassidy jetzt helfen, weil er sonst gar keine Hilfe bekam – oder, was noch schlimmer war, nur von einem Gefängnistherapeuten oder Kaplan.

»Ich bin hier, um Ihnen zu helfen«, sagte er, ehe er sich einen langen Zug von seiner Zigarette gönnte.

Cassidy grinste freudlos. »Ich habe meinen Job verloren. Meine Wohnung ist ein Trümmerhaufen. Lesley hat mich verlassen. Und meine Mutter wird bedroht und belästigt. Was, abgesehen von einer Enthauptung, können Sie sonst noch für mich tun?«

Humor war eine gute Verteidigungsstrategie, wie Fitz sehr wohl wußte. Aber er konnte das Cassidy nicht durchgehen lassen. »Sie haben mit einer Lüge gelebt«, sagte er. Er war nicht sicher, ob Cassidy sich selbst gegenüber ehrlich genug gewesen war, um sich das einzugestehen. Ihn dazu zu bringen, war der erste Schritt.

»Sie sind ein glücklich verheirateter Mann«, sagte Cassidy. »Das sind Sie doch, hm?« Er legte den Kopf schief wie jemand, der mit einem Kleinkind sprach und nicht so recht wußte, wie er mit ihm umgehen sollte.

Fitz biß die Zähne zusammen, seine Hand umfaßte den Kaffeebecher fester, und er zog wieder an seiner Zigarette. Es half alles nichts.

»Haben Sie nie an einen Seitensprung gedacht?« hakte Cassidy nach.

Er war gut, das mußte Fitz zugeben – entweder das, oder jeder, der ihn und Penthesilea zusammen erlebt hatte, sah ihm an, was er dachte und welche Gefühle er für sie hegte.

»Oder daran, einfach auszubrechen?«

So fühlt sich das also an, dachte Fitz. Er hatte die Menschen oft Stück für Stück entblößt und analysiert, aber nie gewußt, wie man sich dabei fühlte.

Cassidy ließ immer noch nicht locker. »Aber Sie tun es nicht. Sie leben mit einer Lüge.«

Du verfluchtes Stück Scheiße, wütete Fitz innerlich. »Es gibt Schlimmeres, Nigel«, sagte er laut.

Cassidy verschränkte die Arme und legte sie auf die Knie, so daß sein Gesicht halb verdeckt war. Fitz hatte Angst davor, wie er auf Cassidys nächsten Angriff reagieren würde.

»Zur Hölle mit den Konsequenzen«, sagte Cassidy. »Zur Hölle mit denen, die verletzt werden – Ihnen ist nur wichtig, die Lügen aufzudecken. Nicht Ihre eigenen, natürlich.«

Das ist nicht wahr, dachte Fitz, das ist nicht wahr! Aber wieso kochte dann plötzlich die Wut in ihm hoch, warum verspürte er den unwiderstehlichen Drang, Cassidy zusammenzuschlagen? Darüber würde er später nachdenken müssen. Er hatte nicht die Absicht, nach Cassidys Pfeife zu tanzen.

»Sie interessieren sich nur für die Lügen anderer«, fuhr Cassidy fort. »Das hat nichts mit Wahrheitsliebe zu tun. Es ist reine Selbstsucht, Sie verdammter Heuchler.«

Das reicht, dachte Fitz. »Sie sind der Mörder. Kommen Sie herunter von der Kanzel.«

Cassidy stellte den Kaffeebecher auf den Boden. »Sie sagten, daß Sie die Last mit mir teilen wollen. Erinnern Sie sich?«

»Ja.« Fitz nickte. Wie könnte er das je vergessen? Aber nach allem, was Cassidy ihm an den Kopf geworfen hatte, bereute er, daß er ihm dieses Versprechen gegeben hatte. Er schaute auf den Boden zwischen seinen Füßen.

»Ich habe Tim nicht umgebracht.«

Die Worte wirkten wie ein Schlag in die Magengrube. Sie konnten nicht wahr sein.

Fitz musterte Cassidy forschend. Er lehnte mit angezogenen Knien an der Wand. Jetzt konnte Fitz sein Gesicht ganz sehen. Es wirkte vollkommen ruhig und entspannt. Wenn Fitz ihn beobachtet hätte, als er die Bombe platzen ließ, hätte er ein besseres Urteil fällen können, aber so mußte er sich auf seinen Instinkt verlassen. »Ich glaube Ihnen nicht«, sagte er.

»Ich bin nicht schwul. Ich war vernarrt in Tim, weil er ein Mädchen war«, erklärte er sachlich.

Lächerlich, dachte Fitz. Diesen Unsinn hat er sich zusammengereimt, weil er glaubt, sich so aus dem Sumpf ziehen zu können. Sie konnten nur hoffen, daß er keine alte Verletzung und keinen blauen Fleck hatte, sonst würde er noch behaupten, von der Polizei brutal mißhandelt worden zu sein.

»Nigel, es macht mir nichts aus, wenn Sie mir Lügen auftischen, aber ...«

»Er wußte es«, sagte er versonnen. »Er hat in der Schule mit mir gesprochen. Im Kollegium haben sie gelacht. Ich lachte mit.«

Mein Gott, dachte Fitz. Kein Wunder, daß Lesley glaubte, er wäre schwul. Damals hatte sie wahrscheinlich gedacht, daß er gute Miene zum bösen Spiel machte, um den anderen den Spaß nicht zu verderben, aber wenn die Kollegen Cassidy indirekt zur ständigen Zielscheibe ihres Spottes gemacht hatten ...

Fitz kam ein schrecklicher Gedanke. Welchen Grund sollte Cassidy haben, ihn in diesem Punkt zu belügen? Es wäre sehr viel einfacher, die Leute glauben zu machen, daß sein Geständnis falsch war, indem er konsequent abstritt, auch nur eine Spur von homosexuellen Neigungen verspürt zu haben.

Fitz hatte Mühe, sich zu konzentrieren, als Cassidy fortfuhr: »Aber dann kam er in meine Wohnung. Er brauchte jemanden, mit dem er reden konnte. Es machte mir angst, es brachte Dinge von mir ans Licht...«

So etwas gab man nicht zu, wenn es nicht der Wahrheit entsprach. Er hätte schlicht und einfach sagen können, daß sich der Junge eigenartig verhalten hatte, weil er für jemanden schwärmte, der nur Interesse an Frauen hatte und strikt heterosexuell lebte.

»Ich habe ihn fortgejagt. In dieser Nacht starb er«, endete er.

Einen Moment lang machte sich Fitz vor, Cassidy wollte damit sagen, er hätte Tim getötet – versehentlich. Aber er mußte ganz sichergehen. »Wollen Sie damit sagen, daß Sie ihn nicht getötet haben?«

Cassidy rieb mit der Hand über seinen Arm. Man hörte nur das Rascheln des Stoffes, bis er wieder etwas sagte. »Ich habe ihn so gut wie getötet.«

Verflucht, fahr zur Hölle! Gib mir eine eindeutige Antwort, dachte Fitz.

»Alles, was Sie erkannt haben, waren Schuldgefühle. Dieselbe Art von Schuldgefühlen, die Andy, seine Eltern und alle anderen, die ihn kannten, geplagt haben müssen.« Das war möglich. Das war durchaus möglich. »Das ist alles«, sagte Cassidy. »Nichts weiter.«

Fitz konnte kaum atmen. Er spürte, wie sich seine Eingeweide verkrampften. Er beugte sich vor. »Sagen Sie mir, daß Sie es nicht getan haben.«

»Ich habe Timothy Lang nicht getötet«, erklärte er so klar und deutlich, daß Fitz ihn nicht falsch verstehen konnte. Und Fitz hatte keine andere Wahl – er mußte ihm glauben. »Was ist los, Fitz?« erkundigte sich Cassidy höhnisch. »Ein Unschuldiger hat gestanden? Der Mörder läuft immer noch frei herum? Stört Sie das? Nein. Sie haben sich geirrt – das macht Ihnen am meisten zu schaffen.«

Fitz war nicht imstande, etwas darauf zu erwidern.

»Hab' ich recht?« insistierte Cassidy. »Sie arroganter Mistkerl.«

Fitz wandte sich ab. Seine Kehle war wie zugeschnürt. Am liebsten hätte er Cassidy ins Gesicht geschlagen. Ruhig durchatmen, befahl er sich. Durch die Nase einatmen. Pause. Durch den Mund ausatmen. Ganz ruhig und gleichmäßig. Cassidy fühlte sich schuldig, vielleicht zu Recht, vielleicht zu Unrecht. Und er wurde mit diesen Schuldgefühlen nicht fertig, deshalb hatte er sich in diese Lage gebracht...

»Hören Sie«, sagte Fitz, als er seine Fassung wiedererlangt hatte, »wenn Sie sich selbst bestrafen wollen – meinetwegen. Ich werde das regeln, Sie kleines egoistisches Arschloch. Aber da draußen ist ein Mörder, und er wird wieder zuschlagen.«

Cassidy sah ihn nur an.

»Widerrufen Sie Ihr Geständnis.«

»Ich will, daß er wieder mordet.«

Das konnte nicht sein Ernst sein. Kein Mensch würde so etwas wirklich ernst meinen. »Ziehen Sie Ihr Geständnis zurück – auf der Stelle«, brüllte Fitz. Er kam Cassidy bedrohlich nahe und nutzte alle Arten von Einschüchterungsversuchen aus, die er sich in den vierundvierzig Jahren, die er immer der Größte und Cleverste gewesen war, angeeignet hatte.

»Ich will, daß er wieder tötet«, wiederholte Cassidy langsam. Danach herrschte lange Schweigen. Nichts, was Fitz bis jetzt erlebt hatte, hatte ihn auf diese Situation vorbereitet. »Sie haben gesagt, daß Sie die Last mit mir teilen«, sagte Cassidy beinahe wehmütig. »Das ist die Last. Ich bin verantwortlich für den Tod eines Kindes. Wenn er wieder tötet, dann tragen Sie dieselbe Last wie ich«, setzte er in schulmeisterlichem Ton hinzu.

Fitz ging endlich ein Licht auf – jetzt erkannte er die Falle, die Cassidy für ihn ausgelegt hatte. Und er begriff sogar, warum. Hier ging es nicht um die üblichen Gründe, aus denen die Menschen falsche Geständnisse ablegten – um die Sehnsucht, berühmt zu werden, die eigene Existenz aufzuwerten, indem man sich mit einem Vorfall in Zusammenhang brachte, der das öffentliche Interesse geweckt hatte. Cassidy war auch ohne Geständnis in den Fall verwickelt gewesen.

Nein, seine Beweggründe waren finsterer, verschlungener und so abwegig, daß sie kaum nachzuvollziehen waren. Cassidy hatte sein ganzes Leben lang Verantwortung getragen und die Schuld auf sich genommen, wenn etwas schieflief. Wahrscheinlich war er das älteste Kind in der Familie und religiös erzogen worden – vermutlich katholisch. Aber er hatte dem Katholizismus und damit der Verteufelung der persönlichen Schuld und der ewigen Verdammnis unbußfertiger Seelen bewußt abgeschworen. Aber sein Unterbewußtsein? Das Unterbewußtsein vergißt nichts. Deshalb war Cassidy all die langen einsamen Jahre auf der Suche nach jemandem gewesen, der die drückende Schuld mit ihm teilte. Er wollte nicht die vollkommene Erlösung von der Schuld, das wäre nicht recht gewesen. Man mußte büßen für das, was man getan hatte, sonst schmorte man in der Hölle. Aber man konnte die Bürde mit einem anderen gemeinsam tragen. Ja, einem verdrehten Mistkerl wie Cassidy würde es gefallen, wenn jemand unter derselben Last leiden müßte wie er.

Fitz fühlte sich, als würde ein Tonnengewicht auf seine Brust drücken; er war nicht imstande, Cassidy anzusehen.

»Sie haben es versprochen? Hab' ich recht? Sie haben es versprochen.«

»O mein Gott«, flüsterte Fitz. Er stand auf und hämmerte mit der Faust an die Tür, und er hörte erst auf, als der Officer sie aufschloß und ihn aus der Zelle ließ.

28

Andy wollte eigentlich nicht zu dieser Pressekonferenz gehen, aber es schien seiner Mum sehr wichtig zu sein, daß er dabei war, also hatte er nachgegeben. Jetzt, nachdem er schon geschlagene zwanzig Minuten im Polizeigebäude herumgestanden hatte, bereute er den Entschluß. Seine Mum, sein Dad, Mr. Lindsay und einige andere aus der Nachbarschaft waren auch da, ansonsten traten sich die Journalisten auf die Füße. Alle hatten Notizblöcke und Kassettenrecorder dabei. Es war hier fast so schlimm wie in der Kirche. Die Leute tuschelten leise miteinander, und niemand würde zugeben, daß es vergeudete Zeit war, hier herumzulungern.

Verdammte Polizei. Was für einen Sinn sollte es haben, ihnen zuzuhören, wenn Cassidy zum Schluß doch nur mit einem Klaps auf die Finger davonkam?

Der brave, gutbürgerliche Mr. Cassidy. Er würde einen gewieften Anwalt bekommen, der lauter Quatsch über den guten Charakter seines Mandanten daherreden und behaupten würde, Tim hätte ihn provoziert. Andy hörte dies Geschwätz schon jetzt. Wenn sie Glück hatten, würde Cassidy ein oder zwei Jahre im Knast sitzen.

»Andy!« Das war Melanies Stimme – sie war draußen, vor dem Gebäude. Eine Polizistin versperrte ihr den Weg.

Andy drängte sich durch die Menge. »Lassen Sie sie rein«, sagte er zu der Polizistin. »Bitte.«

Einen Moment sah es so aus, als würde sie nicht auf ihn hören, aber dann lächelte sie und trat beiseite.

Offenbar sind nicht alle Bullen bescheuert, auch wenn die Frau Mike nicht mehr hereinläßt, dachte Andy, als er Melanie zu seinen Eltern führte. Sie standen dicht beieinander – gerade, daß sie sich nicht an den Händen hielten. Eine Journalistin ging auf sie zu. Seine Mutter durchbohrte sie mit einem bösen Blick. Die Frau verzog sich wieder und flüsterte einem ihrer Kollegen etwas zu. Sie schien sich über irgendwas zu ärgern.

Ein Polizist kam die Treppe herunter. »Alle herhören«, schrie er. »Sie können jetzt reingehen.«

Die Leute drängten vorwärts. Andy tastete nach Melanies Hand und drehte sich zu ihr um. Sie nickte ermutigend. Sein Vater sagte etwas zu seiner Mutter, sie sah ihn an, und ein Lächeln huschte über sein Gesicht. Es war nur für den Bruchteil einer Sekunde zu sehen und verschwand wieder. Es war lange her, seit Andy seinen Vater so gesehen hatte.

Es war erstaunlich, wie gelassen Bilborough der Pressekonferenz entgegensah, als er mit seinen vorbereiteten Notizen in der Hand von seinem Büro zum Konferenzraum ging. Erst vor einem Jahr hatten seine Nerven verrückt gespielt, als er vor einer Fernsehkamera gestanden und unsicher gestammelt hatte.

Das war damals. Heute war heute. In einer Dreiviertelstunde konnte er bei Catriona und dem Baby sein. Noch nicht einmal einen Tag alt, und schon sah es ihm ähnlich. Bilborough grinste von einem Ohr zum anderen.

»Hey«, rief Fitz ihm nach. »Hey!«

Bilborough drehte sich um, als Fitz ihn eingeholt hatte und seinen Arm festhielt. »Er war es nicht«, keuchte Fitz atemlos.

Um Himmels willen, dachte Bilborough. Es war schon einmal vorgekommen, daß Fitz erst im nachhinein mit so einer Überraschung aufwartete, und er hatte recht gehabt. »Woher wissen Sie das?«

»Ich hab' gerade mit ihm gesprochen. Er hat es mir gesagt.«

In Bilboroughs Kopf wirbelte alles durcheinander. Er dachte an die Laborberichte, an die Indizienbeweise, an Cassidys Verhalten. Nichts davon war hundertprozentig überzeugend, und nur das Geständnis rechtfertigte eine Anklage. »Und Sie glauben ihm?« fragte er.

»Ja«, rief Fitz aufgebracht.

O Gott, flehte Bilborough, lieber Gott, bitte nicht das. Nicht jetzt. Er hatte nach wie vor Probleme mit Allen wegen des Aufruhrs auf der Straße. Er hatte es geschafft, die Sache für eine

Weile zu verdrängen, aber jetzt stürmte alles wieder auf ihn ein. Wenn er dem Chef Superintendent eröffnete, daß Cassidy nicht ihr Mann war, war der Teufel los. »Widerruft er sein Geständnis?«

»Nein.«

»Was ist dann das Problem?« Bilborough gelang es, sich so zu geben, als müßte er sich nicht die geringsten Sorgen machen. Er machte kehrt und marschierte, in der Hoffnung, damit das Gespräch beenden zu können, in Richtung Konferenzraum.

Fitz lief ihm nach. »Er hat es nicht getan«, schrie er wieder.

Beck stand neben der Tür zum Dienstzimmer und deutete zur Treppe. »Boss, sie warten auf dein …«

Bilborough blieb stehen. »Wir haben sein Geständnis«, sagt er zu Fitz. »Der Rest ist Sache der Staatsanwaltschaft.« *Und ich werde dafür sorgen, daß sie genügend Material bekommen, um den Scheißkerl festzunageln*, fügte er in Gedanken hinzu.

»Hey, Sarge«, rief jemand Beck zu, »Sarge.«

Alle drei drehten sich um. Zwei Beamte standen neben einem Schreibtisch, als hätten sie nichts Besseres zu tun. Einer von ihnen hatten sich den falschen Bart zwischen Nase und Oberlippe geklemmt. Er blies ihn weg; der Bart flog durch die Luft und wurde von einem Gummiband aufgefangen.

Wie kleine Kinder, dachte Bilborough. Sie wissen einfach nicht, wann sie aufhören müssen. »Benehmt euch, ihr zwei. Werdet erwachsen.«

»Hör mal«, sagte Fitz. Offenbar fiel es ihm schwer, die Beherrschung zu wahren. »Ich pfeife auf eure Aufklärungsrate. Er hat es nicht getan – nur die Wahrheit zählt.«

Er fleht mich an, überlegte Bilborough. Ein erschreckender Gedanke. »Ich muß eine Pressekonferenz geben.« Er schob sich an Fitz vorbei.

»Ich hab euch die Aussage dieses Mannes besorgt. Das heißt, ich bin verantwortlich, und ich muß damit leben …«

Jetzt reicht's, dachte Bilborough. »Detective Sergeant Beck hat die Aussage besorgt«, überbrüllte er Fitz.

»Was?«

Beck war ihnen gefolgt. Bilborough deutete auf ihn. »Detective Sergeant Beck hat die Aussage erwirkt. ›Detective Sergeant Beck ist es bei einer scharfsinnigen und beharrlichen Befragung gelungen, dem Verdächtigen ein Geständnis zu entlocken.‹«

»Dieser Schwachkopf könnte nicht mal Edward dem Bekenner ein Geständnis entlocken«, gab Fitz mit schneidendem Hohn zurück. »Ich hab'…«

»Verpiß dich«, kreischte Beck.

»… die Aussage aus ihm herausbekommen.«

»Warum verschwindest du nicht einfach…« Beck drängte sich zwischen Bilborough und Fitz.

»Jimmy…« begann Bilborough.

»… und läßt uns in Ruhe?«

»Jimmy?«

»Ich mußte dich die ganze verdammte Nacht aushalten, und irgendwie hat das den Reiz verloren.« Er fuchtelte mit dem Finger vor Fitz' Gesicht herum. »Weißt du, was ich meine?«

»Halt einfach deine kahlrasierte Klappe!«

Bilborough hatte Fitz noch nie so laut und wütend erlebt. Beck wich zurück.

Das mußte ein Ende haben. »Sag denen da drin, daß ich gleich komme«, sagte Bilborough zu Beck, um ihn aus der Schußlinie zu bringen.

Wenn Blicke töten könnten, hätten als nächstes Ermittlungen im Mordfall Fitzgerald eingeleitet werden müssen. Aber schließlich trollte sich Beck ohne ein weiteres Wort.

Jetzt mußte Bilborough nur noch Fitz loswerden.

Fitz räusperte sich. »Wenn Sie das nicht sofort stoppen, sind wir miteinander fertig.«

Erpressung, schoß es Bilborough durch den Kopf. Das bewies nur, daß selbst der große Doktor Fitzgerald gelegentlich einen anderen Menschen vollkommen falsch einschätzte.

»Kapiert? Dann bin ich hier raus«, bekräftigte Fitz seine Drohung.

»Sind Sie fertig?«

»Die Wahrheit ist das einzige, was zählt. Nicht ›die Resultate‹.« Er ahmte Bilboroughs Tonfall nach. »Die Wahrheit!«

Überhebliches Arschloch, dachte Bilborough. »Lektion beendet, ja?«

»Ja.«

Okay, überlegte Bilborough, wenn er mir auch nur den Hauch eines Hinweises auf einen anderen Verdächtigen gibt, irgend etwas, womit ich weitermachen kann, dann warte ich noch einen Tag. Nur einen Tag, und wir überprüfen es. Weiß Gott, er hatte keine Lust, sich auf etwas einzulassen, was sich später als Schuß nach hinten erwies. Aber er wußte ganz genau – und er war ehrlich genug, das zuzugeben –, daß er diese Pressekonferenz abhalten würde, egal was Fitz zu sagen hatte. »Wenn ich ihn laufenlasse, was haben wir dann noch? Nichts. Was soll ich Ihrer Meinung nach tun?«

Ihm war klar, was Fitz von ihm erwartete.

»Er ist nicht der Täter«, beschwor Fitz ihn.

Da war noch etwas, was ihm zu schaffen machte, aber das war Bilborough egal. »Sie haben behauptet, daß er es war«, sagte er. »Ich hab' nur in diese eine Richtung ermittelt, keine anderen Hinweise gesucht, und jetzt wollen Sie, daß ich meinem Boss sage, daß ich auf dem Holzweg war? Er würde mich augenblicklich wieder auf die Straße schicken und Strafzettel ausstellen lassen.« Er warf einen Blick auf die Tür zum Konferenzraum. In wenigen Minuten mußte er da hinein und sich vor Leute stellen, von denen die meisten gestern noch vor dem Gebäude randaliert hatten. »Sie wollen, daß ich der Meute da drin erzähle, ich hätte mich geirrt? Die würden mich lynchen.« Er merkte, daß er viel zu laut war, und senkte die Stimme. »Ich soll Tims Mutter sagen, daß ich hinter dem Falschen her war?«
Fitz sah ihn nur an. »Ich stelle ihn unter Anklage.«

Bilborough machte sich auf den Weg, Fitz' donnernde Stimme verfolgte ihn: »Er ist unschuldig. Können Sie damit leben? Ich kann es nicht.«

Bilborough drehte sich noch einmal um, dann ging er durch die Tür und knallte sie, so fest er konnte, hinter sich zu.

Fitz stand da und starrte auf die Tür, durch die Bilborough verschwunden war. Er war ein verdammter Idiot, und schade war nur, daß er nicht für seine Dummheit bezahlen mußte.

Wenn ich auch nur einen Funken Verstand hätte, würde ich jetzt gehen und nie wiederkommen, dachte Fitz. Das Problem war nur, daß dann die anderen armen Schlucker, die geschnappt wurden, diesen Trotteln auf Gedeih und Verderb ausgeliefert waren. Vielleicht mach' ich's trotzdem…

Er verließ das Büro, ging die Treppe hinunter und auf die Straße.

Erst als er im Taxi saß, wurde ihm endlich klar, was Bilboroughs Problem war. »Der Boss würde mich augenblicklich wieder auf die Straße schicken und Strafzettel ausstellen lassen«, hatte er gesagt. Das war der Kern. Bilborough war jung und früh befördert worden – zu früh, meinten einige; das bereitete ihm ständig Kopfzerbrechen, Tag und Nacht. Dazu kam Catrionas Schwangerschaft. Bilborough schien sich die Schuld an der Fehlgeburt zu geben, die sie im letzten Sommer erlitten hatte. Und dann der Mord an einem Kind – Ermittlungen, die ins Leere liefen – Zeugen, die Timothy Lang lieber an dem Baum hängen ließen, als das Risiko einzugehen, bei einem Seitensprung erwischt zu werden.

Bilborough hatte ihr Versagen, sich wie verantwortliche Erwachsene zu verhalten und sich um Tim zu kümmern, auf sich übertragen, schlußfolgerte Fitz. Er hatte Angst gehabt, daß ihr Verhalten irgendwie auf ihn abfärben könnte, wenn er sich mit ihnen einließ, und daß ihn das zu einem schlechten, unzureichenden Vater machen würde. Und ganz bestimmt war er übersensibel für alle Mängel der Gesellschaft und dachte an all die Gründe, die dagegen sprachen, ein Kind in diese Welt zu setzen. Wenn er die Zeugen nicht zum Reden gebracht hätte, wäre das für Bilborough ein sicheres Zeichen gewesen, daß er seinen Vaterpflichten nicht gewachsen war.

Jetzt war für Fitz alles ganz klar. Er lehnte sich zurück und atmete tief durch. Ein Jammer, daß er das Rätsel zu spät entschlüsselt hatte – die Lösung nützte niemandem mehr.

Ganz ruhig, sagte sich Julie Lang. Sie würden sich anhören, was die Polizei zu sagen hatte, und dann konnten sie sicher sein, daß der Mann, der Tim auf dem Gewissen hatte, für seine Tat büßen mußte.

Vielleicht war sie dann in der Lage zu akzeptieren, daß sie keine Schuld an dem Tod ihres Jungen hatte. Was hatte Fitz gesagt? »Die Schuldgefühle vergehen rasch. Der Schmerz bleibt, aber er ist Ihr Freund. Er ermöglicht es Ihnen zu trauern, sich zu erinnern, zu weinen.«

Gut. Sie würden ihnen versichern, daß der Mann, der Tim getötet hatte, bestraft wurde, und dann konnte sie um ihren Jungen trauern. Sie alle konnten trauern.

Andy stand an ihrer Seite. Gott sei Dank hatte er sich beruhigt. Melanie war bei ihm und hielt seine Hand fest. Das Mädchen war gut für Andy. Julie hoffte, daß die beiden ihre Probleme geklärt hatten. Andy sollte nicht zu oft allein sein.

Und Stephen. Stephen war hinter ihr. Wenn dies alles vorbei war, würde sie ihn vielleicht fragen, ob er wieder zu ihr zog. Sie wußte, daß er sich das wünschte.

Sie sah sich um. Etliche Nachbarn waren da. Einige von ihnen hatte sie nicht einmal gekannt, bevor das alles begonnen hatte. Sie waren an der Suchaktion im Wald beteiligt gewesen und danach an der Demonstration vor dem Präsidium. Vielleicht wurden manche von ihnen Freunde. Und dann waren da noch die Journalisten. Die reinsten Voyeure. Mit denen wollte sie nichts zu tun haben.

Der junge Polizist, Bilborough, kam herein und setzte sich vorne an das Pult. Julie brauchte einen Moment, bis sie den dunkelhaarigen Mann neben ihm erkannte: Er war Detective Sergeant Beck, aber er hatte sich den Schnauzbart abrasiert. Auf der anderen Seite neben Bilborough saß eine Frau, aber das war nicht Jane Penhaligon, die nette Polizistin.

Ein Blitzlichtgewitter ging los. Kassettenrecorder liefen.

»Okay? Alle bereit?« Ein Mikrophon baumelte vor Bilboroughs Gesicht, bis es jemand etwas hochzog. Sein Blick richtete sich auf Julie Lang.

Irgend etwas stimmte nicht, sie spürte das. Mach schon, dachte sie, sag', was schiefgelaufen ist.

Er senkte den Kopf und räusperte sich. »Heute morgen wurde ein Mann im Zusammenhang mit dem Mord an Timothy Lang festgenommen.« Seine Stimme klang tonlos.

Julie hätte gedacht, daß er nach diesem Erfolg in Hochstimmung war. »Der Mann wurde unter Anklage gestellt und wird noch heute dem Haftrichter vorgeführt.« Wieder sah er Julie an.

Aber wenn sie den Mann anklagten, dann mußte doch alles in Ordnung sein, oder nicht? Vielleicht hatte Bilborough nachts nicht geschlafen ... Ja, das mußte es sein. Er war übermüdet, sie alle waren erschöpft und müde.

»Das ist alles«, schloß Bilborough.

Die Journalisten riefen alle durcheinander.

»Welche Beweise haben Sie gegen den Mann?«

»Wer ist der Beschuldigte?«

»Ist er der Lehrer?«

Bilborough verließ den Raum, ohne auch nur eine einzige Frage zu beantworten.

Alles hat seine Richtigkeit, redete sich Julie ein. Jetzt ist alles gut. Jetzt kann ich weinen.

29

Fitz schleuderte ein Hemd auf die anderen Sachen und stopfte alles fest in den Koffer. Erst dann wurde ihm bewußt, was er tat. Er hielt inne und grinste kläglich über seine eigene Dummheit. Er war immer noch stocksauer auf Bilborough und ließ alles an den Kleidern aus.

Bescheuert, wenn man genauer darüber nachdachte. Besonders weil er nicht halb so wütend auf Bilborough wie auf sich selbst war. Er selbst hatte einen Fehler gemacht – einen so bescheuerten Fehler, wie sie nur schwachsinnige Therapeuten wie

Graham machten. Er hatte es versäumt, sich über Cassidys Hintergrund zu informieren, und die Folge davon war, daß er den Mann vollkommen falsch eingeschätzt hatte. Und auch in einem anderen Punkt hatte er sich geirrt. Er selbst war nicht derjenige, der mit dem falschen Geständnis fertig werden mußte. Cassidy würde damit leben müssen – er nicht.

Ja, er hatte heute einen Fehler gemacht, aber er hatte nicht vor, einen zweiten zu begehen. Man hatte ihm eine Chance auf Glück geboten, und er würde sie nutzen.

Er zog den Reißverschluß am Koffer zu. Er war zu spät dran, um Penthesilea noch bei ihr zu Hause anzutreffen, aber das war okay. Er würde sich ein Taxi nehmen und konnte in zwanzig Minuten am Flughafen sein. Dann blieb ihnen noch genügend Zeit zum Einchecken.

Judith war im Garten. Sie hatte eine Auseinandersetzung mit Mark.

»Bis Weihnachten hast du einen Job, oder ...«

»Aber ich bin am College.«

»Warum gehst du dann nicht in die Vorlesungen?«

»Weil sie beschissen sind, deshalb.«

Das ist mein Mark, dachte Fitz. Unlogisch bis zum bitteren Ende.

Gott, zwei Wochen Kos ohne die Familie, die ihn ärgerte, ohne Judith, die ihm wegen seiner Spielsucht und dem Alkoholkonsum in den Ohren lag und von ihm verlangte, sich selbst aufzugeben!

Sonne. Sand. Penthesilea. Er stellte sie sich im Bikini vor und wie sie sich von der Sonne bräunen ließ. Ihre goldene Haut würde sich anfühlen wie Seide. Eingeölte Seide. Er sollte sie hin und wieder aus dem Schlafzimmer lassen? Das war eher unwahrscheinlich, wenn es nach ihm ging.

»Ich meine es ernst«, sagte Judith. »Entweder du hast einen Job, oder du gehst regelmäßig zu den Kursen und Vorlesungen.«

Seine Judith. Was hatte sie im Garten gesagt? »Ich liebe dich seit fünfundzwanzig Jahren, und ich wollte nie einen anderen.«

Er wünschte, er könnte dasselbe von sich behaupten und die Uhr zurückdrehen. Er wünschte, er hätte Penthesilea nie kennengelernt.

Ich liebe dich, Judith, dachte er. Wenn er jetzt wegfuhr, würde nichts mehr so sein wie früher. Selbst wenn sie nichts von Penthesilea erfuhr, wäre es nicht mehr dasselbe.

Das Telefon klingelte.

Fitz ging ins Wohnzimmer. Er wußte, daß es Penthesilea war, die wissen wollte, ob er sich schon auf den Weg gemacht hatte. Judith und Mark saßen noch im Garten. Fitz wollte gerade den Hörer abnehmen, als er Katie kichern hörte. Vermutlich hatte sie Mark den neuesten Dinosaurierwitz erzählt – das war in letzter Zeit ihre Lieblingsbeschäftigung, und sie prustete immer schon los, bevor sie zur Pointe kam. Er sah sie durchs Fenster. Sie spielte mit einem Ball. Mark lümmelte auf der Liege, und Judith saß mit ihrem großen Sonnenhut, der ihr Gesicht verbarg, am Tisch und trank Eiswasser.

Seine Familie. In guten und in schlechten Tagen.

Er schaltete den Anrufbeantworter ein. Das Band sprang an, spulte den Text ab, dann kam der Piepston – und Penthesileas Stimme: »Nachricht für Fitz von Detective Sergeant Penhaligon.« Sie machte eine Pause. Er hörte den Flughafenlärm im Hintergrund. »Ich glaube, du hast eine Verabredung vergessen, Fitz.« Sie klang nicht wütend oder aufgeregt, aber Fitz kannte sie zu gut, um sich davon täuschen zu lassen.

Tut mir leid, Penthesilea, dachte er. In diesem Moment wurde ihm bewußt, daß er nie wirklich vorgehabt hatte, mit ihr wegzufliegen.

Der Anrufbeantworter gab eigenartige Laute von sich. Fitz achtete nicht darauf.

Wenn sich der Fall Cassidy nicht zur Katastrophe entwickelt hätte ... vielleicht wäre er dann mit ihr auf und davon. Aber er hatte versagt, und es war ihm nicht gelungen, seinen Fehler gutzumachen, als er ihn bemerkt hatte.

Die Parallele zu seiner Ehe war nicht zu übersehen.

Wenn er mit Penhaligon wegfuhr, könnte er wieder versagen. Vielleicht gelang es ihm nicht, sie so sehr zu fesseln, daß sie keinen Blick mehr für all die braungebrannten Muskelmänner am Strand übrig hatte. Vielleicht war er nicht imstande, sie zufriedenzustellen. Vielleicht... Das könnte er nicht ertragen. Wenn er bei Judith bliebe, bestand die Chance, alles in Ordnung zu bringen.

Er ging in den Garten. Judith begrüßte ihn mit einem Lächeln. Er ließ sich auf einem der Gartenstühle nieder. Er war ein wenig zu klein für ihn, wie die meisten Dinge.

Aber meine Ehe ist nicht zu klein, dachte er. Nein, die ist bestimmt nicht zu klein. Etwas an der Eindringlichkeit dieses Gedankens rief ihm Mrs. Lang ins Gedächtnis, die entschieden behauptet hatte: »Mein Sohn hat keinen Selbstmord begangen.« Sie hatte recht behalten, aber das half ihr nicht. Und, dachte Fitz, hilft es mir, wenn ich recht habe? Selbst wenn es stimmt, daß meine Ehe nicht zu klein ist, besteht immer noch die Möglichkeit, daß ich zu groß für sie geworden bin, daß ich mich zu sehr aufplustere.

Daran wollte er gar nicht denken. Er wagte es nicht. Es würde zuviel erklären. Lieber hörte er Mark zu und sann auf Mittel und Wege, ihm klarzumachen, daß er wirklich wieder ins College gehen sollte, wie seine Mutter es vorgeschlagen hatte. Aber alle Argumente, die ihm einfielen, erschienen ihm mit einemmal falsch und unglaubwürdig.

Er nahm das Glas in die Hand, das Judith ihm hingestellt hatte. Mineralwasser. Er trank einen Schluck – mehr, um seinen guten Willen zu beweisen, nicht weil er das Zeug trinken wollte, obwohl sich sein Mund anfühlte, als hätte er Asche gegessen.

Judith sah ihn aus großen, schmerzerfüllten Augen an.

Er wußte, daß er jetzt etwas sagen mußte. Erzähl ihr, daß du deine Absichten geändert hast und nicht wegfahren wirst. Er mußte an Penthesilea denken, daran, daß sie mit ihrem Gepäck auf dem Flughafen saß, und er fragte sich, wie lange sie wartete, bis sie zu dem Schluß kam, daß er nicht mehr auftauchte. Sie würde sich in das Flugzeug setzen, davon war er überzeugt.

Wahrscheinlich würde sie sich einen durchtrainierten Animateur schnappen und eine wilde Zeit mit ihm haben.

Aber all das beantwortete nicht die unausgesprochene Frage in Judiths Augen. Diese Augen und Penthesileas anklagender Blick, den er ebenso vor sich sah, lenkten seine Gedanken unweigerlich zu den Dreiecken, den Pyramiden und zu Cassidys falschem Geständnis – er war in seiner Zelle ebenso gefangen wie Fitz in seiner Ehe.

Aber es war nicht dasselbe. Fitz' Liebe zu Judith war echt, es war das Wahrhaftigste in einem Leben, das sich der Wahrheit verschrieben hatte.

Meinst du damit die Wahrheit, die du Penthesilea erzählt hast? fragte er sich streng. Die Wahrheit, die Bilborough den Langs mit deinem Wissen aufgetischt hat?

Es gibt zu viele Wahrheiten, dachte er, und manchmal ändern sie sich von Tag zu Tag. Er stellte das Glas mit dem Mineralwasser ab. Judith lächelte. Er lächelte zurück, dann drehte er sich zu Katie um und sah zu, wie sie ungeschickt mit Ball und Schläger hantierte.

Heute bin ich bei meiner Frau und bei meiner Familie, dachte er. Und das ist die Wahrheit. Für heute.